中國文化二十四品

中国文化二十四品

饶宗颐 叶嘉莹 顾问
陈洪 徐兴无 主编

风月同天
中国与东亚

张伯伟 卞东波 著

江苏人民出版社

图书在版编目（CIP）数据

风月同天：中国与东亚 / 张伯伟，卞东波著. -- 南京：江苏人民出版社，2018.1
（中国文化二十四品）
ISBN 978-7-214-18668-3

Ⅰ．①风… Ⅱ．①张… ②卞… Ⅲ．①中外关系－国际关系史－东亚－古代 Ⅳ．①D829.31

中国版本图书馆CIP数据核字(2017)第238114号

书　　　名	风月同天——中国与东亚
著　　　者	张伯伟　卞东波
责 任 编 辑	卞清波
责 任 校 对	王翔宇
装 帧 设 计	刘莘莘　张大鲁
出 版 发 行	江苏人民出版社
出版社地址	南京市湖南路1号A楼，邮编：210009
出版社网址	http://www.jspph.com
照　　　排	南京凯建图文制作有限公司
印　　　刷	江苏凤凰通达印刷有限公司
开　　　本	652毫米×960毫米　1/16
印　　　张	16.75　插页6
字　　　数	186千字
版　　　次	2018年1月第1版　2018年1月第1次印刷
标 准 书 号	ISBN 978-7-214-18668-3
定　　　价	63.00元（精装）

（江苏人民出版社图书凡印装错误可向承印厂调换）

编委会名单

顾 问

饶宗颐

叶嘉莹

主 编

陈　洪（南开大学教授）

徐兴无（南京大学教授）

编 委

王子今（中国人民大学教授）　　司冰琳（首都师范大学副教授）

白长虹（南开大学教授）　　　　孙中堂（天津中医药大学教授）

闫广芬（天津大学教授）　　　　张伯伟（南京大学教授）

张峰屹（南开大学教授）　　　　李建珊（南开大学教授）

李翔海（北京大学教授）　　　　杨英杰（辽宁师范大学教授）

陈引驰（复旦大学教授）　　　　陈　致（香港浸会大学教授）

陈　洪（南开大学教授）　　　　周德丰（南开大学教授）

杭　间（中国美术学院教授）　　侯　杰（南开大学教授）

俞士玲（南京大学教授）　　　　赵　益（南京大学教授）

徐兴无（南京大学教授）　　　　莫砺锋（南京大学教授）

陶慕宁（南开大学教授）　　　　高永久（南开大学教授）

黄德宽（安徽大学教授）　　　　程章灿（南京大学教授）

解玉峰（南京大学教授）

总　序

陈　洪　徐兴无

我们生活在文化之中,"文化"两个字是挂在嘴边上的词语,可是真要让我们说清楚文化是什么,可能就会含糊其词、吞吞吐吐了。这不怪我们,据说学术界也有160多种关于文化的定义。定义多,不意味着人们的思想混乱,而是文化的内涵太丰富,一言难尽。1871年,英国文化人类学家爱德华·泰勒的《原始文化》中给出了一个定义:"文化,或文明,就其广泛的民族学意义上来说,是包含全部的知识、信仰、艺术、道德、法律、风俗,以及作为社会成员的人所掌握和接受的任何其他的才能和习惯的复合体。"① 其实,所谓"文化",是相对于所谓"自然"而言的,在中国古代的观念里,自然属于"天",文化属于"人",只要是人类的活动及其成果,都可以归结为文化。孔子说:"饮食男女,人之大欲存焉。"② 在这种自然欲望的驱动下,人类的活动与创造不外乎两类:生产与生殖;目标只有两个:生存与发展。但是人的生殖与生产不再是自然意义上的物种延续与食物摄取,人类生产出物质财富与精神财富,不再靠天吃饭,人不仅传递、交换基因和大自然赋予的本能,还传承、交流文化知识、智慧、情感与信仰,于是人种的繁殖与延续也成了文化的延续。

所以,文化根源于人类的创造能力,文化使人类摆脱了

---

① [英]爱德华·泰勒:《原始文化》,连树声译,谢继胜、尹虎彬、姜德顺校,广西师范大学出版社,2005年,第1页。
② 《礼记·礼运》。

自然,创造出一个属于自己的世界,让自己如鱼得水一样地生活于其中,每一个生长在人群中的人都是有文化的人,并且凭借我们的文化与自然界进行交换,利用自然、改变自然。

由于文化存在于永不停息的人类活动之中,所以人类的文化是丰富多彩、不断变化的。不同的文化有不同的方向、不同的特质、不同的形式。因为有这些差异,有的文化衰落了甚至消失了,有的文化自我更新了,人们甚至认为:"文化"这个术语与其说是名词,不如说是动词。① 本世纪初联合国发布的《世界文化报告》中说,随着全球化的进程和信息技术的革命,"文化再也不是以前人们所认为的是个静止不变的、封闭的、固定的集装箱。文化实际上变成了通过媒体和国际因特网在全球进行交流的跨越分界的创造。我们现在必须把文化看作一个过程,而不是一个已经完成的产品"②。

知道文化是什么之后,还要了解一下文化观,也就是人们对文化的认识与态度。文化观首先要回答下面的问题:我们的文化是从哪里来的?不同的民族、宗教、文化共同体中的人们的看法异彩纷呈,但自古以来,人类有一个共同的信仰,那就是:文化不是我们这些平凡的人创造的。

有的认为是神赐予的,比如古希腊神话中,神的后裔普罗米修斯不仅造了人,而且教会人类认识天文地理、制造舟车、掌握文字,还给人类盗来了文明的火种。代表希伯来文化的《旧约》中,上帝用了一个星期创造世界,在第六天按照自己的样子创造了人类,并教会人们获得食物的方法,赋予人类管理世界的文化使命。

---

① 参见[荷兰]C. A. 冯·皮尔森:《文化战略》,刘利圭等译,中国社会科学出版社,1992年,第2页。
② 联合国教科文组织编:《世界文化报告——文化的多样性、冲突与多元共存》,关世杰等译,北京大学出版社,2002年,第9页。

有的认为是圣人创造的,这方面,中国古代文化堪称代表:火是燧人氏发现的,八卦是伏羲画的,舟车是黄帝造的,文字是仓颉造的……不过圣人创造文化不是凭空想出来的,而是受到天地万物和自我身体的启示,中国古老的《易经》里说古代圣人造物的方法是:"仰则观象于天,俯则观法于地,观鸟兽之文与地之宜,近取诸身,远取诸物。"《易经》最早给出了中国的"文化"和"文明"的定义:"刚柔交错,天文也。文明以止,人文也。观乎天文,以察时变;观乎人文,以化成天下。"文指文采、纹理,引申为文饰与秩序。因为有刚、柔两种力量的交会作用,宇宙摆脱了混沌无序,于是有了天文。天文焕发出的光明被人类效法取用,于是摆脱了野蛮,有了人文。圣人通过观察天文,预知自然的变化;通过观察人文,教化人类社会。《易经》还告诉我们:"一阴一阳之谓道,继之者善也,成之者性也。仁者见之谓之仁,知者见之谓之知。"宇宙自然中存在、运行着"道",其中包含着阴阳两种动力,它们就像男人和女人生育子女一样不断化生着万事万物,赋予事物种种本性,只有圣人、君子们才能受到"道"的启发,从中见仁见智,这种觉悟和意识相当于我们现代文化学理论中所谓的"文化自觉"。

为什么圣人能够这样呢?因为我们这些平凡的百姓不具备"文化自觉"的意识,身在道中却不知道。所以《易经》感慨道:"百姓日用而不知,故君子之道鲜矣。"什么是"君子之道鲜"?"鲜"就是少,指的是文化不昌明,因此必须等待圣人来启蒙教化百姓。中国文化中的文化使命是由圣贤来承担的,所以孟子说,上天生育人民,让其中的"先知觉后知""先觉觉后觉"[①]。

---

① 《孟子·万章》。

无论文化是神灵赐予的还是圣人创造的,都是崇高神圣的,因此每个文化共同体的人们都会认同、赞美自己的文化,以自己的文化价值观看待自然、社会和自我,调节个人心灵与环境的关系,养成和谐的行为方式。

中国现在正处在一个喜欢谈论文化的时代。平民百姓关注茶文化、酒文化、美食文化、养生文化,说明我们希望为平凡的日常生活寻找一些价值与意义。社会、国家关注政治文化、道德文化、风俗文化、传统文化、文化传承与创新,提倡发扬优秀的传统文化,说明我们希望为国家和民族寻求精神力量与发展方向。神和圣人统治、教化天下的时代已经成为历史,只有我们这些平凡的百姓都有了"文化自觉",认识到我们每个人都是文化的继承者和创造者,整个社会和国家才能拥有"文化自信"。

不过,我们越是在摆脱"百姓日用而不知"的"文化蒙昧"时代,就越是要反思我们的"文化自觉",因为"文化自觉"是很难达到的境界。喜欢谈论文化,懂点文化,或者有了"文化意识"就能有"文化自觉"吗?答案是否定的。比如我们常常表现出"文化自大"或者"文化自卑"两种文化意识,为什么会这样呢?因为我们不可能生活在单一不变的文化之中,从古到今,中国文化不断地与其他文化邂逅、对话、冲突、融合;我们生活在其中的中国文化不仅不再是古代的文化,而且不停地在变革着。此时我们或者会受到自身文化的局限,或者会受到其他文化的左右,产生错误的文化意识。子在川上曰:"逝者如斯夫。"流水如此,文化也如此。对于中国文化的主流和脉络,我们不仅要有"春江水暖鸭先知"一般的亲切体会和细微察觉,还要像孔子那样站在岸上观察,用人类历史长河的时间坐标和全球多元文化的空间坐标定位中国文化,才能获得超越的眼光和客观真实的知识,增强与其他文化交

流、借鉴、融合的能力,增强变革、创新自己的文化的能力,这也叫做"文化自主"的能力。中国当代社会人类学家费孝通先生说:

> "文化自觉"是当今时代的要求,它指的是生活在一定文化中的人对其文化有自知之明,并对其发展历程和未来有充分的认识。也许可以说,文化自觉就是在全球范围内提倡"和而不同"的文化观的一种具体体现。希望中国文化在对全球化潮流的回应中能够继往开来,大有作为。①

因为要具备"文化自觉"的意识、树立"文化自信"的心态、增强"文化自主"的能力,所以,我们这些平凡的百姓需要不断地了解自己的文化,进而了解他人的文化。

中国文化是我们自己的文化,它博大精深,但也不是不得其门而入。为此,我们这些学人们集合到一起,共同编写了这套有关中国文化的通识丛书,向读者介绍中国文化的发展历程、特征、物质成就、制度文明和精神文明等主要知识,在介绍的同时,帮助读者选读一些有关中国文化的经典资料。在这里我们特别感谢饶宗颐和叶嘉莹两位大师前辈的指导与支持,他们还担任了本丛书的顾问。

中国文化崇尚"天人合一",中国人写书也有"究天人之际,通古今之变"的理想,甚至将书中的内容按照宇宙的秩序罗列,比如中国古代的《周礼》设计国家制度,按照时空秩序分为"天地春夏秋冬"六大官僚系统;吕不韦编写《吕氏春

---

① 费孝通:《经济全球化和中国"三级两跳"中的文化思考》,《光明日报》2000年11月7日。

秋》,按照一年十二月为序,编为《十二纪》;唐代司空图写作《诗品》品评中国的诗歌风格,又称《二十四诗品》,因为一年有二十四个节气。我们这套丛书,虽不能穷尽中国文化的内容,但希望能体现中国文化的趣味,于是借用了"二十四品"的雅号,奉献一组中国文化的小品,相信读者一定能够以小知大,由浅入深,如古人所说:"尝一脔肉,而知一镬之味,一鼎之调。"

2015年7月

目　录

导　言 / 1
　　原典选读 / 27

汉　字 / 41
　　原典选读 / 70

儒　学 / 89
　　原典选读 / 132

佛　教 / 147
　　原典选读 / 184

文　学 / 201
　　原典选读 / 237

导　言

在前现代时期,东亚存在着一个以中国为中心的文明世界,汉字是这个文明世界共通的媒介。中国、朝鲜、日本、越南、琉球诸国,共同构成了东亚汉文化圈。历史上东亚诸国一方面同属于东亚汉文化圈,人们内心的感受方式、道德观念、知识结构等,往往是根据某些基本原则而展开;但是另一方面,这样的一个共同的文化圈,里面的声音却是喧哗的,彼此之间既有相互交流,也有相互刺激,所以在其内部,也拥有着丰富的内涵。汉字是形成东亚汉文化圈最根本的基础,而其中的支柱是儒家和佛教,在此之上所盛开的精神之花便是文学。本书将从汉字、儒学、佛教和文学四个维度来探讨东亚汉文化圈是如何形成的,她有什么样的特征,又有什么样的意义。

导 言

让我们首先打开一幅亚洲地图吧:东边是太平洋,南边是印度洋,西边由亚丁湾和红海分开了亚、非,地中海、黑海、里海是她与欧洲的海上界限。在这 4400 万平方公里的区域中,按照今天的划分,习惯上称为东亚、东南亚、南亚、西亚、中亚和北亚。其中包含了世界上四大古代文明,分别是古埃及、古巴比伦、古印度和中国。而从历史上来看,有的学者把亚洲区分为东南西北四个不同的历史世界,这就是:1. 以中国为轴心的东亚世界;2. 与中国北部相接的北亚世界;3. 南部的印度世界;4. 印度的西邻如伊朗、伊拉克、土耳其等国家构成的西亚世界。①

现在让我们把目光再集中一些,打量一下东亚历史世界吧:这是一个以中国文明为轴心,随着文明的进展和扩散,其影响逐步渗透和抵达周边地区和民族,最终完成一个汉文化圈的区域,并且一直持续到 19 世纪末。按照日本学者西嶋

---

① 参见[日]田村实造:《アジア史を考える——アジア史を構成する四つの歷史世界》,中央公論社,1990 年。

定生的说法,"这样的'东亚世界',是以中国为中心,包括其周边的朝鲜、日本、越南以及蒙古高原与西藏高原中间的河西走廊地区东部诸地域"①。本书就是想和读者分享以下一些学习和思考的结果:这样一个汉文化圈是如何形成的,她有什么样的特征,又有什么样的意义。

  所谓汉文化圈,最重要的标志就是汉字。在这样一个文化圈中,几乎所有的读书人都识得汉字,并懂得如何使用。虽然在中国以外的国家和地区,在历史上也创造出属于本民族的文字,如朝鲜的谚文、日本的假名、越南的喃文等,但这些文字都是根据汉字的部首加以分合,或者由汉字的草书、楷书转换而成的,与真正的汉字相比,这些本民族的文字就没有多高地位了。"谚文"又称作"方言",这可不是英文dialect的意思,而是指与汉语相对应的"本来的朝鲜语",蕴含着"乡巴佬的话"的意思。日语的平假名、片假名,从名称上就告诉我们,这些文字是"假名",汉文才是"真文"、"真字"、"真名"。在这样一个文化圈中,读书人使用汉字,就是高雅的、时尚的,用汉字撰写的作品,称得上是优雅的、有品位的,而使用谚文、假名、喃文写出的作品,只配称作"俚语"、"俗讴",或者是"女文字"、"女流文学"。这样的观念甚至一直延续到20世纪,比如日本有一位著名的汉学家池田温就说,他们家族中的命名,男性都用汉字,女性则用假名,所以他的曾祖父名春苗,祖父名菊苗,父亲名醇一,两个叔父分别名真吾、兼六,而两个姑母则名ふき、ふさ。他和弟弟一名温,一名笃,皆出于《三国演义》第十回中"太守陶谦字恭祖,为人温厚纯笃"②。重男轻女的观念,在命名上也显示了出

---

① [日]西嶋定生:《东亚世界的形成》,《日本学者研究中国史论著选译》第二卷,中华书局,1993年,第89页。
② 《私と漢文・名前》,《漢文入門》,吉川弘文館,2006年。

来。根据佛经里的说法,文字的创造是由三个人完成的:老大名叫"梵",造出的文字从左向右书写;老二名叫"佉佬",造出的文字从右向左书写;老三名叫"苍颉",造出的文字从上向下书写。(《出三藏记集》卷一《胡汉译经音义同异记》)世界上所有文字的书写方式,不外这样三类,而从上向下的书写习惯,就是汉文化圈所保持的特征,无论是谚文、假名还是喃文,都是如此。当然到了现在,书写习惯受到了西方的影响(要是放在历史上,就称作"胡化"),日常的书写也就改变为从左向右的横写方式了。但在 18 世纪的时候,西洋文化开始较多地进入东亚地区,朝鲜人在北京有机会见到西洋文字,他们还贬称其为"谚文",并且看不起那种"横写为行,从左而起"的书写方式。19 世纪末,西洋与东亚的往来已多,各国不同的文字纷纷展现在东亚读书人面前,有的朝鲜人还在设想,要使西洋各国一概仿效"华夏文字",那就和汉文化圈诸国一样,虽然字音有差异,但字义和字形相同,全世界"书同文",识得汉字就可以行遍天下了。(崔汉绮《四海文字变通》)虽然在今天看来,这样的设想未免幼稚可笑,但在当时汉文化圈尚未崩溃之际,产生这种想法也是很自然的。

在汉文化圈中的知识人看来,"华夏文字"并非外国文字,几乎就可以等同于自身的文字,甚至比本民族的文字更属于自身。因为有很多知识人,就是以不识本民族文字为标榜、为自傲的。比如朝鲜时代理学家宋浚吉(1606—1672)的父亲就对他说,自己"未习谚字",理学家朴世采(1631—1695)也说自己"不识谚字",著名文学家朴趾源(1737—1805)则公然宣称:"吾之平生,不识一个谚字。"朝鲜时代另外一个文学家南公辙(1760—1840)曾经讲过一个故事,在朝鲜正祖时代(相当于清乾隆、嘉庆之际),有一长者见到一群少年在传看乾隆的书法,便惊讶地问道:"乾隆还懂书法吗?"

少年纷纷说:"是啊。"长者不信,拿在手上反复观看了许久说:"这真的是乾隆写的字吗?"少年说:"当然是啊。"长者仍然忍不住嘀嘀咕咕:"怪啦怪啦,这个夷狄学写我国的文字,怎么会写得这么好呢?"(柳得恭《古芸堂笔记》卷四"汉字")在这位朝鲜长者看来,"华夏文字"是汉文化圈所共有的,反而是作为夷狄的满人——虽然当时入主中原并当上了皇帝——不能掌握的。这虽然是一个很特殊的故事,但是把自己归属于同一个汉文化圈中,把汉字当成自己的文字,这在当时同文诸国有教养的人中间是具有普遍性的。

不过,正如当时很多读书人认识到的,虽然在汉文化圈中大家使用同样的汉字,但读音却有着很大区别。如果彼此相见,不能用语言直接交流,只能采用"以笔代舌"的方式,即"笔谈",也就是通过书写汉字来进行思想和情感的交流。他们习惯于这种方式,也精通于这种方式。在外交场合,有时尽管翻译在场,他们也却而不用,仍然以笔谈进行直接交流。这种方式也引起了欧洲人的观察和注意。比如16世纪葡萄牙传教士沙勿略(Francisco Xavier,1506—1552)神父,曾援引一位商人的话说:"从占婆到日本陆地的京都,人

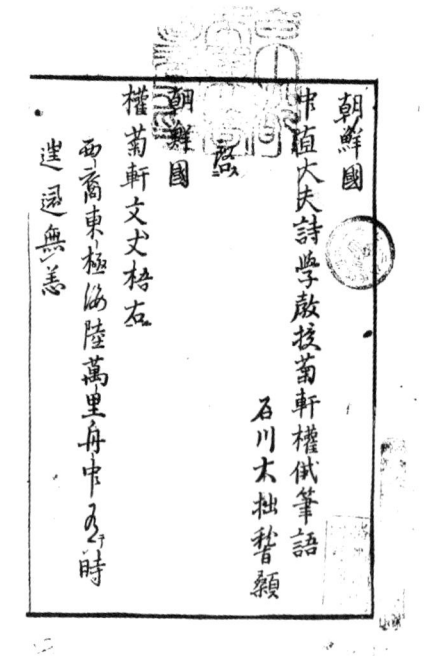

京都大学附属图书馆所藏朝鲜通信使权栻与日本学者石川大山的笔谈集

们都读汉字书籍。"①他还记载了另一位葡萄牙商人阿尔瓦雷斯(Jorge Al'varez)的观察,日本的僧侣"都能够阅读和书写中国语,但却不能说,所以都和中国人笔谈,因为中国人也不会说日本话"②。沙勿略本人后来也有同样的记录:"虽然是相同的字,日本人读时用日语,中国人读时用中文。虽然说话时互不能通,但书写时仅凭文字便能相互理解。他们的口语不同,但字义相通,所以彼此能够理解。"③可见这种笔谈的方式不仅在东亚知识群体中有所自觉,而且也被局外人敏锐观察到。

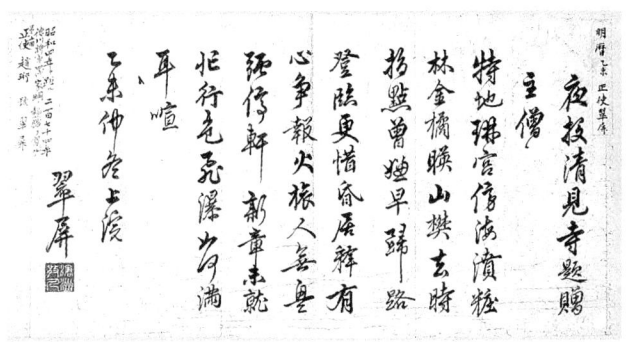

日本清见寺所藏朝鲜通信使正使赵珩与清见寺主僧的唱和诗

字形相同而字音不同,固然不妨碍笔谈;但字音相同而字形不同,有时就难免造成误解。民国初期的董康曾四次东游日本,留下了《东游日记》,其中就记载了一件笔谈中发生的故事:一中国人初到日本,与日本人笔谈。日本人想要表示关心慰问之意,询问他是否寂寞。"寂寞"一词的日语发音

---

① [葡]费尔南·门德斯·平托等:《葡萄牙人在华见闻录——十六世纪手稿》,王锁英译,澳门文化司署、东方葡萄牙学会、海南出版社、三环出版社,1998年。
② 这一资料的日译本见岸野久著《西歐人の日本発見—ザビエル来日前日本情報の研究—》,吉川弘文馆,1989年。
③ [日]河野纯德译:《沙勿略全书简》,平凡社,1985年。

是さびしい，而同样的发音在日语中还有另外一个字"淋"，于是笔谈中就出现了"先生淋否"的表达。中国人大惊，以为日本警察厅要侦察他是否得了"淋病"（性病之一），乃传为笑谈(《东游日记》卷八)。好在这样的误解只是偶尔发生，多数情形还是如大河内辉声(1848—1882)的诗中所云："不假辩官三寸舌，只挥名士一枝毫。莫言东海几蛮语，叙谈通情何可劳。"(《大河内文书·戊寅笔话》第三卷第二十五话)而且文人间的笔谈一直延续到现在。笔者十多年前去韩国，遇到彼此语言不通的时候，还是可以依赖笔谈。

汉字是形成汉文化圈最根本的基础，而其中的支柱是儒学和佛教，在此之上所盛开的精神之花便是文学。所以，汉字之外，我们还要对儒学、佛教和文学再作一些说明。

越南有一位诗人名叫冯克宽(1528—1613)，他在朝鲜时代广为人知，原因是他与朝鲜诗人李睟光(1563—1628)的交往。明万历二十五年（越南光兴二十年，朝鲜宣祖三十年，1597）冯克宽作为使者参加万历皇帝的万寿节，与来自朝鲜的使臣李睟光相遇于北京，他写下了《答朝鲜国使李睟光》诗，其中就有"彼此虽隔山海域，渊源同一圣贤书"之句，意思是虽然两个国家为山海所隔，并不相邻，但在学问的渊源上都来自于圣贤的著作，也就是儒家经典。过了一百二十年，在清康熙五十七年（越南永盛十四年，朝鲜肃宗四十四年，1718）的时候，越南使臣阮公沆(1679—1732)作为使臣来到北京，见到来自朝鲜的使臣俞集一(1653—1724)、李世瑾(1664—1735)，于是又写了两首诗相送，其一有"六经以外无他道，一岁之中熟八蚕"句，意思是在越南人的心目中，除了儒家六经，此外再也没有什么值得追求的真理("道")，不过在风土方面，由于越南气候湿热的原因，一年之中蚕可以结茧八次。这是非常有名的风土之习，早在李睟光与冯克宽的

导　言

问答中,就已经涉及。当时李问道:"贵国有再熟之稻、八蚕之丝,信否?"冯回答说:"岁有再熟之稻麦,有八蚕之丝麻。"所以阮公沆也在诗中再次提及。第二首诗沿用了当年冯克宽的诗韵,也有这样的句子:"地各东南海际居,计程一万又零余。威仪共秉周家礼,学问同尊孔氏书。"说的是越南和朝鲜就地理方位而言,一在东南,一处海隅,相隔万里之遥,但是在礼仪方面秉持的同是儒家的规矩,在学问上共同尊敬并遵从的也是儒家的经典。又过了六十年,越南使臣胡士栋(1739—1785)写了《赠朝鲜国使李珖、郑宇淳、尹坊回国》,根据柳得恭(1748—1807)《并世集》卷二的记载,诗题一作《戊戌立春后一日奉呈朝鲜国使尹判书》,所以有写作时间。这里请让我们作一点小小的考证,从纪年来看,"戊戌"是乾隆四十三年(朝鲜正祖二年,1778),但如果转换成公元纪年,此年的正月初一是1778年1月28日,因为有闰六月,所以次年"己亥"的正月初一已经到了1779年的2月16日,那么戊戌年就有了两个立春日,后一个立春,从干支纪年来看是戊戌年十二月中,从公元纪年来看,却在1779年的2月初。这样,朝鲜正使李珖(1706—1779)卒于正祖三年二月七日与诗题系年的相冲突的疑问就可以解开了,从公元纪年看,二月七日已经到了1779年的3月24日,所以《并世集》诗题上的系年是没有问题的。因为韩国学者有些误解①,故在这里顺便说明一下。以上的年月日是根据陈垣的《二十史朔闰表》查出来的,这是一本很有用的工具书。现在回到胡士栋的诗,

---

①　韩国学者没有注意到纪年的转换,因此出现了一些误解,或者怀疑是另外一次出使,或者怀疑《并世集》的题目不能成立。见姜东烨《朝鲜时代与东南亚文学交流之研究》(载韩国《渊明学志》第8辑,2000年4月)、朴现圭《〈皇越诗选〉所载越南与朝鲜使臣酬唱诗》(载张伯伟编《域外汉籍研究集刊》第1辑,中华书局,2005年5月)。

他这样写道:"敷文此日车同轨,秉礼从来国有儒。"意思是,到了今天,中华文教已经传布四海,天下车同轨、书同文,而秉持礼仪、遵从圣人的规矩,在我们国家从来就是有很多儒者这样做的。以上举出三个不同时期越南使臣赠送给朝鲜使臣的诗作,无不表明了儒家的礼仪和观念在两国上下都是深入人心的。其实,这样的情形在汉文化圈诸国同样是带有普遍性的。

日本元文四年(1738)版《论语古训》

不过,相对于朝鲜、越南,日本虽然也吸收儒家经典,但在如何理解经典、使用经典方面,并不像朝鲜、越南等国那样,对中国汉、宋诸儒的注释疏解那么亦步亦趋。特别是从江户时代,也就是从17世纪初开始,日本的儒者(有时是僧侣)往往具有更为大胆的新解精神,有时也带有更为强烈的异端色彩。我们不妨举几个例子来看:《周易·坤卦》"文言"里有一句"阴疑于阳必战",以往的注释多曲解,江户时代曹洞宗僧人独庵玄光(1630—1698)在其《谵语》中第一次提出"疑与拟(擬)通",乃涣然冰释。在中国,这个见解是到了18世纪末由王引之在《经义述闻》中提出"疑之言拟也",晚于玄光约一百五十年。玄光虽然是个僧人,但当时日本儒林的代表人物荻生徂徕(1666—1728)就已经高度赞扬他,说他博览群书，又善于作文，为"此方诸儒所不及"(《蕙园随笔》卷四)。要知道，荻生徂徕在当时可是一个相当傲慢的人物，他称赞一个和尚，说他对儒家经典的理解是当时日本的儒者所不及，这怎么说也是一个非常高的评价。再比如伊藤仁斋(1627—1705)，作了《论语古义》、《孟子古义》、《孟子字义》等书，以此来对抗、否定朱熹的学说，这种做法也比戴震的《孟子字义疏证》早了约八十年。日本在奈良时代的天平十年(唐开元二十六年，738)就传入了皇侃的《论语义疏》，这部书在中国本土宋代时就已经亡佚了，但一直保存在日本，也很受彼邦读书人的重视。江户时代荻生徂徕的弟子太宰纯(1680—1747)撰著了一部《论语古训》，以皇侃等人之说驳斥朱熹的《论语集注》。过了几十年，此书传入朝鲜，金迈淳(1776—1840)对此书大加讨伐，写了一篇《题日本人〈论语训传〉》。他说：日本人的书我看得不多，但如果那些书都像这部书一样，还真不如没有书会更好一些呢。朝鲜目前的风气日趋浮浅，读书人缺少真正见解，但是喜新厌旧、追奇猎异的心态又特别强烈。这个时候，太宰氏的书漂洋过海而来，是不是和这种风气相呼应呢？这真是一件令人担忧的事啊。又过了几十年，金氏的文章传入中国，梅曾亮读了之后，大为感慨，又写了《台山氏论日本训传书后》说：在台山氏(即金迈淳)看来，荻生徂徕和太宰纯都可以说是异端之尤，而他们自以为学问上出于皇侃等人。皇侃等人的学问，都实事求是以证明圣人的经典，不足之处只是局限于训诂，但绝非异端。异端的形成，从丧失了自我判断是非的能力开始。一个学者如果整天把精力投入到烦琐的文字训诂之间，很容易丧失义理并逐渐失去是非判断的能力。可见，在东亚的学者之间，即便大家都信奉儒家，也同样存在着许多争议，而像王阳明和朱熹的不同学派之争，影响的范围就更大了。我们再看一个颇具异端色彩的例子,17世纪日本儒者山崎闇斋(1619—1682)与其门人弟子有一段著名的问答,山崎问:"假如今天中国以孔子为大将,孟子为副将,率领几万兵马来攻打我日本,我们这些学习孔孟之道的人应该怎么办?"学生个个不敢回答,只好说"请老师教导"。于是山崎说:"如果不幸遇到这样的事,我们这些人就应该手握武器,披挂上阵,与他们决一死战,然后活捉孔、孟,以此报效国家,这就是真正的孔孟之道。"后来有个学生见到了另外一个儒者伊藤东涯(1670—1736),便对他讲了这个故事,并且感慨说:"像我们的闇斋先生,可以说是真正通晓了圣人的思想。不然,哪个能够明了其深意,而说出这样一番话呢?"伊藤东涯微笑着说:"你最好不要惦记着孔孟攻打我国这种事,我保证不可能出现。"(原念斋《先哲丛谈》卷三)大概在伊藤的心目中,山崎的说法是过于异想天开了吧。但读中国典籍,时时不忘现实处境,不忘与中国分庭抗礼,并且以一种耸人听闻的方式提问,这是带有日本特色的。

山崎闇斋像

佛教是形成汉文化圈的另一个重要支柱。这里所说的佛教,指的是汉传佛教,汉文佛教文献不仅包括中国历代僧人翻译的印度佛教原典,也包括中国、朝鲜、日本、越南历代的僧俗佛教学者的相关著述。佛教的影响在汉文化圈发挥了重要的作用,不仅关系到信仰,而且牵涉文化的方方面面。既然叫汉传佛教,当然是因为这些佛教的印度原典首先被译为汉文,然后向东方的朝鲜半岛以及更加东方的日本传播。佛教传播的路线,从陆地上看,是由中亚进入到黄河以东的华北地区。若从海路上看,其中转站就是越南的交趾,从印度而锡兰而交趾,再由交趾经广西而进入长江流域。三国时期到达吴国建业的康僧会,根据史书上的记载,就是随着经商的父亲,由印度而移居交趾,并且在那里翻译了《法华三昧经》。当然,在唐代以前,越南本就是中国的郡县,在越南的历史上称作"北属时期",一直到五代时才建立了自主政权,而越南佛教从公元8世纪之后,基本上也都是在中国的影响之下发展起来的。

朝鲜半岛接触佛教,始于历史上的三国(新罗、百济、高句丽)时代,其传入佛教的顺序,则是先高句丽,继而百济,最后是新罗。到了高丽时代就以佛教为立国之本,成为国教,刊刻八万《大藏经》版,至今还保存在韩国伽耶山海印寺。他们还从佛教典籍中生发出无穷的想象,比如"震旦"一词,本来是梵文 Cina-sthana 的音译,意思是秦土,也就是中国。《楼炭经》里说,葱河(帕米尔)以东,属于太阳升起的东方,所以叫做震旦。唐代的慧琳法师解释说:"东方属震,是日出之方,故云震旦。"(湛然《止观辅行传弘决》卷四引)说东方属震,本来是《周易·说卦》上的讲法:"万物出乎震。震,东方也。"所以高丽人就产生了一种想象,既然因太阳出于东方而将中国称作"震旦",那么比中国更东方的朝鲜半岛不是更有资格称为"震旦"吗?于是在《高丽史》里就记载了当时人这样的话:"三韩变为震旦,大国来朝。"这样的想象真有点不可思议。另外,根据朝鲜的开国神话,天帝桓因的庶子桓雄天王下降白头山顶,与熊女结合,生下了檀君王俭。与"三韩变为震旦"的想象相比附,在朝鲜半岛就创造了"震檀"一词。李圭景(1788—?)《五洲衍文长笺散稿》里说:"震檀,以东方在震,而檀君始为东方之君,故名。"这个词汇一直到今天还在使用,比如韩国的一个最为悠久的历史研究学会,其名称就是"震檀学会"。跟中国的"三教合一"有些类似("三教合一"用清代雍正皇帝的话说,就是"以佛治心,以道治身,以儒治世"[题《道藏辑要》]),佛教有时也会与其他宗教或思想糅合在一起,对社会发生作用。比如在新罗朝的中后期,社会上流行一种民间修养团体,称作"花郎道",又称"风流道"、"风月道"。用朝鲜半岛文学鼻祖崔致远(857—?)的话来说:"实乃包含三教,接化群生。"并且具体化为"诸恶莫作,众善奉行"(《三国史记》卷四引《鸾郎碑序》)。其实,花郎道与佛教的关系远不止此,比如不少花郎本身就是僧人,魏花郎是"花郎之祖,沙门之祢",薛花郎则"托于佛门",菩利沙门(他的兄长是新罗朝最有名的僧人圆光,《续高僧传》有其传)也是花郎之一。花郎的门徒中也有不少僧人,比如创作《兜率歌》的月明师,不仅擅长乡歌,而且也是花郎徒。所以虎林花郎对其门徒说:"花郎亦不可不知佛也。"在当时社会,花郎不仅出身贵族,而且人也长得高大帅气,又富于艺术情操和修养,堪称社会的精英和榜样。所以佛教不止是一个宗教信仰的问题,也不止是僧徒关心的问题,其

韩国出土的高句丽(6世纪)时的金铜禅定印如来坐像,载《佛教美术全集》第 10 册《韩国佛教美术》。

导　言

基本要素往往渗透到世俗间人的精神构造之中。

　　日本吸收佛教经过两个阶段，起初是透过朝鲜半岛的百济来吸收，后来直接向中国大陆取法。百济虽然不是最早接触到佛教的国家，但佛教在百济推行得最为纯粹。佛教进入高句丽，根据《三国史记》的记载是在小兽林王二年（东晋简文帝咸安二年，372），又过了三年，在高句丽建立了第一所寺庙——省门寺（一作"肖门寺"），被史家看成是"海东佛法之始"。但是到了唐代的时候，高句丽不断向唐朝求取道教，其理由是："三教譬如鼎足，阙一不可。"儒家和佛教都有了，不能少了道教。结果是，引入了道教，"国人争奉五斗米教"（《三国遗事》卷三"宝藏奉老，普德移庵"）。而新罗接受佛教的时间最晚，在法兴王（514—539年在位）时代，为了推行佛教，群臣争议不休，内史舍人朴厌髑（又名异次顿、居次顿）挺身而出，宁愿就死以证佛法，临死前说："我为了佛法而被杀，如果佛会显灵，那么我死之后，必然出现灵异之事。"待一刀砍下，断头直向上飞，到金刚山顶才落下。而断头处的血像白乳涌出，高达数十丈。顿时日色昏暗，天雨散花，大地震动，臣民惊恐，从此就不再议毁佛之事。君臣之间也盟誓曰："自今而后，奉佛归僧，有渝此盟，明神殛之。"但这已经是法兴王十六年（529）的事了，比高句丽晚了一百五十多年。百济就不同了，虽然佛教进入的时间比高句丽晚了十二年，可是一旦进入，不过五个月就创建了寺院，而且僧人来到百济，还受到国王"出郊迎之，邀至宫中，敬奉供养，秉受其说"的崇高礼遇，以至于"上好下化，大弘佛事，共赞奉行"（以上均见《海东高僧传》卷一）。同时，在宗教信仰方面，百济对佛教也尤为专注，史称"僧尼寺塔甚多，而无道士"（《周书·异域上·百济》）。不止于此，百济僧人还不满足于仅仅从中国输入佛法，更有人从海路转至印度取经，比如释谦益于圣明王四年(梁普通七年,526)远赴中印度求经,带回律部文五种,回国后与其他名僧二十八人一起翻译出七十二卷,成为百济律宗的鼻祖。当时的百济北有高句丽,东有新罗,三国间也不断有纠纷和战事,为了抵御北方和东方的劲敌,百济便积极地与日本发展关系,同时也将以佛教为代表的汉文化向日本传播。百济和高句丽的关系虽然常常摇摆,但相对于新罗来说,与高句丽的关系明显更为密切,所以高句丽也有不少僧人抵达日本,为佛教的传播作出了贡献。

就佛教来说,朝鲜半岛三国中,以百济和高句丽的水平较高,这是毫无疑义的。日本这个民族,在吸收外来文化方面有一个特点,就是始终坚持向自己认为最高水平的文明学习,同时在这一过程中,又不忘与之分庭抗礼。公元663年8月,在历史上发生了一场影响此后一千多年东北亚地区政治、经济和文化格局的战争,这就是以大唐、新罗联军为一方,以日军为另一方,在百济的白村江(今韩国锦江入海口)发生的一场水战,尽管日军兵力(42000人)和战船(1000余艘)的数量远高于唐军(13000人,170艘),新罗、百济各5000人,结果日军却大败,百济也随之灭亡。日本此后的国际战略迅速改变,直接向唐王朝大量派遣学问僧和留学生,向最先进的文明学习,尽管在感情上与百济、高句丽较为亲近,但是在政治和文化上已经将他们弃之脑后。有的日本学者将白村江战败后的震动,类比为后来的明治维新和二战后的情形,"是一个举国上下不惜余力地引进'敌国'的国家体制和文化的国家行为"①。佛教是其中最重要的方面之一,日本也就拥有了"佛法兴隆有缘之国"的称号。唐代的鉴真和尚也因为日本圣德太子(574—621)的预言——"二百年后,圣教

---

① [日]上垣外宪一:《日本文化交流小史》,王宣琦译,武汉大学出版社,2007年。

兴于日本",和长屋王(684—729)造千件袈裟,上绣的四句偈语——"山川异域,风月同天。寄诸佛子,共结来缘"(《游方记抄·唐大和上东征传》),于是毅然赴日弘法,历经十二年六次东渡,最终达成其目的。本书的书名"风月同天"也是来自于这一偈语。

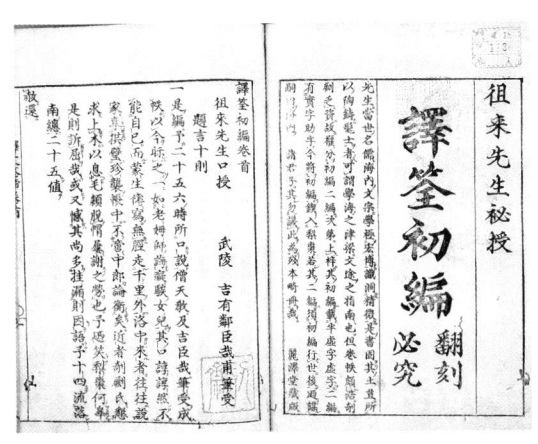

日本早稻田大学图书馆所藏正德五年(1715)版《译文筌蹄》

无论是思想、宗教还是文化的传播,在东亚都依赖于书籍的传播,汉字就是这些书籍的媒介。既然是书籍传播,就必然关乎书籍的阅读。在东亚的日本和朝鲜半岛,就发明了一种"训读"的方式:一方面是将汉语的语序更改为符合日语语序的读法,另一方面,也将汉语的意思传达出来,获得训诂和翻译的效果。日本江户时代的儒者荻生徂徕写过一本《译文筌蹄》,里面说了这么一番话:"这里的学者用日语来阅读汉籍,号称'和训',取自训诂的意思,实际上就是翻译。"又说:"按照这里的阅读方法,顺着读或倒着读,回环流转,一定要改变中华文字的习惯来迁就日语的习惯,一读就理解了,若不理解就不能读。所以称之为'和训'是非常恰当的,学者也因此容易读书和理解。"所以在中国叫"读书",在日本就叫

"看书",原因就在于"一涉诵读,便有和训,回环颠倒"。讨论东亚汉文世界的形成,"训读"是非常重要的一个环节。这个问题也是日本学者非常关注的,有过不少论著。一般来说,他们都认为这种伴随着原文阅读和训诂翻译的方法是日本独创的,从公元8世纪末9世纪初的奈良朝末期到平安朝初期,就有训读材料保存至今,涉及佛经、史书、书仪、文集等。但也有学者指出,"训读"是从佛经汉译的过程中得到启发而形成的。① 我们也来看两个例子,一个是宗密《圆觉经略疏抄》里的说法:"西域的语言都是倒着说的,比如'钟打'、'饭吃'、'酒饮'、'经读'等等。所以翻译的人要先将梵语变为汉语,然后回转语序以符合汉语习惯,比如'打钟'、'吃饭'等。"再如慧琳《一切经音义》也说:"播啰弭多(就是波罗蜜多),翻成汉语是'彼岸到',现在回转为'到彼岸'。"尽管荻生徂徕对于"训读"多有异议,但这种方式对于阅读和理解汉籍不失为一种"捷径",虽然有可能"走样"。有不少日本人(包括古代的朝鲜半岛学者),虽然不会讲汉语,但是通过"训读"的方式理解古典,在学术上提出了自己的创见,有的学者因此强调其长处。而且引人瞩目的是,在法国的研究生院中,自上世纪90年代开始,开设了"古汉文"讲座,其中就有讲授"日本式古汉文训读方法"②的课程。这么看来,佛教影响的广度和深度真是不容小觑啊。

要是讲到文学,主要的是汉文学,也就是用汉字撰写的作品,堪称东亚汉文化圈的一道美丽风景。在中国以外的汉文化圈中,留下的汉文学作品也堪称汗牛充栋。文学的观念、作品的形式和风格,也可以说主要以中国文学为核心。

---

① [日]金文京:《漢文と東アジア——訓読の文化圏》,岩波书店,2010年。
② [日]福井文雅:《古汉文训读的长处和问题》,《汉字文化圈的思想与宗教——儒教、佛教、道教》,徐水生、张谷译,武汉大学出版社,2010年。

日韩两国的汉文学风尚,一般来说,相较于中国,大概要推后一二百年。这是朝鲜时代和日本江户时代的文学批评家共有的认识,比如李德懋(1741—1793)说:"大抵东国文教,较中国每退计数百年后始少进。"(《寒竹堂涉笔》卷上)他说朝鲜半岛的文学风气,在被看作时尚的时候,往往在中国已经衰退并且遭人厌烦了。日本的江村北海(1713—1788)也说,日本和中国相距万里,又被大海划

《怀风藻》钞本

分,所以文学风尚总是在那儿开始衰退,然后才在这儿兴盛。"其后于彼,大抵二百年。"(《日本诗史》卷四)这个概括,大体上还是能够成立的。我们看日本最早的两部文学总集:一部是汉诗集《怀风藻》,成书于天平胜宝三年(751);一部是和歌集《万叶集》,成书于八世纪后半叶。如果概括一下《怀风藻》的文学特色,诗风上完全沿袭了齐梁、初唐的作风,题材上多以侍宴、应诏、宴集、游览为主,不出《文选》的范围。具体说来大致有五点:第一是五言诗居多,有110首(现存作品总数是117首);第二是八句成篇者多,有73首;第三是诗歌当中多用对偶,仅有两首诗中未涉对偶;第四是声律还不够谐和,尚不能称为纯粹的近体诗;第五是押韵有惯例,多用平声韵,

平声韵中又多用真韵。① 即便是对偶,比如释弁正《在唐忆本乡》的"日边瞻日本,云里望云端。远游劳远国,长恨苦长安",这种句法就是流行于齐梁、初唐的"双拟对",如何逊《咏

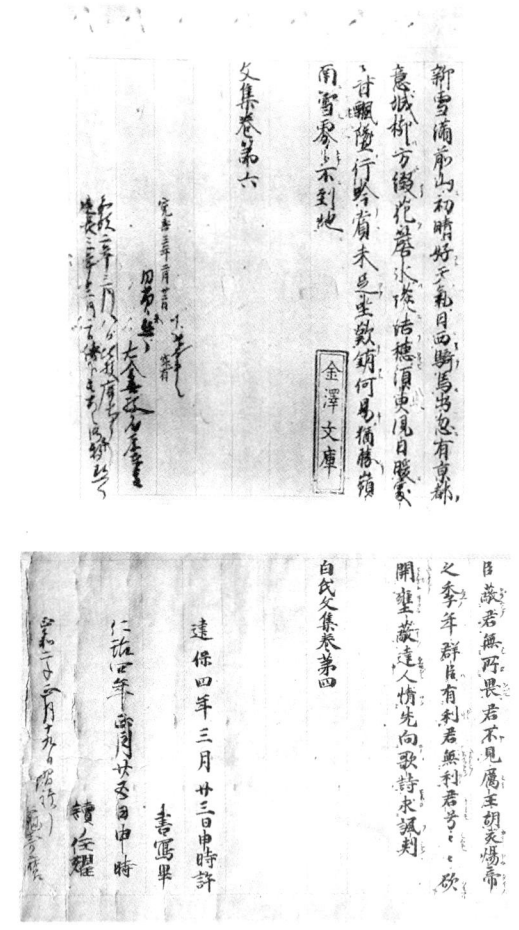

上图为金泽文库所藏古钞本《白氏文集》。下图为大阪府立图书馆所藏建保四年(1216)钞本《白氏文集》(日本国宝),载大阪府立图书馆编《近畿善本图录》。

---

① 参看[日]冈田正之:《日本漢文学史》(增订本),吉川弘文馆,1996年;[日]杉本行夫:《懷風藻概説》,弘文堂书房,1943年。

风》的"可闻不可见,能重复能轻"之类。所以《本朝一人一首》中说:"《怀风藻》中才子唯慕《文选》、古诗,而未见唐诗格律之正。"这个评价还是合适的。《万叶集》是一部和歌集,在当时的日本,还没有创制出假名,所以是借用汉字来表达的。这些歌人都有较好的中国文学修养,特别是对于《文选》和《玉台新咏》,他们都是非常喜爱的,加上佛教无常观的影响,所以在《万叶集》中,也就弥漫着"悲哀"和"风流"的调子。

据说在平安时代的菅原道真(845—903)就已经有了"和魂汉才"的观念,不管怎么说,日本在面对中国这一文化先进大国的时候,往往具有文化本位的立场和分庭抗礼的姿态。比如当时的名僧兼歌人的慈圆法师,曾经和当时最有名的歌人藤原定家(1162—1241)合作,把白居易的一百首诗翻译成和歌,即《文集百首》。由于白居易在当时的影响巨大,所以讲到"文集",指的就是《白氏文集》。慈圆在"跋文"中说:"如果中国诗的风吹过来,就用和歌的波返回去。"即便在纯粹的汉文学作品里,也隐然有这种情形,日本的知识人根据自己的实际需要选择学习和效仿的对象。同样是白居易的诗,日本人欣赏的不是白居易自己最为看重的讽喻之作,而是其感伤和闲适的部分。《文华秀丽集》虽然也模仿了《文选》,但在分类方面,就增加了后者所没有的"艳情"和"梵门"。《济北诗话》是日本文学史上第一部以"诗话"命名的著作,但其作者虎关师炼(1278—1346)并不完全以中国诗论为金科玉律,总是努力想表达一些异样的声音,这种批判的声音到了江户时代古贺侗庵(1788—1847)的《非诗话》达到了顶峰,以至于持论近苛。而到了明治维新时期,日本文人又一次作出重大改变,由"和魂汉才"转换为"和魂洋才",以英美文学为追求鹄的。用吉川幸次郎的话说,当时的文化人,"对西洋文明的一颦一笑都十分敏感"[1]，文学风气当然也就随之而变了。

与日本的情形相较起来，朝鲜半岛文人对中国文学的学习就更为投入，成就当然也更为高超。作为韩国汉文学鼻祖的崔致远，十八岁就在唐朝一举及第，成为"宾贡进士"，回国时，著名诗人顾云以诗送别道："十二乘船渡海来，文章感动中华国。十八横行战词苑，一箭射破金门策。"予以很高评价。到了元朝，更多的高丽人到中国应举，其文章诗赋自然与中国人没有多大差别。明代派往朝鲜的使臣，往往精选擅长文章之士，朝鲜方面负责接应的人员，也都是能文之人，这些外交场合的唱和之作，后来编成了二十多种《皇华集》。朝鲜半岛保存至今的汉文学作品极为惊人，仅《韩国历代文集丛书》就收录了从新罗时代到朝鲜末期近四千种文集，这还远远不是其全部。

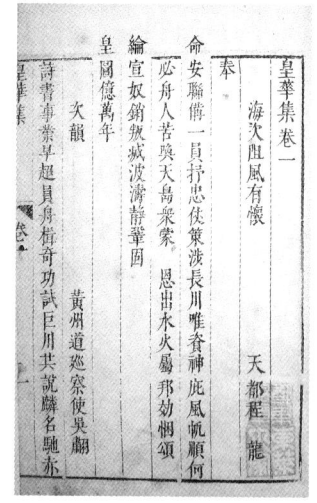

日本京都大学附属图书馆所藏朝鲜版《皇华集》

---

[1] ［日］吉川幸次郎：《受容的歷史——日本汉学小史》，《吉川幸次郎全集》第17册，筑摩书房，1973—1987年。

由于其汉文学水平较高,中国人最晚在北宋时代,就开始称高丽为"小中华",这也成为他们引以为豪的一个名称,渐渐地演变为其自称。而要无愧于这个称号,就贵在文章。为了综合显示自己国家在文学方面的成就,朝鲜时代初期的徐居正(1420—1488)就编纂了一部总集——《东文选》一百三十卷。在序文中,徐居正自豪地说:"我东方之文,非宋元之文,亦非汉唐之文,而乃我国之文也,宜与历代之文并行于天地间。"他所说的"历代",指

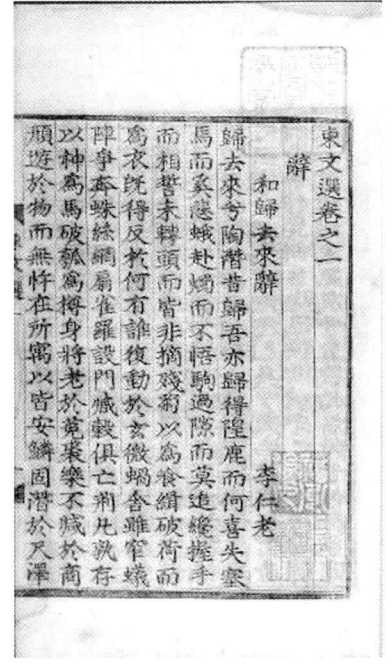

日本国立国会图书馆所藏朝鲜版《东文选》

的就是中国的汉唐宋元,东国的作品是可以也是值得与之"并行于天地间"的。朝鲜半岛的汉文学作品,与中国文学的关系非常密切,在题材的选择、主题的提炼、风格的类型、艺术的追求等方面,几乎都能找到中国文学的蓝本。但我们需要特别注意的,恰恰是"大同"中的"小异"。用朝鲜时代赵龟命(1693—1737)的话说,是"相类之中又有不相类者存"。若是把同属汉文化圈中的日本汉文学放在一起比较,这种差别就更为显然。

比如说,杜甫是中国文学史上的典范,同时也是东亚文学史上的典范,可是在不同的国家和地区,其典范地位的形成方式、时间和文学意义却是不尽相同的。在中国,杜诗成

为文学史上的最高典范是在北宋形成,其形成方式是经由王安石、苏轼、黄庭坚等文坛巨擘的大力表彰,其文学意义既有思想上的忠君爱国、"一饭未尝忘君",也有艺术上的"集大成"、"诗史"、"点铁成金"。综合而言,就是"诗圣",蕴含了道德和艺术两方面。而在朝鲜半岛,杜诗典范地位的确立是经由朝鲜时代帝王的主导形成的,不仅依赖王室的力量组织刊刻、翻译、注释杜诗,而且许多国王直接在序跋中表彰杜诗,甚至亲自编纂选本。所以杜诗在朝鲜半岛的地位无与伦比,在整个东亚文学史上获得了最高的持久的荣誉。所以申纬(1769—1845)在其论诗绝句中说:"天下几人学杜甫,家家尸祝最东方。"历代读杜、拟杜、集杜者不胜枚举,读杜诗至千遍者常见于记载,甚至女性、和尚对杜诗也有出乎寻常的热衷。至于日本,杜诗在历史上一直没有成为最高的典范,直到20世纪通过著名学者的反复阐扬,才在日本人的心目中确定了杜诗的典范地位。但在文学史上,日本人接受的杜诗,往往略去其思想道德方面的意义,强化其"风流"的一面,无论是醉归还是贫穷,他们都可以从中提炼出"风流"的意味。日本文学素来有"脱政治性"的特征,他们所理解的"风流",往往是"不风流处也风流"。比如最爱在诗中使用"风流"一词的一休宗纯(1394—1481),就有"饥肠说食也风流"(饿着肚子谈山珍海味也是一种风流),又有"风流寂寞一寒儒"、"风流自爱寒儒意"等,在他们看来,哪怕是穷愁潦倒,饥寒交迫,但只要远离政治,拥有一番闲适之情,就是一种风流潇洒的姿态。五山诗僧之一的希世灵彦(1404—1489)说:"唐诗与和歌,但造文字有异,而用意则同矣。"这里的"唐诗",既可以指他们心目中的中国诗,也可以是他们创作的汉诗。"用意则同"是指其心目中的审美底色一致,这就是"风流"、"风雅"。相反,朝鲜半岛的文学却有着极强的政治性,在杜甫这个文学典范的身上,他们看到得更多的也是与政治相关的内容。即便杜甫喝醉了酒,这个在日本文人看来是一个非常"风流"的形象,在朝鲜文人的笔下,呈现出的也还总是这样的描写:"一生忠愤太生瘦,醉面依然带泪痕";"病眼感时空洒泪,衰容忧国谩含愁";"莫谓宽心须酒力,醉来心思转悠悠";"孤臣百世老蓬荜,耿耿一饭思难忘。天阍迢递叫不闻,曲江春风泪淋浪"。强调的都是杜甫忧国忧民的情怀,突显的是极强的政治性。

我们不妨再来看个例子,中国古代诗人外出,有一种特殊的坐骑——驴,历史上有很多著名的骑驴诗人,比如阮籍、孟浩然、杜甫、贾岛等。到了宋金对峙的时代,南方的陆游说"此身合是诗人未?细雨骑驴入剑门",北方的李纯甫说"蹇驴驮着尽诗仙",诗人和驴的关系就此确立下来,并且还有了骑驴诗人的典范——孟浩然。诗人为何要骑驴?这不是选择一种代步工具,而是选择一种文化立场。骑驴就意味着不骑马,意味着坚守一种布衣传统。这样的立场传入朝鲜半岛,诗人一方面接受了这种观念,比如他们认同孟浩然的典范地位,甚至直接把驴命名为"孟驴"、"孟生驴"或"浩然驴";然而另一方面,真正代表他们的形象的,却是另外一种坐骑——牛,所以有更多的骑牛诗人。这样一些诗句是很典型的描写:"牛背吟诗乘雪去";"牛背哦诗野趣长";"骑牛题咏语绝尘";"牛背载诗人"等等。而其中蕴含的文化立场,与中国诗人之骑驴是一致的。为此,朝鲜文人写下多篇的《骑牛说》、《骑牛歌》、《骑牛赋》等,突出了骑牛与骑马,也就是在朝与在野、出与处、仕与隐的对立。与中国文学比较起来,那种对立的紧张度还更有所加强。但是在日本文学中,却是另一番景象。他们的作品中,诗人或骑驴、或骑马,似乎并无一定,而且无论骑驴、骑马,对于诗歌创作并无任何妨碍。概括起来,可以归纳出两项特征：其一，虚构。日本诗人写骑驴，虽然也颇为多见，但事实上，日本本土并不产驴，偶尔一见，也是从外国"进口"的，绝无日常使用之可能。江户时代的菊池桐孙（1772—1855）在《五山堂诗话》中指出："诗中铺叙不可失实，今日作者，殆不胜其病。"在列举的各种现象中，就有"驴我所无，而屡言不置"之弊，这种失实的虚构代表了日本文人对中国文学的模仿。其二，解构。这是一个更为重要的特征。无论在中国还是朝鲜半岛，和骑驴、骑牛相对立的是骑马，但是在日本文学中，这种对立消失了。万里集九（1428—?）写过一篇文章，引用了西竺谚语：母驴和公马相交所生为驴马，母马和公驴相交所生为马驴。"孟浩然所跨者，是马驴乎哉？是驴马乎哉？"其结论应该是"不涉高下等差"，马未必胜驴，驴未必不如马，甚至可以合二而一，或为驴马，或为马驴。追究其根源，也还是与文学中的政治性因素的多寡有关。

日本直入山樵画《雪中骑驴图》，载《汲古山泉》坤集，明治二十三年（1890）版。

  从以上简短的介绍中可以看到，一方面，历史上的东亚世界属于同一个汉文化圈，人们内心的感受方式、道德观念、知识结构等，往往是根据某些基本原则而展开。但是另一方面，这样的一个共同的文化圈，里面的声音却是喧哗的。彼此之间既有相互交流，也有相互刺激，所以在其内部，也拥有着丰富的内涵。下面，就让我们以汉字、儒学、佛教、文学为基本切入点，进入迷人的东亚文明世界吧。

原典选读

梁僧祐《出三藏记集》卷一《胡汉译经文字音义同异记》

夫神理无声,因言辞以写意;言辞无迹,缘文字以图音。故字为言蹄,言为理筌①,音义合符,不可偏失。是以文字应用,弥纶②宇宙。虽迹系翰墨,而理契乎神。昔造书之主,凡有三人:长名曰梵,其书右行③;次曰佉楼,其书左行④;少者苍颉,其书下行。梵及佉楼居于天竺,黄史苍颉在于中夏。梵佉取法于净天,苍颉因华于鸟迹。文画诚异,传理则同矣。

朝鲜崔汉绮《四海文字变通》⑤

文字乃通言语之标识也,各国所用,字形不同,画法有异……在昔四海不通之世,犹不为大欠,亦无所用其能。从今以后,西洋诸大洲无不通焉……文字之不通,如天哑之相

---

① 这两句话是用《庄子》的典故,《庄子·外物》中说:"筌者所以在鱼,得鱼而忘筌;蹄者所以在兔,得兔而忘蹄;言者所以在意,得意而忘言。"意思是说,文字是获得言辞的工具,而言辞又是获得神理的载体。

② 弥纶是统摄、涵盖的意思。《易·系辞上》:"《易》与天地准,故能弥纶天地之道。"

③ 梵是佛教传说中创作文字的人,他创造了一种婆罗米系文字,书写方式是从左至右横写的,也就是古代的梵文,流行于古代印度。

④ 佉楼:又译作"佉卢"、"佉卢虱吒",又称"驴唇仙人",他也是古代传说中一个创造文字的人。他创造的一种文字称为"佉卢文",曾经在公元前三世纪到公元四、五世纪盛行于印度半岛西北部,我国古代新疆的于阗、鄯善一带也曾使用。其书写方式是从右至左横写。

⑤ 崔汉绮(1803—1877),字芝老、芝密,号惠冈、浿东、明南楼、气和堂,本贯朔宁。著作甚多,集为《明南楼全集》。

对。各带郁结之怀,易致争哄之端。若使文字相同,事情交通,和解之方,慰谕之道,曲尽无隐。且于书册究解,庶无彼此防碍。势将使寡效众,使散效聚,则西域诸国,同行华夏文字,而音则虽异,字义字形同,则可以通行。且英华、坚夏两书院,专事翻译。则西国之效华夏易,使华夏变西文难。是非可以彼善乎此,此善乎彼论之也,惟取其同文通行之义也。西方诸国,或有斯意者耶?虽非一年二年之所成,将有俟于后世。

朝鲜柳得恭《古芸堂笔记》①卷四"汉字"

在内阁,南直阁②云:近有一长者,多读经史,善制表策……见诸少年传玩乾隆皇笔,惊问曰:"乾隆能书乎?"少年曰:"然。"长者取示良久曰:"此是乾隆笔云尔乎?"少年曰:"然。"长者曰:"怪哉!怪哉!此兀良哈③效我国字,何其若是之巧也?"诸少年莫不匿笑。余闻而绝倒。

---

① 柳得恭(1748—1807),字惠甫、惠风,号泠斋、泠庵,本贯文化,与朴趾源、朴齐家等交游,曾两到中国。历任丰川府使、五卫将等职。有《泠斋集》。《古芸堂笔记》是其另一著作。

② 南直阁:即南公辙(1760—1840),朝鲜后期正祖、纯祖、宪宗三朝元老。正祖十二年(1792)在文科中丙科及第,后出任弘文馆副校理、奎章阁直阁。纯祖十七年(1817)后,任宰相14年。他被称为当时第一文章家,著有《高丽名臣传》《归恩堂集》、《金陵集》、《颖翁续稿》、《瀛隐文集》等。

③ 兀良哈:原明人对漠北蒙古东部的称呼,也是蒙古的姓氏。洪武二十二年(1389),朱元璋设置泰宁卫、朵颜卫、福余卫指挥使司,称为兀良哈三卫,又称朵颜三卫。这句话中的兀良哈含有调笑的意味,指的是没有文化的满族人。

导　言

越南冯克宽《答朝鲜国使李睟光》[①]

义安何地不安居,礼接诚交乐有余。彼此虽殊山海域,渊源同一圣贤书。交邻便是信为本,进德深惟敬作舆。记取使轺回国日,东南五色望云车。

李睟光《安南国使臣唱和问答录》(丁酉冬赴京时)

《安南使臣万寿圣节庆贺诗集序》:

夫天地有精英清淑之气,或锺于物,或锺于人。故气之所锺,扶舆磅礴[②],必生瑰奇秀异之材。不专乎近而在乎远,不禀于物则在于人焉,吾闻交州,南极也,多珠玑、金玉、琳琅、象犀之奇宝,是固精英清淑之气,特锺于彼,而宜有异人者出于其间,岂独奇宝乎哉? 今使臣冯公,蟠然其发,臞然其形,年七十而颜尚韶,译重[③]三而足不茧。观礼明庭,利宾王

[①]　冯克宽(1528—1613),字弘夫,号毅斋,越南石室冯舍(河西省石室县)人。他早年曾拜阮秉谦为师,但拒绝参加莫朝的科举考试,并追随黎伯骊推翻莫朝统治。1592年,黎朝消灭莫朝,他因功被赐封金紫荣禄大夫。为了获得明朝对黎朝的承认和支持,冯克宽在万历二十五年(1597),以正使的身份出使明朝。在北京期间,与朝鲜使臣李睟光互相唱和,共有30首诗。他出使明朝之时,正值明神宗万历皇帝的万寿节,他作有祝寿诗集《安南使臣万寿圣节庆贺诗集》,共收31首诗,朝鲜使臣李之凤为之写序。他还著有《华使手笔摘诗》、《言志诗》、《毅斋诗集》、《梅岭华使诗集》等。李睟光(1563—1628),字润卿,号芝峰,谥文简,是朝鲜著名的性理学者、实学家。他曾三次出使明朝,与越南、琉球使臣唱和。本处所选之诗亦见于越南汉诗总集《皇越诗选》卷五。

[②]　扶舆:亦作"扶於"、"扶与",意为盘旋升腾的样子。汉王褒《九怀·昭世》:"登羊角兮扶舆,浮云漠兮自娱。"又唐韩愈《送廖道士序》:"气之所穷,盛而不过,必蜿蟺扶舆,磅礴而郁积。"

[③]　译重:即重译,指辗转翻译。《尚书大传》卷四:"周公居摄六年,制礼作乐,天下和平。越裳以三象重译,而献白雉。"《汉书·平帝纪》:"元始元年春正月,越裳氏重译献白雉一,黑雉二,诏使三公以荐宗庙。"颜师古注:"译谓传言也。道路绝远,风俗殊隔,故累译而后乃通。"

国,其所著《万寿庆贺诗》三十一篇,揄扬叙述,词意浑厚,足以唾珠玑而声金玉,亦岂所谓异人者哉?噫!大明中天,圣人御极,惠怀四溟,威怛九裔。巍巍荡荡,轶周家之盛,宜乎白雉呈祥①,黄耇向德②。今子之来,抑未知天果无烈风,海果不扬波,如囊日成周时否耶?若然,则吾子即古之黄耇,而斯诗之作,祥于献雉远矣。古有太史氏采风谣以弦歌之③,又安知吾子之词,不编于乐官而彰中国万世之盛也欤?不佞生在东方,得接子之话,观子之词,怳然飚车云驭,神游火海之乡,足涉铜柱之境④,幸亦大矣,其敢以不文辞?是为序。

《问答》

问:古之越裳交趾⑤,是贵国疆域否?

---

① 白雉:即白色羽毛的野鸡,古代人认为其是一种代表祥瑞的禽鸟。《尚书大传》卷四:"越裳以三象重译,而献白雉。"《后汉书·班固传》载班固《白雉诗》云:"启灵篇兮披瑞图,获白雉兮效素乌,嘉祥阜兮集皇都。发皓羽兮奋翘英,容洁朗于兮纯精。彰皇德兮侔周成,永延长兮膺天庆。"

② 黄耇:即年老之意。《诗·小雅·南山有台》:"乐只君子,遐不黄耇。"《毛传》:"黄,黄发也;耇,老。"《尚书大传》卷四:"越裳以三象重译,而献白雉……其使请曰:吾受命吾国之黄耇曰:久矣,天之无烈风澍雨,意者中国有圣人乎?有则盍往朝之。"

③ 太史氏采风谣:指太史搜集民间歌谣加以加工。《汉书·艺文志》:"古有采诗之官,王者所以观风俗,知得失,自考正也。"《汉书·食货志》:"孟春三月,群居者将散,行人振木铎徇于路以采诗,献之太师,比其音律,以闻于天子。"

④ 东汉时,交趾女子征侧、征贰姐妹起兵反汉,汉光武帝派伏波将军马援率军平定叛乱。马援在其地立铜柱,作为汉朝最南方的边界。《后汉书·马援传》唐李贤注引《广州记》云:"援到交阯,立铜柱,为汉之极界也。"又郦道元《水经注》卷三十六引《林邑记》云:"建武十九年,马援树两铜柱于象林南界,与西屠国分汉之南疆也。"

⑤ 越裳:一作"越常"、"越尝",在交趾之南,即今天越南中南部。《尚书大传》卷四:"交趾之南,有越裳国。"汉王充《论衡·恢国》:"成王之时,越常献雉。"汉张衡《东京赋》:"北燮丁令,南谐越常。"交趾:一作交阯,在今天越南北部红河三角洲流域。公元前209年,赵佗建立南越国,分秦朝的象郡为交趾、九真二郡。公元前112年,汉武帝灭南越国,并在其地设立交趾、九真、日南三郡,交趾郡治交趾县就在今天越南首都河内。武帝又在全国设立十三刺史部,将包括交趾在内的7个郡分为交趾刺史部。东汉初年,改交趾为交州。

导 言

答曰:是也。

问:大人何官?

答曰:愚老在贱国忝侍郎职。

问:贵国官制风俗何如?

答曰:习孔、孟,《诗》《书》、礼、乐之教,唐宋进士科举之文。

问:取人以诗赋乎? 以策论乎? 亦有武举否?

答曰:科举取人法,有乡试科,有会试科。乡试科第一场试《五经》《四书》各一道;第二场诏、制、表、文各一道;第三场诗、赋各一道;第四场策文古今治道一题。会试科第一、第二、第三、第四场同乡试,第五场廷试策对。武科以阵前为上,有骑马、骑象、骑射之才,五年一选。

问:旧闻贵国王是莫姓,今黎氏乃创业之主耶? 有何变乱而革命耶?

答曰:前者贱国是黎王管封,后为莫氏篡僭,今黎氏复旧业,再请封①。

问:黎王失国几年始复旧物?

答曰:经五十余年。

问:贵国有都统使,是何官职?

---

① 1527年4月,后黎朝权臣莫登庸自称为安兴王。6月,莫登庸逼迫黎恭皇逊位,建立莫朝,改元明德,立莫登瀛为太子。1529年末,莫登庸让位给太子登瀛。翌年正月,莫登瀛即位,莫登庸自称太上皇。1540年正月,登瀛病卒,莫登庸立孙子莫福海嗣位。明朝知莫登庸篡位后,准备征讨莫登庸。这一年十一月,莫登庸亲自与大臣到广西镇南关向明朝纳降求封,明朝下诏降安南国为安南都统使司,封莫登庸为安南都统使,秩从二品。莫朝建立后,黎朝旧臣阮淦于1531年在哀牢立黎昭宗少子黎维宁为帝,建元元和,恢复黎朝,是为后黎朝。1591年,后黎朝开始反攻莫朝,1592年攻克莫朝首都升龙(今河内),莫朝灭亡。但莫朝的残余势力,在明清两朝的保护下,一直偏安在高平。1677年,莫明宗莫敬宇兵败,逃往中国广西的龙州,莫朝彻底灭亡。1683年,莫敬宇被清朝移交给后黎朝。从1527年被篡国,到1592年推翻莫朝,黎朝失国60余年。

答曰:贱国自古有国以来,未尝有都统使司之职。特以莫氏僭逆,天朝宥以不死,权置都统使司,秩从二品,以待叛臣耳。如今要复王封,廷臣方议定恩赏。

问:莫氏是莫茂洽①耶?

使臣乃惊视良久,答曰:然。(莫茂洽乃其故王姓名,盖讶其知之也。)

问:黎王得国,是讨乱逆耶?抑出推戴耶?

答曰:黎王是代陈氏不祀,国人共推戴。

问:大人在莫氏朝仕为何官?

答曰:愚老是黎氏遗臣,未尝仕莫。

问:贵国冬暖如春,无冰无雪云,信否?

答曰:南天春多冬少。

问:贵国有再熟之稻、八蚕之丝,信否?

答曰:岁有再熟之稻麦,有八蚕之丝麻。

问:贵国地方几许?

答曰:地方五千余里。

问:贵国距云南几里?

答曰:隔山千重,接壤一界。

问:距琉球、日本几里?

答曰:隔海道,远不通。

问:马伏波铜柱竖在何地?

答曰:古传在于梅岭,今无矣。

其使臣问我国制度如何,答以官制仿天朝,置三公、六部、台省,自余法度悉遵用华制。

---

① 1592年,后黎朝大将郑松攻灭莫朝,郑氏控制了黎朝的内外大权。升龙被郑军攻克后,莫英祖莫茂洽逊位给其子莫景宗莫全,自称太上皇。莫茂洽率军抵抗后黎朝的郑军,但为郑军所败。莫茂洽兵败逃亡,为郑松部将抓获,押往清化,后被斩首示众。

使臣曰:贵大国旧称文献之国,贱国非敢望也。

(朝会时,我国使臣为首立于前行,安南使臣次于后行。相接之际,每致恭逊之意。)

朝鲜金迈淳《题日本人〈论语训传〉》①

日本之俗,精技巧、习战斗,文学非其长。而明季以来,稍稍有读书称经生者云。近得太宰纯②所著《论语训传》而观之,盖祖孔安国、皇侃、邢昺诸解③,而以伊国所谓获先生者为继绝复古之宗,诋斥程朱,不遗余力④。其学专以外面事物为主,而不肯反之于内⑤。故凡言仁,必以安民释之;凡言礼,必以仪制释之;凡言道,必以诗书礼乐释之。遇《集注》本心全德、天理节文、自然本体等训,必极口骂詈,以为浮屠之学。其粗浅荒谬,大概如是。而尤乖悖者,有曰私欲净尽,天理流行,乃释氏断烦恼、修菩提之教。心之有私欲亦理也,若果净

---

① 金迈淳(1776—1840),字德叟,号台山、石陵子等,安东人,谥号文清。与吴渊昌、洪奭周等交游。1795年文科及第,历任庆州府尹、兵曹参判等职。著有《台山集》《洌阳岁时记》等。

② 太宰纯(1680—1747),字德夫,通称弥右卫门,号春台,又号紫芝园,江户时代著名儒家,荻生徂徕弟子,蘐园学派代表人物之一。著有《经济录》《论语古训》、《六经略说》、《辨道书》、《圣学问答》等。

③ 郑玄著有《论语注》;皇侃著有《论语义疏》,此书在中国失传,而在日本有传本,清代时回传到中国;邢昺著有《论语注疏》。

④ 荻先生:即荻生徂徕(1666—1728)。荻生徂徕认为要获得"先王之道"或"圣人之道",必须通过六经,要正确理解六经就必须学习古文辞,而不能通过程朱等宋儒的解释。宋儒不懂古文辞,对六经的解释多有牵强附会之处,杜撰出很多"先王"、"圣人"未提出过的学说。其《复安澹泊》第六书云:"若以制礼言之,程朱之拟于圣人非也;若以传礼言之,程朱之乱古制亦非也。"

⑤ 徂徕认为,体现"先王之道"的是"物","物"就是礼、乐、刑、政,"道者统名也。举礼乐刑政凡先王所建者,合而命之也。非离礼乐刑政别有所谓道也",所以他说"先王之教,以物不以理"(《辨道》)。

风月同天

尽则非人也①。又曰：有气质然后有性。宋儒信孟轲谬说，以性为本善，而谓人皆可以为圣人。此佛氏之见也。夫学者，将以为善去恶而至于圣也。性非本善，欲非可净，圣非人所能为，则彼所以为学者何事②？而所以屈首注圣人书者，又何意也？诋斥程、朱之不足，上及孟氏，则可谓变异之甚矣③。又曰：宋儒以不仕为高，乃老庄方外之道。亦为程朱而发耳。日本书籍余不能多见，而使其学术皆如此，则真所谓不如亡也。蛮夷鴃舌，不闻大道，唧啾咿嚶，自鸣一隅，诚若无足道者。而余于是窃有隐忧焉。我国风气浮浅，为士者少真实见解，而好新慕奇，甚于他方。幸赖列圣崇儒重道，诸老先生辛勤修阐，得以维持到今。数十年来，撞坏尽矣。贵游豪举，羞薄绳检。而唇舌笔札之徒，遂以丘园为巨，诈半额匹帛，中外靡然。于斯时也，于斯时也，太宰氏之书逾海而来，其声气之感欤？九种之地，文明久矣，明而复晦，亦非异事。流民漂

---

① 徂徕《辨道》："后世儒者不识先王之道，乃还其私智，以谓为善而去恶，扩天理而遏人欲也，此见一立……必恶多而善少，则杀气塞天地矣。……人与我皆不胜其苛刻焉。"故"存天理，灭人欲""既非《乐记》之意，而其以为工夫之条目者，亦大戾于先王孔子之教焉"（《辨名》）。

② 荻生徂徕反对宋儒将人性分为"本然之性"与"气质之性"，认为只有气质之性，而气质之性不可变。其《辨名》下云："性者生之质也，宋儒所谓气质者是也……然胚胎之初，气质已具。"《辨道》又云："石膏虽煅，不损其大寒之性；附子虽煨，不减其大热之性；故知变化气质之说非矣。"从而主张"气质不可变，圣人不可至"，而且圣人的德和智都是"不可得而学焉"（《辨名》）。

③ 古义学派的伊藤仁斋（1627—1705）摈斥《四书》中的《大学》，选择部分《中庸》，并尊崇《论语》、《孟子》。荻生徂徕则进一步排斥《孟子》，而专用《论语》与六经，故太宰纯重视《论语》亦是继其师承。太宰纯《读损轩先生〈大疑录〉》亦批判程朱之学及孟子："二程朱氏继作，盛唱理气心性之说……且教人静坐，此皆老佛之道，非我圣人之道也。……夫仲尼之道，至子思而小差，至孟轲而大差。所以差者，与杨墨之徒争也。轲之道性善，其实亦苟且教导之言耳，轲急于教导不自觉其言之违道也。宋儒又不知轲之违道，以为轲实得孔氏之传，遂以其书配《论语》。迨其解性善之言也，不能不置气质而别说本然之性，所以谬也。夫仲尼教人不以心性理气，心性理气之谈胚胎于子思，萌芽于孟子，而后长大于宋儒，则与佛老同其归何足怪哉……宋儒之道，效佛者十八，效老者十一二。"

邑,恐不可以蚁溜而忽之也。(《台山集》卷八)

高丽觉训《海东高僧传》卷一

释法空,新罗第二十三法兴王也,名原宗①。智证王元子,母延帝夫人。王身长七尺,宽厚爱人,乃神乃圣,彰信兆民。三年龙现杨井中,四年始置兵部,七年颁示律令,始制百官朱紫之秩。即位已来,每欲兴佛法,群臣嗥嗥腾口舌,王难之。然念阿道之至愿②,乃召群臣问曰:"圣祖味邹③与阿道,肇宣佛教,大功未集而崩,能仁妙化,遏而不行,朕甚痛焉,当大立伽蓝,重兴像设。其克从先王之烈,其如卿等何?"大臣恭谒等谏曰:"近者年不登,民不安,加以邻兵犯境,师旅未息,奚暇劳民作役,作无用之屋哉?"王悯左右无信,叹曰:"寡人以不德,叨承大宝,阴阳不序,黎民未安,故臣下逆而不从,谁能以妙法之术晓谕迷人者乎?"久无应者。至十六年,奥有内史舍人朴厌髑(或云异次顿,或云居次顿),年二十六,匪直也人,秉心塞渊,奋义见之勇,欲助洪愿。密奏曰:"陛下若欲兴佛教,臣请伪传王命于有司曰:王欲创佛事。如此,则群臣必谏。当即下敕曰:朕无此令,谁矫命耶?彼等当劾臣罪,若

---

① 新罗法兴王(?—540),姓金名原宗,新罗第23代君主,智证王长子,514—540年在位。
② 《海东高僧传》卷一《释阿道传》:"释阿道,或云本天竺人,或云从吴来,或云自高句丽入魏,后归新罗。"《三国史记》载,小兽林王"四年,僧阿道来";"五年春二月,始创肖门寺以置阿道"。
③ 味邹尼师今,新罗第13代君主,为第一位金氏新罗君主,262—284年在位。《海东高僧传》卷一《释阿道传》:"师既承子之声,出疆而来,寓新罗王阙西里(今庄严寺是也),时当味邹王即位二年癸未矣。师请行竺教,以前所不见为怪,至有将杀之者,故退隐于续村毛禄家,今善州也。逃害三年,成国宫主疾病不愈,遣使四方,求能治者,师应募赴阙,为疗其患。王大悦,问其所欲,师请曰:但创寺于天镜林,吾愿足矣。王许之,然世质民顽,不能归向,乃以白屋为寺。"

可其秦（疑当作"奏"），彼当服矣。王曰：彼既顽傲，虽杀卿何服。曰：大圣之教，天神所奉，若斩小臣，当有天地之异。若果有变，谁敢违傲？"王曰："本欲兴利除害，反贼忠臣，可无伤乎？"曰："杀身成仁，人臣大节。况佛日恒明，皇图愈永，死之日犹生之年也。"王大加嗟赏曰："汝是布衣，意怀锦绣。"乃与厌髑深结洪誓。遂传宣曰创寺于天镜林，执事者奉敕兴功，延（疑当作"廷"）臣果面折逆诤。王曰："朕不出令，髑乃昌言，臣固为之。若行此法，举国泰安，苟有益于经济，虽矫国令何罪？"于是大会群臣问之，佥曰："今见僧徒，童头毁服，议论奇诡，而非常道。若忽从之，恐有后悔。臣等虽死罪，不敢奉诏。"髑奋曰："今群臣之言非也，夫有非常之人，而后有非常之事。吾闻佛教渊奥，不可不行。且燕雀焉知鸿鹄之志哉？"王曰："众人之言，牢不可破。汝独异言，不能两从。"遂下吏将诛，髑告天誓曰："我为法就刑，庶兴义利，佛若有神，吾死当有异事。"及斩其头，飞至金刚山顶落焉。白乳从断处涌出，高数十丈。日色昏黑，天雨妙花，地大震动。君臣士庶，咸皆上畏天变，下恸舍人重法陨命，相向举哀而哭。遂奉遗体营葬金刚山礼也。于时君臣盟曰："自今而后，奉佛归僧，有渝此盟，明神殛之。"君子曰：大圣应千百年之运，仁发于祥，义动于瑞，莫不应乎天地，亘乎日月，动乎鬼神，而况于人乎？夫其自信于道，则天地不得为不应然。功贵成而业贵广也，故苟有大赖，则轻泰山于鸿毛。壮哉！得其死所矣。是年下令禁杀生（按国史及古诸传商量而述）。二十一年伐木天镜林，欲立精舍，扫地得柱础、石龛及阶陛，果是往昔招提旧基。梁栋之用，皆出此林。工既告毕，王逊位为僧，改名法空。念三衣瓦钵，志行高远，慧悲一切。因名其寺曰"大王兴轮寺"，以大王所住故也。此新罗创寺之始，王妃亦奉佛为比丘尼，住永兴寺焉。自此启兴大事，故王之谥曰"法兴"，非虚美也。

日本元开《唐大和上东征传》

　　大和上讳鉴真,扬州江阳县人,俗姓淳于,齐辩士髡①之后也。其父先就扬州大云寺智满禅师②受戒,学禅门。大和上年十四,随父入寺,见佛像感动心,因请父求出家,父奇其志,许焉。……荣叡、普照③留学唐国已经十载,虽不待使,而欲早归。于是请西京安国寺僧道航、澄观,东都僧德清,高丽僧如海,又请得宰相李林甫之兄林宗之书,与扬州仓曹李凑,令造大舟,备粮送遣。又与日本国同学僧玄朗、玄法二人俱下至扬州,是岁唐天宝元载冬十月(日本天平十四年岁次壬午也)。时大和上在扬州大明寺,为众僧讲律。荣叡、普照至大明寺,顶礼大和上足下,具述本意曰:"佛法东流至日本国,虽有其法,而无传法人。日本国昔有圣德太子,曰二百年后,圣教兴于日本。今锺此运,愿和上东游兴化。"大和上答曰:

---

　　① 淳于髡,生卒年不详,活跃于战国齐威王、齐宣王之时。司马迁《史记》将其列为《滑稽传》之首,说他是齐国入赘的女婿,其貌不扬,身长不满七尺,但博闻强记,能言善辩。齐威王用为客卿,他多次用隐语微语的方式讽谏威王。齐威王在他的劝诫下,厉行改革,国遂大治。他又活跃于外交舞台,《史记》称他"数使诸侯,未尝屈辱"。他也是齐国稷下学派的代表人物之一。

　　② 据《景德传灯录》卷十一记载,智满禅师为上元人(今属南京),为沩山灵祐禅师法嗣。

　　③ 荣叡(? —749),日本美浓(今岐阜县)人,奈良兴福寺僧。唐开元二十一年(733),随日本遣唐使丹墀真人广成入唐,在河南洛阳从大福先寺定宾和尚受戒。唐天宝元年(742)欲与普照同行归国,到扬州恳求鉴真和尚到日本传法。鉴真与荣叡、普照等人经过五次东渡的努力,都没有成功。第五次东渡,船漂流到海南岛。天宝八年(749)春染病,荣叡在北返的途中,圆寂于端州(今肇庆市)鼎湖山龙兴寺。唐天宝十年(751),日本第十次遣唐使船来到明州。居住在明州阿育王寺的普照建议遣唐使再次邀请鉴真赴日。鉴真随其第六次东渡,这一次终于成功,普照也随鉴真回到日本,后亦被授予"传灯大法师"之号。

风月同天

"昔闻南岳惠思禅师迁化之后,托生倭国王子[①],兴隆佛法,济度众生。又闻日本国长屋王[②]崇敬佛法,造千袈裟,来施此国大德众僧。其袈裟缘上绣着四句曰:'山川异域,风月同天。寄诸佛子,共结来缘。'以此思量,诚是佛法兴隆,有缘之国也。今我同法众中,谁有应此远请,向日本国传法者乎?"时众默然,一无对者。良久,有僧祥彦进曰:"彼国太远,性命难存。沧海渺漫,百无一至。人身难得,中国难生。进修未备,道果未到,是故众僧咸默无对而已。"和上曰:"是为法事也,何惜身命。诸人不去,我即去耳。"祥彦曰:"和上若去,彦亦随去。"爰有僧道兴、道航、神崇、忍灵、曜祭、明烈、道默、道因、法藏、法载、昙静、道巽、幽岩、如海、澄观、德清、思托等二十一人,愿同心随和上去。

徐居正《东文选序》[③]

乾坤肇判,文乃生焉。日月星辰,森列乎上,而为天之

---

① 南岳惠思禅师(515—577),天台宗二祖。"倭国王子"即圣德太子(572—621)。鉴真弟子思托《大唐传戒师僧名记大和上鉴真传》云:"慧思禅师乃降生日本为圣德太子也。"《淡海居士淡海三船传》也说:"隋代南岳衡山,有(慧)思禅师常愿言:'我没后必生东国,流传佛法。'其后日本国有圣德太子,生而聪慧,时遣小野臣妹子聘隋天子,即太子教妹子曰:'向其处取我持《法华经》,并锡杖、钵来。'妹子奉教寻问将来。时人皆云:'太子者,是思禅师之后身也。'"

② 长屋王(684—729),天武天皇之孙,高市皇子第一子,母为天智天皇之女御名部皇女,妻为吉备内亲王。因为长屋王反对藤原氏之光明子做天皇的皇后,又不满藤原氏对藤原不比等的女儿宫子系(也即圣武天皇的生母)上"大夫人"的称号,故藤原氏诬陷其以咒杀皇太子的罪名,迫使长屋王自杀,史称"长屋王之变"。

③ 徐居正(1420—1488),初字子元,后改为刚中,号四佳亭、亭亭亭,达城人,谥号文忠。1444年文科及第,历任吏曹判书、左赞成等职。著有《四佳集》、《东人诗话》等。《东文选》乃奉朝鲜成宗之命而编成,撰于成宗九年(1478),全书共130卷,选录了上自三国,下逮朝鲜初的辞赋、诗歌、文章共4500余篇,其中各体文章计108卷,按文体类聚分为45类,保存了大量从三国时代至朝鲜初期的汉文学史料。

导 言

文;山岳海渎,流峙乎下,而为地之文①。圣人画卦造书,人文渐宣②。精一中极,文之体也。诗书礼乐,文之用也。是以代各有文,而文各有体。读典谟,知唐虞之文;读训诰誓命,知三代之文③。秦而汉,汉而魏晋,魏晋而隋唐,隋唐而宋元,论其世,考其文,则以《文选》《文粹》《文鉴》《文类》④诸编,而亦概论后世文运之上下者矣。近代论文者,有曰宋不唐,唐不汉,汉不春秋战国,春秋战国不三代唐虞,此诚有见之论也。吾东方檀君立国,鸿荒莫追。箕子阐九畴、敷八条⑤,当其时,必有文治可尚,而载籍不存。三国⑥鼎峙,干戈日寻,安事诗书?然在高句丽,乙支文德善辞命,抗隋家百万之师⑦。在新罗,遣子弟入

---

① 参见《文心雕龙·明道》:"文之为德也大矣,与天地并生者何哉?夫玄黄色杂,方圆体分,日月叠璧,以垂丽天之象;山川焕绮,以铺理地之形:此盖道之文也……傍及万品,动植皆文:龙凤以藻绘呈瑞,虎豹以炳蔚凝姿;云霞雕色,有逾画工之妙;草木贲华,无待锦匠之奇。"

② 传说八卦为伏羲所画,文字为仓颉所造。《易传·贲卦》象辞云:"刚柔交错,天文也;文明以止,人文也。观乎天文,以察时变;观乎人文,以化成天下。"

③ 《尚书》中有《尧典》、《舜典》、《大禹谟》、《皋陶谟》、《甘誓》、《汤誓》、《汤诰》、《伊训》、《泰誓》、《牧誓》、《秦誓》。

④ 《文选》指梁昭明太子萧统所编《文选》,《文粹》指宋姚铉所编《唐文粹》,《文鉴》指宋吕祖谦所编《宋文鉴》,《文类》指元苏天爵所编《国朝文类》。

⑤ "九畴"即《洪范九畴》,为《尚书》中记载的九种治国大法:"初一曰五行,次二曰敬用五事,次三曰农用八政,次四曰协用五纪,次五曰建用皇极,次六曰又用三德,次七曰明用稽疑,次八曰念用庶征,次九曰向用五福,威用六极。"又传说箕子东迁到朝鲜后,制定了"八条之教":其一,"相杀,以当时偿杀";其二,"相伤,以谷偿";其三,"相盗者,男没入为其家奴,女子为婢,欲自赎者,人五十万";其四,"妇人贞信";其五,"重山川,山川各有部界,不得妄相干涉";其六,"邑落有相侵犯者,辄相罚,责生口、牛、马,名之为'责祸'";其七,"同姓不婚";其八,"多所忌讳,疾病死亡,辄捐弃旧宅,更造新居"。

⑥ 三国:即高丽句、百济、新罗。

⑦ 612年春,隋炀帝杨广聚集百万大兵,分左右各12军,由宇文述、来护儿等率领,经辽东分水陆征伐高句丽。隋炀帝亲往辽东督师。高句丽婴阳王委任乙支文德指挥军队与隋作战。乙支文德在萨水(清川江)击败隋军,取得胜利。乙支文德给隋军将领于仲文送去一首诗:"神策究天文,妙算穷地理。战胜功既高,知足愿云止。"意思是让于仲文退军。

39

风月同天

唐登第者,五十有余人①。崔致远黄巢之檄,名震天下②。非无能言之士,而今皆罕传,良可叹已。高丽氏统三以来,文治渐兴。光宗设科取士③,睿宗好文雅,继而仁、明亦尚儒术,豪杰之士,彬彬辈出。当两宋、辽、金抢攘之日,屡以文词得纾国患。至元朝,由宾贡中制科④,与中原才士颉颃上下者,前后相望。皇明混一,光岳气全。我国家列圣相承,涵养百年,人物之生于其间,磅礴精粹。作为文章,动荡发越者,亦无让于古。是则我东方之文,非宋、元之文,亦非汉、唐之文,而乃我国之文也,宜与历代之文并行于天地间,胡可泯焉而无传也哉?……吾东方之文,始于三国,盛于高丽,极于盛朝,其关于天地气运之盛衰者,因亦可考矣。况文者贯道之器⑤,六经之文,非有意于文,而自然配乎道。后世之文,先有意于文,而或未纯乎道。今之学者,诚能心于道、不文于文,本乎经、不规规于诸子,崇雅黜浮,高明正大,则其所以羽翼圣经者,必有其道矣。如或文于文、不本乎道,背六经之规矱,落诸子之科臼,则文非贯道之文,而非今日开牖之盛意也。

---

① 《东文选》卷八十四崔瀣《送奉使李仲父还朝序》云:"进士取人本盛于唐。长庆初,有金云卿者始以新罗宾贡,题名杜师礼榜,由此以至天祐终,凡登宾贡科者五十有八人。"

② 881年5月,高骈起兵讨伐黄巢,崔致远为高骈起草了《檄黄巢书》,天下传诵。朝鲜郑麟趾《东国通鉴》卷十一载:"时黄巢反,高骈为兵马都统以讨之。辟致远为从事,以委书记之任,其表状书启,多出其手。其檄黄巢,有'不惟天下之人皆思显戮,抑亦地中之鬼已议阴诛'之语,巢不觉下床。由是名振天下。"

③ 高丽光宗九年(958)首次设科取士。《高丽史》卷七十三载:"三国以前,未有科举之法,首建学校,而科举取士未遑焉。光宗用双冀言,以科举选士,自此文风始兴。大抵其法,颇用唐制。"

④ 宾贡始设于唐代,但分别考试,发榜时名列榜尾。至元代则统一考试,发榜时也不分中外。如崔瀣曾于至治元年(1321)参加科考,中进士者43人,他名列第21,真正做到了"与中原才士颉颃上下"。

⑤ 唐李汉《昌黎先生集序》:"文者,贯道之器也。不深于斯道,有至焉者不也?"但宋代朱熹不同意这种看法:"文皆是从道中流出,岂有文反能贯道之理。为文是文,道是道,文只如吃饭时下饭耳。若以文贯道,却是把本为末,以末为本。"(《朱子语类》一百三十九)

汉 字

汉字是东亚文明与智慧的载体,汉字在中国更被视作"经艺之本,王政之始",在政治运作中起着至关重要的作用。其历史与生命并不仅限于中国域内,在20世纪以前,汉字一直是日本、韩国、越南的官方文字。汉字对东亚诸国产生了难以估量的影响。汉字在东亚诸国流传的历史,就是中华文化在东亚兴衰起伏的缩影。日本、韩国、越南三国,古代时皆没有文字,汉文化传入后,皆努力学习汉字;发展到一定阶段,又开始借汉字之形、音、义表示本国语音,即日本的"万叶假名",韩国的"吏读",越南的"喃字"。日本只借用汉字的形和义,而越南对汉字的形、音、义皆加以借用。其后,日本又利用汉字仿造出了平假名与片假名,越南则仿造出喃字。最后,三国后来渐渐发展出本国的表音文字,先后废除汉字。但由于历史文化的原因,不可能完全废除汉字,所以目前日本、韩国又恢复了部分的汉字,而越南则完全使用罗马化的文字。本章简略考察了汉字是如何在东亚各国传播的,她负载的文明信息是如何扩散的,其本身又有什么样的演变。

汉　字

汉字无疑是中国文化最伟大的发明,有了汉字,仿佛茫茫黑夜中有了光,一下子照亮了人类文明世界。传说上古时代的仓颉创造了汉字,他创制汉字的时候,"天雨粟,鬼夜哭"。有了汉字,中国人从此告别了蛮荒时代,所以这是一件划时代的、惊天动地的大事。而同时,有了汉字,也给人们带来了许多灾难和痛苦,所以才会出现这些"动天地、感鬼神"的现象。

传说中的仓颉像

仓颉,又称苍颉,姓侯刚,号史皇氏,据说是黄帝时的史官,史书上记载他有四只眼睛。当然仓颉只是传说中的一个人物,汉字也不可能是他以一己之力创造出来的。根据考古发现,早在六千年前的半坡文化时期,已经可以找到文字的萌芽。但以现在能够发现的材料来看,真正称得上一种完整的文字体系的,是3000多年前的殷墟甲骨文字。但这样成熟的文字绝非朝夕之间就能够出现,它一定经过了漫长的演变。在上古时代,理解过去、阅读文字、整理文献的工作是由史官来担当的。因为这样的职责所在,所以史官也要掌握和理解文字。传说中的仓颉是史官,周宣王的时候有太史籀,也作过《史籀篇》,用来教导儿童识字。不管是传说还是实有其人,都与史官有密切关系。荀子就说过,喜欢文字的人很多,但把发明文字归于仓颉,是因为他最为专一。所以汉字的产生并非仓颉一人之功,而是经历了漫长的发展过程,由结绳纪事而刻划纪事,到了一定的历史阶段,出现了像仓颉这样有智慧的人,对汉字加以整理总结。至迟到商代时,汉字已经是成体系的、成熟的文字了。甲骨文之后,汉字的形态也有一些演变,如后来的篆书、隶书、楷书、行书、草书等,20世纪下半叶以后,汉字则又经历了由繁体到简体的转变。古代把对文字的研究称作"小学",清末章太炎等人改称为"文字学"。

  古代的童蒙教育也是要从识字开始,所以在秦汉时代就出现了好几种课本,比如秦丞相李斯作《仓颉》七章,车府令赵高作《爰历》六章,太史令胡毋敬作《博学》七章。到了汉代,民间塾师将三篇文字合二为一,以六十字为一章,共五十五章,名为《仓颉篇》。为了便于诵读,全用四字句,隔句押韵。后来的《千字文》、《三字经》等读物也都模仿了这种写法。汉字不仅具有实用性,同时也具有审美性,后来更生发出书法艺术。

  据文字学家的研究,中国的文字学可以分为五大派,分

汉　字

别是俗文字学、字样学、《说文》学、古文字学和六书学。前两派属于近代文字学,后三派属于古文字学。① 讨论汉文化圈中的汉字,主要属于"前两派近代文字学"。汉字虽然有其稳定性,但在形体上也是有变化的。除了由古文字变为篆隶楷草行以外,也有俗体字。在向周边地区繁衍的过程中,又出现了朝鲜汉字和日本汉字。这些都与汉字本身的特征有关。

汉字产生之后,成为中华文明与智慧的载体,其后汉字更被视作"经艺之本,王政之始"(许慎《说文解字》序),在政治运作中起着至关重要的作用。其历史与生命并不仅限于中国域内,在20世纪以前,汉字一直是日本、韩国、越南的官方文字。汉字对东亚诸国产生了难以估量的影响。可以说,若没有汉字,就没有东亚的文明史。这里,我们就来看一下汉字是如何在东亚各国传播的,它负载的文明信息是如何扩散的,其本身又有什么样的演变。

先看朝鲜半岛。

由于朝鲜半岛与中国之间特殊的地缘关系,两国文化也密切相关。朝鲜时代的人绘制的"混一疆理"图,也就是当时人理解的世界秩序,中国居于中心,最为广大,朝鲜仅次于中国,且与中国相连,日本则小于朝鲜。中国代表了"中华",朝鲜半岛就是"小中华"。这个观念从何而来? 基本上有两点原因:第一,在中国人的观念中,华夷本来就不是一成不变的。《论语》记载孔子"欲居九夷",当时有人说"陋,如之何"? 孔子回答说:"君子居之,何陋之有?"陋是出于小人卑鄙狭隘之心,与所居之地没有关系,假如是君子居之,哪里还会是陋呢? 所以华夷之辨,决定于文化而不是种族。后来韩愈在《原道》中概括了孔子的意思:"诸侯用夷礼,则夷之;进于中

---

① 唐兰:《中国文字学》,开明书局,1949年,第25页。

国,则中国之。"朝鲜时代的人说,孔子想去的"九夷"就是朝鲜半岛。第二,朝鲜就是这样一个受到圣人教化的地方。虽然在20世纪以来的现代韩国史家看来,箕子教化朝鲜是一个靠不住的传说,但在两千多年的传统社会中,朝鲜知识人是确信这一点的。据《汉书·地理志》记载:"殷道衰,箕子去之朝鲜,教其民以礼义。"箕子到了朝鲜以后,以八条规矩教化当地人,使他们懂得了礼仪。而根据《东国通鉴》的说法,箕子率领了五千中国人入朝鲜,于是"诗书礼乐医巫阴阳卜筮之流,百工技艺皆从而往焉",这当然也就把汉字文献带入了朝鲜半岛。不过,现代的韩国学者普遍认为,汉字传入朝鲜半岛的时间应该在汉武帝公元前108年灭了卫满朝鲜之后,在半岛北部设置了乐浪、真蕃、临屯、玄菟四个郡,这时朝鲜北部是汉朝的领土,也有比较多的汉族移民到朝鲜半岛,汉字在较大范围内得到了流传。

在汉字广泛使用之前,朝鲜半岛不仅没有自身的文字,连语言也是各有差异的。高句丽、百济、新罗三国时代之前的三韩,按照崔致远的说法,"马韩则高丽,卞(弁)韩则百济,辰韩则新罗也"(《三国史记》卷三十四《杂志·地理一》引)。从语言来看,辰韩"言语不与马韩同","有似秦人"(《魏志·东夷传》),弁韩则"与辰韩杂居","言语风俗有异"(《后汉书·东夷传》)。汉字传播之后,使得朝鲜半岛三国的外交也便利起来。《三国史记》记载了新罗奈勿尼师今王十八年(373),用纯粹的汉文与百济王往返的书信。新罗在三国之中,与中国交流最晚,高句丽则最早,其使用汉文的能力也最高。《三国史记》记载,高句丽在建国之初,曾有汉语撰写的典籍《留记》百卷,到建国600年时,指派大学博士李文真,将百卷《留记》改写为《新集》五卷。高句丽大武神王十一年(28)给汉辽东太守的信件,也是纯粹的汉文。公元372年,高句丽第 17 代王小兽林王二年,高句丽设立太学,讲授儒家思想。《旧唐书·东夷高句丽传》也记载,高句丽在中央设立太学之后,又在地方设立扃堂,"子弟未婚之前,昼夜于此读书"。所读书目有《五经》、《史记》、《汉书》、《后汉书》、《晋春秋》、《玉篇》、《字统》、《字林》、《文选》等,其中包含了三种字书。以上可见对于汉字学习的重视,因为在当时人看来,这是掌握一切文化的基础。

统一新罗时代,全面向唐朝学习,神文王二年(682)设置国学,元圣王四年(788)把过去以弓箭技术选拔官员的方式改为"读书三品出身"。所谓"读书三品",就是能够通晓《左传》、《礼记》、《文选》三者之一及《论语》、《孝经》为上品;通《曲礼》、《论语》、《孝经》为中品;通《曲礼》、《孝经》为下品。从科目上来看,很接近于唐代的明经科,但加上《文选》,则是唐代所无的。

从唐太宗开始,外国人仰慕唐风,纷纷留学大唐,其中尤以新罗为最。当时外国学生入唐应进士科者,皆为宾贡。新罗政府给留学生提供"买书金",而"读书粮"和"冬春时服"则由唐朝廷发放。当时在唐的新罗留学生,最多的时候达一二百人。要能考取宾贡进士,必然对诗赋文章有较高的写作能力。而新罗留学生也不负所望,从金云卿在长庆初年登宾贡进士后,到唐末共有五十八人登科,五代又有三十二人宾贡及第,今有姓名可考者尚存二十六名。其中最出名的是崔致远,他在中国创作的文集《桂苑笔耕集》流传至今。洪奭周(1774—1842)曾这样赞叹:"吾东方之有文章而能著书传后者,自孤云崔公始;吾东方之士北学于中国而以文声天下者,亦自崔公始。"(《校印桂苑笔耕集序》)崔致远不仅成为朝鲜半岛后代的榜样,其成就和名声也是对后人的激励。

新罗末期,在职官系统中,开始设置语言训练的官员。

《三国史记·职官志下》记载弓裔制订的官号中,就有"史台",其功能是"掌习诸译语",根据《弓裔传》的记载制订该官号的时间在天祐元年(904)。这是朝鲜半岛首次在政府部门设置学习外国语的机构,毫无疑问,汉语是其中最为重要的部分。这样的理念也为后来的王朝所继承,比如高丽忠烈王二年(1276)设置"通文馆",要求"禁内学官"(包括秘书、史馆、翰林、宝文阁、御书、同文院、式目、都兵马、迎送)中年纪不满四十者"习汉语",其原因在于原先的翻译多出身微贱,在翻译之际"多不以实,怀奸济私"(《高丽史》卷七十六)。通文馆到朝鲜初年改为"司译院",功能是"肄习华言",后来又扩大为"四学",即汉学、蒙学、倭学、女真学,分别学习汉语、蒙古语、日语和女真语(即满语),后者到康熙年间改换为清学。

由于汉语与朝鲜语属于两种不同的语言体系,朝鲜半岛民众接受汉语亦有一个过程。刚开始时,他们将汉字的发音以记录朝鲜语的方式来表达,如把朝鲜语的"혁거세"记录为"弗矩内","서라벌"记录为"徐罗伐",这与日本的"万叶假名"很是相似。

在三国时代,为了帮助阅读,出现了一种借用汉字的音或意,按照朝鲜语语法来表达的方式,称之为"吏读",又称为吏札、吏吐、吏道、吏头、吏套。据说吏读的发明者是新罗神文王(681—692)时期的薛聪,但可能并不准确,因为在薛聪之前,真平王时代(579—632)和善德女王时代(632—647)的新罗乡歌中就已经出现吏读表达法,薛聪可能是对各种的吏读表达方法加以总结归纳的人。吏读法主要用于标记人名、地名和官职名称。用"吏读"标记朝鲜的固有名词时,有时使用汉字的音,有时使用汉字的意。例如,朝鲜语中表示"推"之意的词发音为"mil(ta)"。在使用吏读标记时,有时用汉字"密"标记其音,有时用汉字"推"表示其义。朝鲜语语法结构与汉语不同,汉语是主谓宾结构,而朝鲜语是主宾谓结构;同时朝鲜语是粘着语,句子中词与词之间的关系,需要一些附加的语助词来表示。使用吏读时,实词用汉语词,汉语词在句子中一般按朝鲜语的语序,同时附加用汉字标记的表示语法意义的语助词,这些附加成分,朝鲜语称为"吐"(t'o),即语助。

无论是使用汉字来代音,还是使用吏文,仍然不能满足普通民众表达自己思想的需要,也无法记载积累的生产与生活知识。朝鲜王朝第四代国王世宗(1397—1450)也充分认识到了这一点,在1446年颁布了《训民正音》,用由28个字母组成的拼音字符记录全部的朝鲜语音,创造出了自己的表音文字。当时世宗在宫中设置"谚文厅"来传授新字,这种表音文字故又称为"谚文"。世宗在《训民正音序》中说,朝鲜语的语音与中国的不同,书面语言与汉语亦不相通,老百姓想表达感情,用汉语的话很是困难。所以我就创制了28个字母,便于老百姓学习,也便于日常生活使用。朝鲜语的音节分为3个部分,即辅音、元音、尾音。尾音不是单独创建的,而是根据辅音的重复而创,因此世宗创制的《训民正音》就是结合元音和辅音而成的。最初,《训民正音》有11个元

1446年,朝鲜世宗颁布《训民正音》。

音，17个辅音，一共28个字母。通过这些字母结合组成音节，来拼写汉字，包括字母的排列方式，如上下结构，左右结构等。经过演化与合并，现代朝韩社会只使用24个字母。

　　谚文创制后，由于中国文化和汉字的巨大影响力，以及朝鲜士大夫们的反对，汉字仍然是朝鲜王朝的主流书写工具，《训民正音》并没有得到广泛的推广。朝鲜士大夫认为汉字是世界上最高雅的文字，也是使用最普遍的文字，而"训民正音"只是一种"方言"，不能登大雅之堂，是所谓"谚文"。世宗时的朝臣崔万里（？—1445）就反对说："自古九州之内，风土虽异，未有因方言而别为文字者。"他甚至认为，使用谚文，无异于"舍中国自同于夷狄，是所谓弃苏合之香，而取螗螂之丸也。"将汉字比作"苏合之香"，而谚文是"螗螂之丸"。直到19世纪末，"谚文"都被视为二流文字，正式的文书必须得用汉字书写。

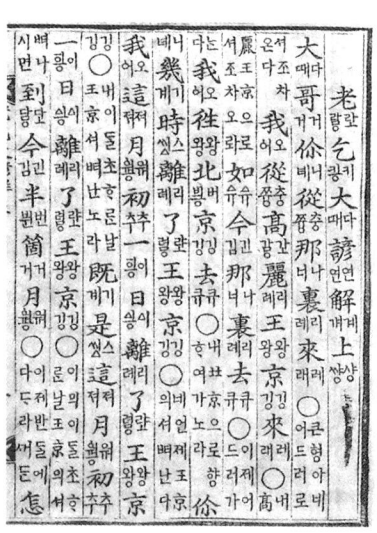

朝鲜时代的汉语教科书《老乞大》

　　为了学习汉语，古代朝鲜编纂了很多汉语教科书，最有名的就是《老乞大》。"乞大"即契丹，契丹是对中国或中国人的称呼。"老乞大"即中国通的意思。《老乞大》原本成书于元代，到朝鲜时代又出现了谚文的改编本，以方便学习。此书用对话的形式，记述了几名高丽客商与中国王姓的辽阳人结伴去元大都（今北京）做买卖的过程，以此作为朝鲜人学习

汉　字

汉语口语的教材,如下面这段对话:

>你是高丽人,却怎么汉儿言语说的好?
>我汉儿人上学文书,因此上些小汉儿言语省的。
>你谁根底学文书来?
>我在汉儿学堂里学文书来。
>你学甚么文书来?
>读《论语》、《孟子》、《小学》。

从上面的对话可以看出,元代的汉语口语已经比较接近现代汉语了。《老乞大》也保存了元明时代汉语口语的特色,如我们现在所说的"胡同"一词在古本《老乞大》中就已经出现,写作"胡洞",说明元代已有"胡同"这样的用法。

汉字在朝鲜半岛的发展演变中,和日本的情况类似,也出现了自创汉字。朝鲜时代的学人常常由此联想到日本,比如李晬光《芝峰类说》中就指出:"日本称田为'畠',称水田为'田',火田为'畑',这就好比我国以水田为'畓'。"他又举出朝鲜人自创的若干汉字:"以水田为'畓',米谷未满石者为'𠫵',柴束之大者为'迏',皆意作也。"他又引用同时代人柳祖讱的话说:"东夷、西戎、南蛮、北狄字皆有意:夷者大弓也,戎者十戈也,蛮者虫所变也,狄者犬所化也,倭者委弃人道也。以大弓,故我国人善射云。"在对比之间,表现出对日本的蔑视和对自身的肯定。李圭景在《五洲衍文长笺散稿》中专列一节归纳朝鲜的一百多"土俗字",并加以注音释义。有些字若不说明,就完全不解其意。比如"䲙":"音杀。孙穆《鸡林类事》:箭曰䲙,字书不载,即高丽土字。"再如"閪":"音西,俗训遗失曰閪失。"

汉字在19世纪末之前,在韩国一直占有主流和正统的地位，但自甲午战争之后，随着中国大国地位的陨落以及国力的衰落，汉字在朝鲜的地位也开始下降。1895年，被称为"韩国严复"的俞吉浚(1856—1914)撰写了《西游见闻》一书，书中采用韩汉混用文体，标志着纯汉字的文体开始逐渐向韩汉混用文体过渡。1914年，俞吉浚又发表了《韩汉混用作文法》，论述了韩汉混用的行文方法、规则等，呼吁多使用谚文。同样在1895年，朝鲜王朝进行了改革，即所谓"甲午更张"，正式废除汉文、吏读文，颁布"使用国汉文混合体"的法令。

1910年，日本吞并朝鲜，韩国彻底沦为日本的殖民地。日本对韩国实行文化殖民政策，企图通过消灭韩文来同化韩国。1938年，日本下令取消中学课程的韩文教学；从1941年起则强迫完全采用日本学校的课程，取消所有韩文课程。1945年，韩国光复，摆脱日本殖民统治，一些韩文学者提出凡爱国者应全部使用韩文。1948年，韩国颁布《韩文文字专用法》，规定公文全部使用韩文，只有公文的附加条款允许汉字与表音字并用，并规定每年10月9日为"韩国文字节"。1968年，韩国总统朴正熙下令在公文中禁止使用汉字，强行废除教科书中使用的汉字。从1970年起，韩国小学、中学教科书中的汉字被取消，完全使用表音字。但汉字毕竟已在朝鲜半岛传播了近2000年，完全取消汉字，造成了历史的断裂、文化的断层。韩国的有识之士也认识到这一点，韩国政府也开始修改全面废除使用汉字的方针，1972年8月，韩国文教部确定并公布中学和高中教育用汉字1800个，并恢复初中的汉文教育。1974年7月，文教部《关于在初中、高中教科书中并用汉字的方针》说："在国语、国史教科书中并用汉字，从1976学年度起扩展到整个教科书中。"又于1974年确定学习1800个基础汉字。1999年2月，韩国文化观光部颁布了"汉字并用推进案"，规定在政府公文和交通标志上同时使用韩文和汉字。

汉　字

　　进入21世纪之后,关于是否恢复汉字在韩国也是争议不断。韩国一些学者和政府官员认为,韩国的古代典籍都是用汉字书写的,为了继承和理解韩国的传统文化,可以继续实行韩、汉两种文字并用。2009年,韩国多位前总理在全国汉字教育推进总联合会的推动下,联名向总统府提出《敦促在小学正规教育过程中实施汉字教育的建议书》,但目前这一呼吁似乎并没有实施。不过,韩国的一些历史建筑部分地恢复了汉字标识。2010年8月15日,朝鲜王朝太祖时期王宫景福宫的正门光化门第二次重修恢复开放。此前光化门也修复过,城门上挂的是韩国前总统朴正熙用韩文书写的匾额。此次重新修复后的光化门,同时恢复了朝鲜王朝高宗时代武将任泰瑛用汉字写的匾额。这一举动,遭到了韩国韩字团体的反对。但出于尊重历史的考虑,光化门匾额最终使用的仍是汉字。

韩国首尔光化门匾额

2015年11月底,韩国发布了《中日韩共用常见808汉字表》韩文版新书,这是响应在2010年"东北亚名人会"第五次会议上中方代表提出编制一份《中日韩共用常见汉字表》的建议而做出的努力。现在韩语中有70%的词汇来自于汉语,譬如大韩民国《宪法》中四分之一的文字是汉字。汉语中的不少成语俗语在韩国经常被引用,如"三人行必有我师"、"百闻不如一见"、"精诚所至,金石为开"等。

韩国历史上从全面使用汉字,到使用吏读、谚文,再到废除汉字、使用韩语,再到现在部分恢复汉字,汉字并没有在韩国消失,依然活跃在韩国文化的舞台上。

接下来再看日本。

汉字传入日本与中日两国的交流史是息息相关的。中国大陆上的居民很早就通过朝鲜半岛或海上通道移民到日本,中国移民来到日本,自然也带来了中国的文化。汉字传入日本的确切时间,并没有清楚的记载,但通过考古发现,可以知道汉字东传到日本,应该是比较早的事情。如果把史书记载与出土实物相印证,那么可知至迟东汉初年汉字就传到了日本。《后汉书·东夷传》曾记载,汉光武帝建武中元二年(57),倭奴国派遣使者前来中国朝贺,光武帝赠以印绶。而1784年在日本九州福冈县志贺岛出土了一枚金质印玺。这枚金印2.3厘米见方,其上刻有"汉委奴国王"五个汉字,证实了汉光武帝赠印之事。这枚金印至今还保存在日本福冈市立美术馆里。1961年,日本奈良县栎本东大寺山古墓出土一枚百炼钢刀,全长103厘米,背部有24字的错金铭文:"中平□五月丙午,造作支刀。百练清刚,上应星宿,下辟不祥。"中平(184—189)系东汉灵帝年号。可见,在汉代末年,传入日本的汉字已经比较多了。另外,日本九州熊本县江田船山古坟中曾出土一把大刀,据考该刀大约作于楼王珍时代(约公元438年)。刀上有汉字铭文,从中可知制刀者伊太加,是个日本名字,而书写者张安,则可能是来自中国的移民。

日本出土的"汉委奴国王"金印

在日本史书《古事记》和《日本书纪》中有明确记载,公元3—6世纪有一些中国人和朝鲜人到日本来教学,他们带来了汉字和汉籍。百济王子阿直岐(あちき)在应神天皇十五年(284),受百济近肖古王派遣,出使日本。到日本后,天皇就命他教太子菟道稚郎子读书,他向天皇推荐了王仁。王仁在第二年亦来到日本,带去了《论语》和《千字文》,王仁被日本尊称为"和迩吉师"。《千字文》是中国的蒙学识字教材,《千字文》之东传日本,标志着魏晋时期流行的汉语教科书也传到了日本。而王仁作为当时传授汉文知识的老师,一定也培养了大批学员,使得汉字的学习、运用和推广散布到日本列岛的各个地区。

《宋书·倭国传》里记载了"倭五王",分别是赞、珍、济、兴、武,但对应于日本天皇的哪一代,学术界有不同看法,大约是从应神天皇(270—310在位)到雄略天皇(456—479)之间。在这个时段中,有许多来自中国大陆和百济、高句丽的学者以及缝衣、造酒的技术工人到了日本,不仅带来了先进的物质生产技术,同时也带来了先进的精神文化。《宋书》还记载了一篇"倭王武"用汉文上给宋顺帝(477—479)的表文,写得很有文采,可见当时在日本已有汉语达到相当水平的人物。

由于汉字和佛教代表了当时最先进的文明,谁掌握了先进文化,谁就拥有更为强大的实力。当时日本除天皇以外,有两大势力,一派以物部氏为代表,主张以大物主神为中心的传统信仰,拥有陈旧的制铁技术;一派以苏我氏为代表,优待带来了先进技术和佛教信仰的外来人,从而在政治、军事和经济上逐步占有优势。日本在钦明天皇末期(570)收到了高句丽使者带来的汉文国书,可是当时朝廷上的文书吏和史记吏"三日内皆不能读",只有苏我氏部下的船史之祖王辰尔恭称能释读。当时的中国南朝和百济、高句丽都在推行佛教,其文字风格大概也受到汉译佛经文体的影响,所以原先王仁的后裔大概也不能读通这些文字了。因此到推古天皇三年(595)的时候,从高句丽来了一位僧人慧慈法师,就被天皇任命为皇太子师。

既然汉文代表了最先进的文明,所以对于皇太子的教育来说,最重要的就是接受汉籍的教育,通晓汉文成为担当帝王的基本素养,即便是大臣,这也是担当朝廷中重要职位的基本素养。然而也正因为如此,这些人往往受到旁人的嫉妒,以至于死于非命。比如王仁的大弟子菟道稚郎子皇子通晓汉籍,也因此受到其父亲应神天皇的钟爱,立为储君。但应神天皇去世后,大山守皇子不满于这种皇位继承安排,所以带人在宇治川岸边袭击郎子,郎子全靠辅佐之臣大鹪鹩尊皇子的支持,才幸免于难。但郎子不肯即位,要让位给兄长仁德天皇,此事件最后以郎子自杀而告终。

由于汉字的读音传到日本有一定的时间差,中国不同时代的汉字读音传入日本后都在日语中有所保留。日本的汉字音主要有吴音、唐音两种。六朝时代通过朝鲜传入日本的汉字音,日本称之为吴音。到了唐代,日本向唐朝派出了大批遣唐使和留学生,他们也将当时的长安音、洛阳音传回了日本,并在日本流行起来,这就是唐音。天智天皇时期(668—671),日本仿唐制建立学制,在都城设立大学,内置"音博士"2人,他们的任务就是负责教授汉字发音、书写汉字和阅读汉文。

大约在公元7世纪下半叶,日本在使用汉字的过程中,出现了一种所谓的"变体汉文"。这种"变体"虽然总体形式上仍是汉文,但其中却夹杂了日语的语法和词汇,所以既不是纯粹的汉文,又不是纯粹的日语,是一种奇怪的文体,这也是汉字在日本发展过程中的特有现象。成书于公元712年的《古事记》就是以所谓的变体汉文撰写而成。如云"老夫与老女二人在,而童女置中而泣",虽是汉字写成,但语法是日语的,"童女置中而泣"标准的汉语应是"置童女于中而泣"。另外,还有一些汉字纯属记音符号。为什么要采用这种撰文方式呢?根据撰者太安万侣在序文中的解释:"完全用汉文来表述,无法传达出古代日本人朴素的心情;完全借汉字来表音,在叙述时会导致繁冗漫长。所以在一个句子中,要混合使用汉字来表音和表意;或者叙述一件事情,完全用汉字达意。"不过,过了十多年,天皇又敕命重新以标准汉文撰写了《日本书纪》。即便在《日本书纪》中,我们还是可以看到,大量的叙述文字实际上是借用了《汉书》等中国典籍的表达。但借用归借用,其反映的史实还是日本的。

到了平安时代(794—1192),日本终于在汉字的基础上产生了适合日本人表达的新的书写手段,即假名,分为平假名(ひらかな)和片假名(かたかな)。"假"即"借","名"即"字",所以"假名"只借用汉字的音和形,而不用其意义。假借的"假"也含有真假的"假"之意,在与汉字(真名)对应的时候尤其是这样。平假名是由汉字的草书简化而来的,而片假名的原形是楷书汉字的偏旁部首。学者们已经基本弄清楚

风月同天

了平假名和片假名的汉字渊源,如平假名对应的汉字:

あ安 い以 う宇 え衣 お於
か加 き幾 く久 け計 こ己
さ左 し之 す寸 せ世 そ曽
た太 ち知 つ川 て天 と止
な奈 に仁 ぬ奴 ね祢 の乃
は波 ひ比 ふ不 へ部 ほ保
ま末 み美 む武 め女 も毛
や也 ゆ由 よ与
ら良 り利 る留 れ礼 ろ呂
わ和 を遠
ん无

片假名对应的汉字是:

ア阿 イ伊 ウ宇 エ江 オ於
カ加 キ幾 ク久 ケ介 コ己
サ散 シ之 ス须 セ世 ソ曽
タ多 チ千 ツ州 テ天 ト止
ナ奈 ニ二 ヌ奴 ネ祢 ノ乃
ハ八 ヒ比 フ不 へ部 ホ保
マ末 ミ三 ム牟 メ女 モ毛
ヤ也 ユ由 ヨ与
ラ良 リ利 ル流 レ礼 ロ呂
ワ和 ヲ袁
ン尔

平安早期平假名被认为难登大雅之堂，多为日本女性所用，她们使用假名写和歌、日记、书信等，故被称为女文字、女手（おんなで）；汉字是男性的专用文字，称男文字、男手。平安中期，假名成为正式文字，逐渐开始了汉字与假名混书的表记方式，这种方式被称为"汉字假名交文"或"汉字假名混合体"。平安时期出现了一批女作家，她们都以平假名进行写作。当时最著名的两位女作家，一位是被称为世界上第一部长篇小说《源氏物语》的作者紫式部，一位是日本随笔文学之祖《枕草子》的作者清少纳言。这在无形中提高了假名的地位，汉字的地位不再是独尊的了。

　　这种"汉字假名交文"的书写方式在日语中保留了下来，直到今天依然如此。不过我们看到，汉字在明治时代之前一直被当作正式的文字，政府的外交文书、档案基本都是用汉字书写的，知识分子创作的文学也是用汉语写的，形成了日本独特的汉诗与汉文。到了江户时代（1603—1867），德川幕府实行锁国政策，全国只开放长崎一个港口与中国和荷兰通商，所以在长崎有许多汉语翻译，他们被称为"唐通事"。这些唐通事很多是中国移民的后代，他们负责中日贸易间的翻译工作，以及唐船来航的管理等事务。在江户时代，如果日本人想学中国口语的话，一般都要去长

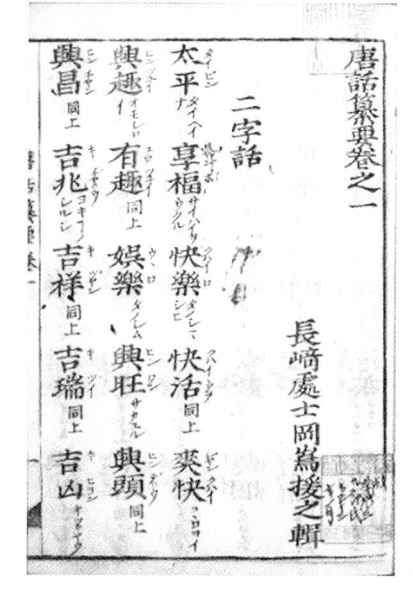

日本江户时代的汉语教科书，由冈岛冠山所编的《唐话纂要》。早稻田大学图书馆藏本。

崎。江户时代因此也出版了很多给日本人使用的汉语教材。冈岛冠山(1674—1728)是当时最有名的唐通事之一,也是一位著名的汉语教材编者,他所编的汉语教材《唐话纂要》(1716年刊)在当时非常著名,也非常实用,给汉语初学者提供了极大的便利。冈岛冠山教授汉语有一个特点,就是喜欢用小说作教材,如《唐话纂要》卷六就附了《孙八救人得福》、《德容行善有报》两篇汉文小说。江户时代外交家雨森芳洲(1668—1755)所著的《橘窗茶话》记载冈岛冠山"只有《肉蒲团》一本,朝夕念诵,不倾刻歇。他一生唐话,从一本《肉蒲团》中来"。众所周知,《肉蒲团》是部情色小说,通过情色小说学汉语,也是中日汉字交流史上的一件轶事。

从日本中世镰仓时代(1185—1333)开始,有些日本学者不满于本国无文字说,强调文字为日本所固有。比如卜部兼方(生卒年不详)在13世纪撰写的《释日本纪》中说,日本在神代(最古老的时代)就有"龟卜术","无文字者,岂可成卜哉?"他主张在汉字传入日本之前,就已经存在"和字"记录龟卜。江户时代,一些神道家、国学者和僧侣也纷纷著书立说,遂有《和字传来考》、《伊吕波字问辨》、《神代文字考》、《神字学小考》、《日本古代文字考》等,为此说张目。这些都是建立在假想基础上的,所以无法采信。但汉字在日本流传的过程中,也渐渐形成了日本汉字,有些属于日本国字,有些则是日本俗字。如"峠"(とうげ),意为登临山坡处转而下山的"山口";"畑"(はたけ),意为"旱田";"働"(はたらく),意为劳动;"込"(こみ),意为渗入、混在一起、包括在内;"凪"(なぎ),意为无风无浪,风平浪静。晚清傅云龙在《游历日本图经》一书中附有41个"日本异字",既拟其音,又释其意,间有字源和字形的分析,傅云龙是较早注意到这一问题的人,当然其中也难免误解。日本汉字中还有一些词汇,与汉语差别较大,不能望文生义。晚清叶庆颐在其《策鳌杂摭》中就已经指出:"日本和中国,虽然地处同一洲,文字也相同,各种名词本应是一样的。但常常多似是而非,甚至令人无法理解者。"并举出130个语词加以解释,比如"涂师,谓油漆匠也,岂为其东涂西抹而名之耶?""海老,日人称虾为海老,岂以其多髯而名之耶?"这一类词颇多,在现代汉语中也常常遇到,如"野菜"日语的意思是蔬菜,"娘"日语是女儿的意思。"祭"在现代汉语中主要是祭祀、祭奠的意思,而在日语中却有"仪式"和"节日"之意,如日本经常有所谓"古书祭",也就是旧书节的意思。又如"汤",古代汉语中,"汤"的意思是"热水"或"沸水",现代汉语则意为"食物煮后所得的汁"和"烹调后汁儿多的副食",而日语中的"汤"则保留了古代汉语的原意。

近代以来,本来作为文化输出国的中国也开始受到日本的反哺,这时的汉字交流开始逆向从日本输入到中国。中日两国从19世纪下半叶都开始与西方文明交涉,西方的新事物、新观念也涌入中日两国,对于西方传入的新名词,日本有的是借用古代汉语中固有词汇来翻译,如"经济"、"阶级"、"宗教"等;有的则是利用汉语重新创造的新词,如"文明"、"哲学"、"科学"、"干部"、"艺术"、"否定"、"肯定"等等。现代汉语中还有些词则是从日语固有词汇中借用而来的,如"取缔"来自日语"取り締まる","引渡"来自日语"引き渡し"。这些新名词悉数进入现代汉语中,成为当今汉语表达必不可少的词汇。到20世纪末、21世纪初,仍有不少日本汉字输入中国,也成为现代汉语常用词汇,如"人气"、"攻略"、"达人"等等。

日本明治维新前后,中国日益衰落,而西方国家蒸蒸日上,日本国内开始有人主张取消汉字,全部采用表音文字,如假名和罗马字。1866年,日本近代邮政制度创始人之一、被称为日本邮政之父的前岛密(1835—1919)向德川幕府第十五代将军德川庆喜(1838—1913)建言,提出了《汉字御废止之议》。前岛密引用一位美国人的话,大意是说清政府之所以国力衰退,原因就在于使用复杂的汉字。而日本之所以国力不振,日本人之所以知识贫乏,原因也在于此。他认为应该废止难以学习的汉字和汉文而使用假名,以此来普及国民教育。明治维新后,担任文部大臣的森有礼(1847—1889)甚至提议放弃日语,而以英语为国语。但日本政府并没有采纳他们的建议而废除汉字,政府公文继续使用"汉字假名交文"。二战后,又有人提出废除汉字之议,如作家志贺直哉(1883—1971)认为,日语妨碍了文化的进步,必须改革,他甚至断言,如果当初改用英语做国语,或许日本文化比现在进步得多,甚至这场战争也可能避免。1946年,盟军总司令部派往日本的"教育使节团"也向日本政府建议"从根本上改革日本的文字"。这一年,日本政府采纳了"汉字节减论",公布了"当前一般社会生活中使用的汉字"1850个。当时的日本首相吉田茂发布命令称:"我国所使用的汉字数量多,用法复杂,给教育和社会生活造成诸多不便,限制汉字的使用有利于提高国民的生活效率和文化水平。"但也没有完全废除汉字。汉字已经深深嵌入日本的历史文化中,废除汉字无异于割裂日本的历史,造成文化的断裂,也等于人为地斩断日本的传统。随着社会经济的发展,汉字的优势反而逐渐显现出来。1981年,日本又公布了《常用汉字表》,增加了一些"当用汉字",使常用汉字达到1945个。从2005年开始,日本文化审议会开始研究修改《常用汉字表》以"适应信息化时代的需要"。经过5年的审议,日本文化审议会最终将常用汉字增至2136个,增加了"俺"、"熊"等191个近年来使用频率较高的汉字以及一些固定用语的汉字。这个新的常用汉字表已于 2010 年 11 月 30 日正式实施。

汉字已经成为日本社会生活的一部分，走在日本街头到处可以看到汉字，而且日本还每年举办年度汉字评选活动。这个活动是由京都的"日本汉字能力检定协会"主办的，从 1995 年开始，将每年 12 月 12 日设定为汉字纪念日，并在这一天评选年度汉字，至今已经举办了 20 年。如 2012 年的年度汉字是"金"，与 2012 年日本在伦敦奥运会上获得奖牌数历年最高等时事有关；2013 年的年度汉字是"轮"，寓意日本东京获得 2020 年奥运会举办权（日本称奥运五环为"五轮"）。2014 年的日本年度汉字是"税"，指 2014 年日本的消费税从 5% 增加到 8%。2015 年揭晓的日本年度汉字是"安"，2015 年日本国内及世界范围内发生了很多令人不安的事件，选择"安"字透露出日本人民希望获得安全的心理。

2015 年日本年度汉字"安"

中日文化交流史也可以说是一部汉字交流互动的历史，从中国输入日本，再到日本反哺中国，呈现出一种双向互动、互相给养的景观。

最后再看越南。

与日本、韩国不同，越南北部在历史上曾经是中国领土的一部分。公元前 214 年，秦始皇遣将经略岭南之地，设置南海、桂林、象郡三郡，象郡就包括了今天越南北部地区。公元前 204 年，赵佗建立了南越国，秦代的三郡也在其管辖范围之内。赵佗治理南越国，"以《诗》、《书》而化训国俗，以仁义而固结人心"(黎嵩《越鉴通考总论》,《大越史记全书》卷首)。汉字这时就可能已经传到越南。公元前 111 年,汉武帝派路博德灭南越国,以其地为交趾部,下设南海、郁林、苍梧、合浦、朱崖、儋耳、交趾、九真、日南九郡,其中交趾、九真和日南三郡即今之越南北部地区。东汉光武帝时,锡光为交趾太守,任延为九真太守,"教其耕稼、制为冠履。初设媒娉,始知姻娶。建立学校,导以礼义"(《东观汉记》卷五),因此有"岭南华风,始于两守"(《后汉书》卷六十七)之说。学校的建立对传播汉字与汉文化有很大的促进作用。汉献帝时,越南始称交州。东汉末年交趾太守士燮学问优博,倡导汉学,"取中夏经传,翻译音义,教本国人,始知习学之业"(明严从简《殊域周咨录》),被越南人尊称为"南交学祖"。从"翻译音义"可以看出,东汉末年,交州人已经开始使用本地语言释读汉字了。三国时的康僧会居交趾,能"博览六经,天文图纬,多所综涉",也表明汉籍在当地流传之广泛(《高僧传》卷一)。唐高宗时改交州都督府为安南都护府,始称安南。从秦代到唐末 1000 多年间,越南北部一直是中国的属地,汉字一直在这一地区使用,中国文化与典章制度也通行于此。唐末五代,天下大乱,公元 939 年吴权击败南汉,建立吴朝。宋太祖开宝元年(968),丁部领削平管内"十二使君"之乱,建"大瞿越国",越南至此独立,也正式开始学习、使用、推行汉字。此后,安南历经丁、前黎、李、陈、胡、后黎、莫、西山、阮等朝代,但一直是中国的藩属国,向中国朝贡,明朝还一度复置郡县二十年。

  1070 年,越南李朝在升龙(今河内)建立文庙。1076 年,李朝又在文庙旁修建国子监,专供皇亲国戚及贵族子弟接受汉字和汉文化教育。李仁宗泰宁四年(1075),越南开始实行科举,一直延续到 1919 年。越南科举的形式、内容及组织方

汉　字

法等皆模仿中国。越南士子要金榜题名，必须熟读汉文经典。在科举制度激励下，学习汉字和汉文化成为越南士子晋升的重要方式，对越南产生了无与伦比的影响，在越南的农村也开办了私学，传授汉字和汉文化。从政府的政令公告，到知识分子写作的诗文，以至经营贸易的帐单、货单，无一不以汉字为载体。1174年，汉字成为越南国家的正式文字。越南属明时期（1414—1427），明朝官吏在越南各府、州、县建立的学校共161所，其中府学14所，州学34所，县学113所。这些学校对汉字进一步在越南的传播和推广起到了巨大的推动作用。越南受汉字和汉文化浸染很深，很长一段时期里，越南人对汉字崇敬有加，称汉字为"儒字"，而汉字也被越南人珍视为"自己的文字"。

　　越南与日本、韩国一样也面临一个问题，就是汉字与越语的不契合。不但越语发音与汉语有差异，而且两者在语法上也多有不同。越南人也希望发明一种能表越南音的本国文字，这样，一种表音的民族文字——喃字（或称字喃）就应运而生了。建造于李朝英宗正龙实应十一年（1173）的《秦圣夫人黎氏墓志碑》是出现喃字最古老的文本。到13世纪的时候，喃字开始大规模出现。喃字是以汉字为基础，运用形声、会意、假借等汉字的六书造字、用字方法，创造出来的一种新型文字，即用汉字字形来拼写越语语音，往往用两个汉字拼成一个新字。如"㕭"意为"市集"，上面的"助"表音，下面的"市"表意；又如"䄂"的意思是"年"，"南"表音，"年"表意；"䭲"意为"垂"，"下"表意，"及"表音；"逄"意为"多"，"多"表意，"迷"表音；"㷋"意为"夏"，"夏"上半部分表意，"林"表音。陈朝的阮诠第一次用喃字写作《祭鳄鱼文》，因而得到陈朝皇帝的赏识。皇帝赐阮诠姓韩，称为韩诠。从此喃字得以逐步推广，喃字书写的文学作品也开始出现。古代越南人还编撰了汉喃辞书和字典以便国人学习汉字,后黎朝景兴二十二年(1761)所编的《指南玉音解义》是越南至今发现最早的汉喃字典。

越南启定九年(1921)刊刻的喃字书写的小说《事迹翁状》

　　由于汉文化的长期影响,汉字一直被认为是高雅、正统的语言文字,而喃字被视为"鄙俗之字"。且喃字的弊端也很明显,即一个汉字可以对应很多喃字,容易造成混乱,如"乐",喃字可以写作"盃",也可以写作"悏"或"礫"。同时喃字要用两个汉字表示一个汉字的音意,也显得过于繁琐,故喃字只在胡朝(1400—1407)和西山阮朝(1788—1802)被广泛使用,其他朝代汉字仍占主流。阮朝明命皇帝(1820—1841)即位后,鉴于人们写作时经常在汉字中夹用喃字而下诏禁止使用喃字,要求一律按照《康熙字典》,使用正确的汉字。虽然官方加以禁止,但喃字的使用并没有断绝,越南基本上也经历了一段汉字与喃字交杂使用的历史。

　　喃字没有实现越南语表音的梦想,今天越南使用的越南表音文字是由16—17世纪欧洲传教士开发出来的。当时,欧洲的一些传教士为了传教和开拓殖民地的需要,开始使用拉丁字母来标注越南语的语音。到17世纪30年代,法国传教士罗历山神父(Alexander de Rhodes,1593—1660)制定了越南语的第一种拉丁拼音方案——国语,还于1651年在罗马出版了《安南语—葡萄牙语—拉丁语词典》。1885年之后,越南沦为法国殖民地。法国殖民者便在越南推行法语和拉丁国语字,但并没有完全废除汉字。1919年,越南废除了科举制度,汉字丧失了正统地位。1920年,法国殖民政府禁止在当地使用喃字,并代之以拉丁国语字。1935年,法国殖民者统辖下的越南政府批准各学校用拉丁国语字进行教学,1936年明令废除汉字。1945年9月,"八月革命"胜利后,以胡志明为首的越南民主共和国临时政府正式将拉丁国语字确定为越南的国家正式文字,并正式宣布废除汉字。至此,使用流行2000多年的汉字淡出越南。右图可以反映2000年来汉字在越南地位的升降起伏。①

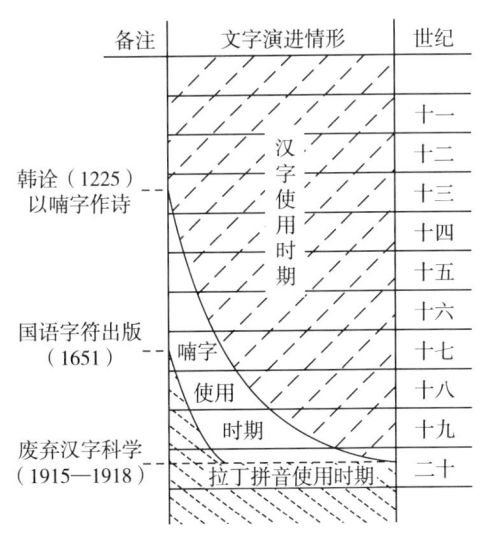

汉字在越南历史上的兴衰演变

虽然越南传统社会以汉字为正式文字,但毕竟能掌握汉字的人基本上都是知识精英,汉字也

---

① 参见[越南]释德念(胡玄明):《中国文学与越南李朝文学之研究》(大乘精舍丛刊之二),金刚出版社,1979年,第343页。

基本上用于书面语言，日常生活仍然使用的是越南语，社会上基本也是汉语与越南语并行。由于汉语是强势语言，越南语自然受到汉语的巨大影响。越南语本来是多音节语言，受到汉语影响逐渐发展成为韵尾繁多、单音节、有声调的孤立型语言。越南的一些人名、地名译成汉语时，受到汉语影响，与原来的音义并不完全相同，如 Da Nang 译为岘港，Hue 译为顺化。同时越南语大量借用了汉语，形成以唐音（长安音）为识读标准的完整的汉越音体系，这个系统甚至可以和《切韵》音系相对应，这被著名语言学家王力称为"汉越语"，它保留了中国中古时代的语音系统，如现代汉语中，"鱼"、"虞"发音完全相同，而在汉语中古音中，两者发音不同，汉越语中则保留了这一特征。

与日本、韩国古代人学习汉语自编教材不同，越南人学习汉语，主要是利用《三字经》、《千字文》和《三千字》等汉字启蒙读物，结合越南语和喃字固有的特点，将其改编成汉喃二元一体的教材，这些教材有《三字经演音》、《三字经六八演音》、《三字经解音演歌》、《三千字解音》等。在这些蒙学读物中，一般先举汉文字句，并于旁边用喃字进行注释和对译。如《三千字》先列汉字，并在旁边注以喃字：天—旻，孙—䆃，等等。

越南长期受中国文化影响，也长期使用汉字。据统计，汉语借词占越南语全部词汇的 60%（一说 70%）左右。废除汉字的代价就是越南与本国历史的断裂，本国国民无法理解自己祖先书写的文化典籍。越南历史学家文新指出："中国语言文字已经成为越南语言文字的有机部分。越南语言文字和中国语言文字之间的关系比拉丁字与法国语言之间的关系还要密切。因此，要想真正了解越南语言文字就不得不了解中国的语言文字。"2004 年 9 月初，以越南著名法学家、留德法学博士、河内国家大学法律系教授范维义为首的十多位有影响的专家学者联名向越南教育部上书，建议从 2005 年起在全国小学和中学实行必修汉语的制度。但不知这个建议有没有得到贯彻实行。

著名文字学家周有光先生曾说:"西方流传一个说法,'文字跟着宗教走',实际是'文字跟着文化走'。代表较高文化的文字,永远向文化较低的民族传播。文字的传播和发展,一般经历四个阶段:学习阶段、借用阶段、仿造阶段和创造阶段。传播的阶段性在汉字历史上最为明显。"[1]综观日本、韩国、越南三国,古代时皆没有文字,汉文化传入后,皆努力学习汉字;发展到一定阶段,又开始借汉字之形、音、义表示本国语音,即日本的"万叶假名"、韩国的"吏读"、越南的"喃字"。所不同的是,"万叶假名"、"吏读"是用汉语训读本国文字的发音,语音与文字是分离的;而"喃字"拼读的汉越语发音,受到中古汉语读音的较大影响,语音与文字结合得较为紧密。日本只借用汉字的形和义,而越南对汉字的形、音、义皆加以借用。其后,日本又利用汉字仿造出了平假名与片假名,越南则仿造出喃字。最后,三国渐渐发展出本国的表音文字,先后废除汉字。但由于历史文化的原因,不可能完全废除汉字,所以目前日本、韩国又恢复了部分的汉字,而越南则完全使用罗马化的文字。汉字在这些国家流传的历史,就是中华文化在东亚兴衰起伏的缩影。如今汉字在这些国家如同外文,而本国的历史文化典籍又基本上由汉字写成,这就造成了国民无法阅读先人典籍,无法直接了解自己国家文化传统的问题。其实排除意识形态和民族主义的因素,完全可以将汉字看作是东亚的共同文化遗产。各国共同传承和发扬汉字文化传统,可以增加各国之间的感情,也可以在21世纪构建一个新的文化合作平台。

---

[1] 周有光:《字母跟着宗教走》,《静思录:周有光106岁自选集》,人民文学出版社,2012年,第239页。

风月同天

原典选读

许慎《说文解字叙》(节选)

古者庖羲氏之王①天下也,仰则观象于天,俯则观法于地,视鸟兽之文与地之宜②,近取诸身,远取诸物;于是始作《易》八卦,以垂宪象③。及神农氏,结绳为治,而统其事④。庶业其繁,饰伪萌生⑤。黄帝之史仓颉,见鸟兽蹄远之迹⑥,知分理⑦之可相别异也,初造书契⑧。百工以乂,万品以察⑨,盖取诸夬。"夬,扬于王庭"⑩,言文者,宣教明化于王者朝庭,"君子所以施禄及下,居德则忌"也⑪。仓颉之初作书,盖依类象形,故谓之文。其后形声相益,即谓之字。文者,物象之本;字者,言孳乳而寖多也⑫。著于竹帛谓之书。书者,如也⑬。以迄五帝三王⑭之世,改易殊体,封于泰山者七十有二代,靡

---

① 庖羲氏:即伏羲。王:这里是动词,是治理的意思。
② 文:即纹,鸟兽的形象。与地:一说即"舆地",大地的脉理。宜:通"仪",即仪象。
③ 垂:留传。宪象:观测推算天象。
④ 神农氏用结绳记事的办法来治理社会。
⑤ 饰伪:掩饰伪诈。萌生:产生。
⑥ 迒:兽迹。
⑦ 分理:文理。
⑧ 书契:文字。
⑨ 百工:形容各种行业。乂:治理。万品:形容各种门类。察:分辨、明察。
⑩ 万物分辨明晰了,然后在君王朝廷上加以传播。
⑪ 君子应当借助文字广布君王的恩泽,使用文字要以德为先,不能借文字之功谋私利。
⑫ 孳乳:繁殖、派生。寖:一作寝,渐渐的意思。
⑬ 如:《说文》曰"从随也";一曰若也,同也。
⑭ 五帝:指黄帝、帝颛顼高阳、帝喾高辛、帝尧、帝舜。三王:指夏禹、商汤、周文武。

有同焉。《周礼》:八岁入小学,保氏教国子①,先以六书。一曰指事。指事者,视而可识,察而可见,"上、下"是也。二曰象形。象形者,画成其物,随体诘诎②,"日、月"是也。三曰形声。形声者,以事为名,取譬相成③,"江、河"是也。四曰会意。会意者,比类合谊,以见指撝④,"武、信"是也。五曰转注。转注者,建类一首⑤,同意相受,"考、老"是也。六曰假借。假借者,本无其字,依声托事⑥,"令、长"是也。

《高丽史》卷七十六

通文馆,忠烈王二年⑦始置之,令禁内学官等参外年未四十者习汉语。时舌人⑧多起微贱,传语之间多不以实,怀奸济私,参文学事金坵⑨建议置之。后置司译院以掌译语⑩。

---

① 保氏:古代职掌礼义以匡正君王、教育贵族子弟的官员。《周礼·地官·保氏》:"保氏掌谏王恶,而养国子以道,乃教之六艺。"国子:公卿大夫之子弟。
② 诘诎:曲折、弯曲。
③ 用与事相关的字来造字,以表示新字的意思,又取读音相同或相近的字作为新字的读音。
④ 谊:义。比类合谊:(把两个或多个字的)字形与字意组合在一起。指撝:指向、表现。以见指撝:以表现所指向之物事。
⑤ 建类一首:造字类,统一其部首。
⑥ 本无其事,依声托事:在语言中有了某个词,但还没有专门书写这个词的字,可以不另外造字,只依照声音,找一个音意相近的字来代替。
⑦ 即元至元十三年,公元1276年。
⑧ 舌人:古代从事翻译的人。《国语·周语中》:"故坐诸门外,而使舌人体委与之。"韦昭注:"舌人,能达异方之志,象胥之官也。"
⑨ 金坵(1211—1278),原名百镒,字次山,号止浦,扶宁人,谥号文镜。金仁镜门人,1232年文科及第,历任政堂文学等职。著有《止浦集》。
⑩ 通文馆、司译院是韩国高丽、朝鲜时代设立的掌管翻译、外交的机构。《经国盛典》卷一:"司译院掌译诸方语言。"《李朝实录》卷四,太祖二年(明洪武二十六年,1393),"置司译院,肄习华言"。司译院一开始只设"汉学",后扩充为"四学",即汉、蒙、倭、女真学,康熙六年(1667)改女真学为清学。司译院中学习汉语规定,不能用朝鲜语音来发汉字的读音,必须用汉音:"每至院中,一禁乡语,上而师长、僚官,相与应对,下而权知、生徒,招呼应诺,一用汉语。大而公事议论,小而饮食起居,一用汉语。"

鱼叔权《稗官杂记》①卷二

　　《经济六典》有汉吏科,其制殿廷唱榜,赐红牌游街。撰《经国大典》时,删去其条。嘉靖辛丑②,金慕斋③建议,复设汉吏科。初试分二场:初场试赋诗各一篇,终场试吏文④一篇,启上书中一篇。会试分三场:初场讲吏文中二书,四书中一书,三经中一书,汉语中一书,经书则皆抽签背讲。中场试表笺中一篇,记颂中一篇。终场排律一篇,吏文一篇。额数则只三人……壬寅秋设初试,余与僚友俱中焉。会慕斋卒,朝廷方斤正各年受教,撰《后续录》,其汉吏科一条,删去不载云。

《训民正音》(节选)

　　国之语音,异乎中国,与文字不相流通。故愚民有所欲言,而终不得伸其情者多矣。予为此悯然,新制二十八字⑤,欲使人人易习,便于日用矣。

---

① 鱼叔权(1500—1560),号也足堂,朝鲜中宗(1506—1544 年在位)、明宗(1544—1567 年在位)朝人,曾任吏文学官。除《稗官杂记》外,另著有《考事撮要》。
② 嘉靖辛丑:即嘉靖二十年(1541)。
③ 金安国(1478—1543),字国卿,号慕斋,谥号文敬,原籍义城。朝鲜王朝成宗(1469—1494 年在位)、中宗年间学者。1503 年别试文科及第。历任副修撰、大司宪、工曹判书、礼曹判书、大提学、判中枢府事等官职。在朝鲜当时勋旧派与士林派的党争中,金安国属于士林派,曾遭革职,后又被启用。著有《慕斋集》、《慕斋家训》、《童蒙先习》等。
④ 吏文:指明朝政府的各种文书以及朝鲜政府与明朝政府之间的往来文书。
⑤ 二十八字:包括元音字母 17 个,子音字母 11 个。

汉　字

集贤殿副提学崔万里等上疏

　　臣等伏观,谚文制作,至为神妙,创物运智,琼出千古。然以臣等区区管见,尚有可疑者,敢布危恳,谨疏于后,伏惟圣裁。我朝自祖宗以来,至诚事大①,一遵华制,今当同文同轨之时,创作谚文,有骇观听。傥曰,谚文皆本古字,非新字也,则字形虽仿古之篆文,用音合字,尽反于古,实无所据。若流中国,或有非议之者,岂不有愧于事大慕华。自古九州之内,风土虽异,未有因方言而别为文字者,唯蒙古、西夏、女真、日本、西蕃之类,各有其字,是皆夷狄事耳,无足道者。《传》曰:"用夏变夷,未闻变于夷者也。"历代中国,皆以我国有箕子遗风,文物礼乐,比拟中华。今别作谚文,舍中国而自同于夷狄,是所谓弃苏合之香②,而取螗螂之丸③也,岂非文明之大累哉。新罗薛聪吏读④,虽为鄙俚。然皆借中国通行之字,施于语助,与文字元不相离。故虽至胥吏仆隶之徒,必欲

---

　　①　事大:出自《孟子·梁惠王下》:"惟智者为能以小事大。"在朝鲜时代,朝鲜王朝对中国明朝和清朝称臣纳贡,奉中国为宗主国,以本国为藩属国,这种基本国策,被称为"事大"政策。朝鲜礼曹中有"事大司",居于各司之首。
　　②　苏合香:为金缕梅科植物苏合香树所分泌的树脂。原产于非洲、印度及土耳其等地。《太平御览》卷九百八十二引晋郭义恭《广志》:"苏合出大秦,或云苏合国。人采之,筌(筰)其汁以为香膏,卖滓与贾客。或云诸香草,煎为苏合,非自然一种也。"《唐本草》:"苏合香,紫赤色,与紫真檀相似,坚实,极芬香,惟重如石,烧之灰白者好。"这里指美好之物。
　　③　螗螂之丸:指螗螂的粪便,这里指丑恶之物。
　　④　薛聪,字聪智,号于堂,自号小性居士。生卒年不详,约活动于7世纪末8世纪初。他是新罗高僧元晓大师之子。曾在新罗担任翰林之职。他在历史上最大的贡献就是整理了当时比较混乱的吏读文字,并使之系统化。吏读,又名吏札、吏吐、吏道,是一种借用汉字的音和义来标记朝鲜语的特殊文字形式。使用吏读时,实词一般用汉语,但这些词在句子中一般都用朝鲜语的语序;作为附加成分的虚词则用朝鲜语,但用汉字来标记这些虚词。

习之。先读数书，粗知文字，然后乃用吏读。用吏读者，须凭文字，乃能达意。故因吏读而知文字者颇多，亦兴学之一助也。若我国元不知文字，如结绳之世，则姑借谚文，以资一时之用犹可，而执正议者必曰："与其行谚文以姑息，不若宁迟缓而习中国通行之文字，以为久长之计也。"而况吏读行之数千年，而簿书期会等事，无有防础者。何用改旧行无弊之文，别创鄙谚无益之字乎？若行谚文，则为吏者专习谚文，不顾学问，文字吏员歧而为二。苟为吏者以谚文而宦达，则后进皆见其如此也，以为"二十七字谚文，足以立身于世，何须苦心劳思，穷性理之学哉！"如此则数十年之后，知文字者必少。虽能以谚文而施于吏事，不知圣贤之文字，则不学墙面，昧于事理之是非，徒工于谚文，将何用哉？我国积累右文之化，恐渐至扫地矣。前此吏读，虽不外于文字，有识者尚且鄙之，思欲以吏文易之，而况谚文与文字，暂不干涉，专用委巷俚语者乎？借使谚文自前朝有之，以今日文明之治，变鲁至道之意，尚肯因循而袭之乎？必有更张之议者，此灼然可知之理也。厌旧喜新，古今通患，今此谚文，不过新奇一艺耳。于学有损，于治无益，反覆筹之，未见其可也。

徐居正《东文选》卷九十四《童子习序》

我东方在海外，言语与中国异，因译乃通。自我祖宗事大至诚，置承文院①掌吏文，司译院掌译语，专其业而久其任，其为虑也，盖无不周。第以学汉音者，得于转传之余，承授既久，讹缪滋多。纵乱四声②之疾舒，衡失七音③之清浊。又无

---

① 承文院是朝鲜负责写作外交礼节文书的机构。
② 四声：指平、上、去、入四种声调。
③ 七音：指唇、舌、齿、牙、喉、半舌、半齿七种发音。

汉　字

中原学士从旁正之,故号为宿儒老译,终身由之,而卒于孤陋。我世宗、文宗①,慨念于此,既作《训民正音》,天下之声,始无不可书矣。于是译《洪武正韵》②,以正华音。又以《直解童子习》《译训评话》乃学华语之门户,命令右副承旨臣申叔舟、兼承文院校理臣曹变安、行礼曹佐郎臣金曾、行司正臣孙寿山,以正音译汉训,细书逐字之下。又用方言以解其义。仍命和义君臣璎、桂阳君臣璔监其事。同知中枢院事臣金何、庆昌府尹臣李边,证其疑而二书之。音义昭晰,若指诸掌。所痛恨者,书仅成编,弓剑继遗。恭惟主上嗣位之初,遹追先志,亟令刊行。又以臣三问亦尝参校,命为之序。臣窃惟四方之言,虽有南北之殊,声音之生于牙舌唇齿喉,则无南北也。明乎此,则于声韵乎何有?东方有国经几千百载之久,人日用而不知七音之在我。七音且不知,况其清浊轻重乎?无惑乎汉语之难学也。此书一译,而七音四声,随口自分。经纬交正,毫厘不差,又何患从旁正之之无其人乎?学者苟能先学正音若干字,次及于斯,则浃旬之间,汉语可通,韵学可明,而事大之能事毕矣。有以见二圣制作之妙,高出百代,此之书译,无非畏天保国之至计,而我圣上善继善述之美,亦可谓至矣。

---

① 　世宗李祹(1397—1450),朝鲜王朝第四代国王,1418年至1450年间在位。世宗在位时,颁布了《训民正音》,创制了韩语,被朝鲜尊称为"世宗大王"。文宗李珦(1414—1452),朝鲜王朝第五代国王,1450年至1452年间在位。

② 　《洪武正韵》是明太祖洪武八年(1375),乐韶凤、宋濂等11人奉诏编成的一部官方韵书,共16卷。此书分韵76部,计平、上、去各22部,入声10部。朝鲜二十五年(1443),世宗任用郑麟趾、申叔舟、崔桓等学者创制了《训民正音》,第二年又命申叔舟等人用《训民正音》对译《洪武正韵》,文宗元年(1450)完成《洪武正韵译训》。

风月同天

李睟光《芝峰类说》卷十六"语言部"

今俗谓父曰阿父,谓母曰阿婆①,疾痛则呼阿爷,惊恐则呼阿母。此即屈原所谓"疾痛惨怛,未尝不呼父母"②之义也。"阿婆"字出《李长吉传》及崔致远《真鉴碑序》,盖本唐语也。

我国乡语最不可解者,谓御膳曰水刺,谓内官曰薛里,以卑称尊曰进赐,以奴称主曰上典,且奴婢收贡者谓之达化主,此则因胡元达鲁化赤③而讹传云。

申景濬《旅庵遗稿》④卷三《训民正音韵解序》

东方旧有俗用文字,而其数不备,其形无法,不足以形一方之言,而备一方之用也。正统丙寅⑤,我世宗大王制《训民正音》,其例取反切之义,其象用交易变易加一倍之法,其文点画甚简,而清浊辟翕⑥、初中终音声,灿然具著如一影子。其为字不多,而其为用至周,书之甚便,而学之甚易。千言万

---

① 婆:音迷。阿婆:指母亲。李商隐《李贺小传》:"长吉了不能读,欻下榻叩头,言阿婆老且病,贺不愿去。"
② 见《史记·屈原贾生列传》。
③ 达鲁化赤:即达鲁花赤,一作"达噜噶齐"。达鲁花赤,最早由成吉思汗设立,原意为"掌印者",是代表成吉思汗的军政、民政和司法官员。达鲁花赤后来成为长官或首长的通称。达鲁花赤也是地方的最高长官,掌握地方行政和军事实权。
④ 申景濬(1712—1781),字舜民,号旅庵,高灵人,与洪良浩等交游。1754年文科及第,历任兵曹参知、承政院左承旨等职。著有《旅庵遗稿》十三卷。
⑤ 正统丙寅:即明英宗正统十一年,公元1446年。此年,朝鲜世宗颁布了《训民正音》。
⑥ 发音时声带振动,称为浊音;声带不振动,称为清音。辟翕是用来区别韵之同的。清浊辟翕,指的是区别了清浊之音。

语,纤悉形容,虽妇孺童騃①,皆得以用之以达其辞,以通其情,此古圣人之未及究得,而通天下所无者也。诸国各有所用文字,高丽忠肃王时②,元公主所用畏吾儿③,未知其如何,而以九象胥所书旅獒文者观之④,皆不免荒乱无章,则《正音》不止惠我一方,而可以为天下声音大典也。然而圣人制作之意至微且深,当时儒臣解之而未尽,后世百姓日用而不知,声音之道,既明者将复晦矣。若贱臣者,何敢与知其蕴奥之万一,而管窥蠡测,为此图解,以寓于戏不忘之意而已。

《老乞大》⑤卷上(节选)

大哥,你从那里来?

我从高丽王京来。

如今那里去?

我往北京去。

你几时离了王京?

我这月初一日离了王京。

既是这月初一日离了王京,到今半个月,怎么才到的

---

① 騃:音 ái。《广雅》:"騃,痴也。"《苍颉篇》:"騃,无知之貌。"童騃,指年少无知者。

② 高丽忠肃王(1294—1339),名王燾,高丽王朝第27代君主,1313—1330年,1332—1339年间在位。

③ 畏吾儿:一作畏吾尔,是唐代回鹘人的后代,元代称高昌回鹘国为畏吾儿。蒙古语是在古代畏吾尔人使用的回纥文字母基础上创制而成的。

④ 象胥:指的是翻译人员,又兼掌接待四方使者的官员。《周礼·秋官·象胥》:"掌蛮、夷、闽、貉、戎、狄之国使,掌传王之言而谕说焉,以和亲之。"旧注称:"通夷狄之言曰象;胥,其才能者也。"旅獒:指西戎诸国。

⑤ 《老乞大》是高丽末到朝鲜时期学习汉语口语的教材,"乞大"一词即契丹的音转,又作乞塔、起炭或吉代,是蒙古对汉人的称谓。老乞大,也就是老汉儿、中国通的意思。

风月同天

这里?

我有一个火伴落后了来,我沿路上慢慢的行着等候来,因此上来的迟了。

那火伴如今赶上来了不曾?

这个伙伴便是,夜来才到。

你这月尽头到的北京么?

到不得。知他,那话怎敢说?天可怜见,身已安乐时,也到。

你是高丽人,却怎么汉儿言语说的好?

我汉儿人上学文书,因此上些小汉儿言语省的。

你谁根底学文书来?

我在汉儿学堂里学文书来。

你学甚么文书来?

读《论语》、《孟子》、《小学》。

你每日做甚么工课?

每日清早晨起来,到学里。师傅上受了文书,放学,到家里吃饭罢,却到学里写仿书,写仿书罢对句,对句罢吟诗,吟诗罢师傅前讲书。

讲甚么文书?

讲《小学》、《论语》、《孟子》。

《朴通事》①卷上(节选)

我说几个谜你猜。

---

① "朴"是朝鲜的姓氏,"通事"是翻译的意思,"朴通事"就是"朴翻译"的意思。《朴通事》是朝鲜时代所编的汉语教科书,以元末明初的北京话为标准音编成的。全书共三卷,上卷38节,中卷38节,下卷30节,共106节。全书用对话或一人叙述的方式介绍中国社会生活的各个方面,书中的语言反映的是元末明初时的北方口语。

汉　字

你说我猜。

大哥山上擂鼓,二哥来来去去,三哥待要分开,四哥待要一处。

我猜大哥是棒锤,二哥是运斗,三哥是剪子,四哥是针线。你再说我猜着。

当路一科麻,下雨开花,刮风结子。个长大汉撒大鞋,白日去,黑夜来。

这个是灯台。

纥皱毡,纥皱被,纥皱姑娘里头睡。

这个是核桃。

金瓮儿银瓮儿,表里无缝儿。

这个是鸡蛋。

铁人铁马,不着铁鞭不下马。

这个是锁子。

墙上一块土,掉下来摆礼。

这个是雀儿。

一个老子当路睡,过去的过来的弄我的,不知道我的粗和细。

这个是碾子。

墙上一个琵琶,任谁不敢拿他。

这个是蝎子。

家后一群羊,个个尾子长。

这个是樱桃。

一门房子里五个人刚坐的。

这个是靴子。

金罐儿铁携儿,里头盛着白沙蜜。

这个是梨儿。

一个长瓮儿窄窄口,里头盛着糯米酒。

这个是奶子。

满天星宿一个月,三条绳子由你曳。

这个是称。

两个先生合卖药,一个坐一个跳。

这个是药刀。

弟兄三四个,守着停柱坐。

这个是蒜。

钻天锥,下大水。

这个是塔儿。

咳,都猜着了也,真个是精细人。

日本冈岛冠山编《唐话纂要》卷六所载汉文小说《孙八救人得福》

昔在长崎,有孙八者,膂力①过人,游侠②自得。后有事故,而被官逐放,遂为干隔涝汉③,而流落京师,旅宿于五条桥边,卖烟为生。每有少许钱钞,则沽酒邀客,定欲尽醉,未尝有顾后窥前,而拘于小节也。时值七月十三夜盂兰盆④,家家张灯,处处作戏,若男若女,或老或少,皆得纵观,共为优游。京师繁华,诚天下无比,惟孙八穷居寂寞。酒后磕睡,忽梦一官人,状貌端严,衣冠整齐者,径至其前,仗笏叫曰:"壮士,我特来烦汝也。我所祐少年,今被光棍所屈,困于清水寺坂下,其危甚急,汝可速往救之,日后必有重报也,切勿迟疑。"孙八

---

① 膂力:体力。
② 游侠:即侠客,指那些通晓武艺,行侠仗义,爱抱打不平的人。
③ 干隔涝汉:不干正经事的人。
④ 盂兰盆是日本一个非常重要的节日,与中国的"盂兰盆节"有关。这一天,日本家家设魂龛,点燃迎魂火和送魂火,祭奠祖先。在江户时代,盂兰盆一般在农历七月十三至十六日。

才应一声,忽然惊醒,乃南柯一梦①也。

孙八明知神人特来托梦,遂绰刀奔出,直抵清水寺坂下试窥之。约时二更左侧,月明与灯光灿然相照,如同白日。果见一伙光棍②,二十余人,各各手持刀棒,口吐大言,乃威屈③一少年与从仆,几欲害之。虽有许多人簇拥看之,亦皆惧怕其凶,而未敢劝解。孙八在人丛中,视此少年约年十六七,花块面貌,玉砌身躯,气色如顺,粧扮风流,真男中美人也。孙八挥刀跃出,大骂:"光棍,安敢欺负幼弱!"众光棍大怒,一齐舞轮刀棒,团定相斗。孙八力大,用刀背打翻五七人,精神倍强。众光棍不当其锋,尽皆四散逃奔。于是孙八救其少年与从仆,而带归己宅,以酒压惊。少年叩首谢孙八曰:"辱托神威,救命虎口,恩同天地,不知所报,但欲闻恩人大号,永结通家之好耳。"孙八曰:"郎君自有福分而得脱,于俺何预?俺乃长崎人氏,贱号孙八,今流落此间,卖烟为生。敢问郎君尊姓贵号?谁家子弟?尊寓伊处?缘何被光棍逼迫?万望详教。"少年曰:"家父姓三木,名治平,小人唤作三木龟松,同家父居于北野边。今宵因欲看戏游顽,止从一仆,迤逦④至此。岂料一伙光棍,定欲引小人去酒楼与酌。小人断然不从,故事发如此,累及恩人也。"孙八闻之,大为嗟叹,乃以神人托梦一事,备细告之。龟松曰:"此必天满天神⑤现灵而托梦者哉,前者亦有若此之事也。天神乃小人性命之神,而每月二十五日供酒果祭拜,未尝有致怠慢,故感得天神差恩人来救我无疑。

---

① 南柯一梦:原指不可能实现的空梦一场,这里形容一场梦境。
② 光棍:指地痞,流氓。《初刻拍案惊奇》卷二十七:"元来临安的光棍,欺王公远方人。"
③ 威屈:威胁。
④ 迤逦:慢行。
⑤ 天满天神:天满信仰是日本固有的信仰,天满宫中供奉的是在日本被奉为"学问之神"的菅原道真。

然则天神是恩人,恩人乃天神也。"遂与其仆双双下拜。孙八连忙扶起,又将好言安慰。忽闻许多人脚步而来,敲其门。孙八以为光棍又来,便大怒骂曰:"草贼,敢来太岁头上动土!"则绰刀奔出,开门视之,反见一老翁引着若干人,向孙八揖而问曰:"适救少年者,无乃足下否?"孙八曰:"是也。"老翁大喜,谢曰:"我乃少年之父三木治平者也。刚闻足下舍死救之,其活命之恩,铭心不忘耳。"龟松认父声音,亦慌忙出接,欢喜不迭。于是孙八延治平入内,乃以天神托梦之事,及光棍作怪之事,一一详细道知。治平闻之,喟然大叹,且曰:"因今夜小儿归家太迟,所以分拨人各处寻觅。忽有人报曰小儿遭殃,被足下救去,故我亲自来问足下讨人。虽则更深,倘肯送小儿一同到寒舍,则弥增感激焉。"孙八曰:"大丈夫作事,必当有始有终,我情愿送去耳。"遂同治平送龟松归家。时闻建仁寺三更钟慢线之声。(建仁寺三更钟,撞得太慢,因俗取放慢线之义,而称曰"慢线钟声")

既至其家,治平父子延孙八入后堂,置酒管待。元来治平累世豪富,田庄甚多,非等闲之所能比也。则治平与孙八曰:"我虽然家计颇富,而别无不足,但恨连丧几个儿女,而止留此一个孩儿。因父母爱之如手中之宝,似掌上之珍,凡事随其性以自在之,故不告父母而远游,险然死于非命也。况彼容貌不甚丑,年纪未为大,因屡有是非,不尴不尬,教爹娘竟放心不下。以故常通诚于天满天神,以祷其保祐小儿身上,永无灾殃。向者亦有如今宵,赫赫现灵,明明托梦而救危之事也。呜呼!神恩之大,不可得而报焉。"孙八闻之,嗟叹不已。治平又曰:"吾有心腹事,敢托足下,未知尊意若何?"孙八曰:"事已至此,便是蹈河而入火,亦不敢辞,大丈夫一言,驷马难追耳。"治平大喜曰:"然则自今夜为始,教小儿与足下契为弟兄,而永靠其教训,请勿有辞。"遂令龟松契之。

孙八事出意外,慌失计较,只得满面通红。治平又唤出夫人及大小管家与孙八相见,一一把盏,尽皆酩酊大醉。因夜阑,夫人会意,乃命龟松与孙八同帐而睡,此其佳会,令人钦羡不已。好事先生有诗为证:

　　　　有缘千里忽相逢,义重情深为一双。
　　　　今夜帐中谈喜处,五更残月照纱窗。

次日,治平又设丰筵与孙八饮酌。孙八谢曰:"多蒙错爱,不胜感佩,他日若有用我处,敢施犬马之劳矣。"治平曰:"足下既在客中,必早晚不便,何不移搬我家,与小儿完聚,常施教诲。"夫人与龟松亦再三相谏。孙八决然不从,且曰:"虽不敢移搬贵府,亦敢时常来拜候,有事则见教可矣。"治平闻之,愈加爱敬,乃送一百两中金,聊谢救命之恩。孙八固辞不受。自此,龟松与孙八情意投合,义气沉重,或花或月,或愁或喜,无不共之,而传为京中奇谈也。

一日,治平调孙八曰:"吾有二十余进房屋,散在四方,其中一进屋在乎西洞院者,五七年前,忽被妖怪占栖,而人不可住焉。今欲卖之,而无人要之;欲送之,而无人领之。且称曰'妖屋',夜至三更,人不敢经其门前,实吾心腹之患也。足下相识中如有肯领之者,吾即当送焉,千万留心探听。"孙八闻之,乃冷笑曰:"目今太平天下,清净世界,不信有妖精在御衢,栖人屋中。纵然有之,宁由其有之乎!今夜小人亲往试探其虚实,再容商议未晚。"治平大惊曰:"决不可。去岁亦有一人往试探之,果被一块妖火作怪,散魂而惊恐,噬脐而退悔,已惹京中人笑话也。足下往彼,倘有疏失,悔之何及?"孙八曰:"吾已心定意决,必欲往试之,请勿有阻。"乃腰插宝刀,手提铜灯,与治平父子辞别,径至其妖屋。而坐于中堂,取灯吃烟。比及捱至四更,只闻四下震动,大响一声,忽有一大块妖火,自灶后地下东隅柱根,放光而迸出,腾腾飞翀,灿灿照耀,而回旋四面也。孙八略无惧色,仍手提铜灯,而跟定其火回旋。若此者三五遍,其火回至原所,俄尔不见。孙八尚谓别有怪事,严然坐下,用目四顾,既而至于天明,无复作怪。

　　于是治平父子引领众家人,来见孙八而问曰:"夜来如何?"孙八详言妖火一事。众人闻之,无不震恐。孙八又曰:"必须掘开东隅柱根以降其妖。"治平许之,则教人掘开其所。才掘三五尺深浅,忽闻铮铮成声,晃晃放光,掘出一缸黄金,约几千两。缸中又有小金牌,上刻五个行字,曰:"与孙八千两。"治平见之喜,乃与孙八曰:"其妖火必是金气也,此金先人留与足下耶?金牌上分明有'与孙八'之字也。足下必须收之,此屋亦当奉送。"孙八曰:"岂有此理!老爷有福掘出金子,理当自收,何必问别人。遮莫①金牌上有我名字,亦于我何干哉!"治平又曰:"足下何其太拘?万望权且收之。"孙八执意不从。龟松见之,大气而叫曰:"兄长如何直如此拗捩②,若竟不收此金,则绝义矣。既是绝义,我不活耳。"遂相抱而哭。孙八心中暗叹,乃抚其背曰:"贤弟息怒,我都依从焉。"治平大喜曰:"足下既然依从,必须收金子。"乃教众管家取出缸中金子算之,果有八千两。治平悉交孙八收之,又令居于其屋。孙八自此改面换骨,作大生理③。未过三年,更挣二三万金子。方知天满天神梦中所告:"日后必有重报"之言,最有其验矣。岂不灵感哉!

《官话纂》④

　　有缘千里能相会　　无缘对门不相识

---

① 遮莫:尽管。
② 拗捩:顽固、执拗。
③ 生理:生意、买卖。
④ 《官话纂》是日本江户时代在长崎地方通行的汉语翻译人员(唐通事)使用的汉语口语教材,采用的是明代以来话本小说的体裁,成书年代当在十八世纪。

汉　字

　　这两句常言是说，人家机缘凑巧，就是天涯海角，也偶然相见。若是缘法不凑，只就近便住在对面，也只徒然。东边也去捉个空，西边也去捉个空，再碰不着。"今日小弟正要打帐到贵府问候，有乙件心腹的话要请教老兄，恰好凑巧，在半路上遇着，可见天从人愿。老兄今日若有贵闲，同小弟到敝舍来少坐谈谈，不知心下如何？""多谢贵意！小弟天天到先生家里去读书，学唐话，所以不到什么所在去。今日是大日子，歇了读书，因为到各寺院去、各神庙去烧香。老兄既然有话请教，敢不从命，自然到贵府，见教见教。""老兄青春年少，这等好读书肚里，不怕不通。异日必竟大大出头，光耀祖宗。万羡万羡。""岂敢，好说。小弟原来生性牛笨，虽读两部书，不过识得两个字而已，若说博览饱学，实实不敢当了。偶或时运到了，做得什么小职事，算得勾了。多蒙老兄过誉，着实惭愧惭愧。"

　　两个人勾了肩，搭了背，一头说，一头走，不知不觉走到家里，分宾坐定，叫小厮拿茶来请客茶罢，主人说道："今日多蒙兄长惠然移玉过来，感谢不浅，只是没有什么东西奉请。""岂敢岂敢，小弟长久失候，正要到府上一拜。原来读书人，道义中别有相与，岂在酒食上，不必生受，有茶便好清谈。""虽然如此，从古到今，读书人家，那一个不吃酒？赋诗作文，这是才子们的家常茶饭，也要陪酒助兴。若要做两句诗，先吃些酒儿，诗兴便活动起来，轻轻巧巧就做成了乙首诗。所以苏东坡说道：酒是钓诗钩。只当是渔父钓鱼的钩子一样的意思。当初李太白会做诗，他做出来的诗，句句金玉，再没有乙个人敌得他过，算是天下第一个好做诗的人。他这样大才，也要陪酒助兴。若没有酒塞落肚，做出来的诗不像意，所以再离不得酒。今日虽没有什么过酒的东西，要请一杯寡酒。""既然一片好意款待小弟，小弟怎敢推辞？若苦苦辞脱，便拂主人的盛意，觉得不近人情了，敬领一杯罢。只有一说，

风月同天

适才前说的一番高论,这是古人风流才子的境界,若加在小弟身上,不但是不当其位,正是驴头不对马嘴,差得多了。虽然依父母的家教读书,不过有名无实,朦朦瞳瞳,乙字不通。他那四句头律诗,八句头绝句,不但凑不来,就是笔也拿不对,还是乙个白面书生的了。照兄长这样多才,可以比较古人。往常都在诗文上做工夫,出言吐语,不是诗就是文章,不做就罢了,一做做出来,锦心绣口,又俊秀又巧妙,正真算得青莲转身了。既有这样才调,又有如此高兴,这个酒那一刻可以丢得下,算作诗礼人家的性命了。小弟们是不管好歹,蛮七蛮八,筛满一杯吃下肚去,醉乙醉,散闷而已。那陪酒助兴的风流美谈,不知那里说起的,连数也算我不着的哩。""我替你说,老兄称赞小弟过也过头了,要认帐也不敢认帐,要不认帐,原来舌头重钝,不讲话,未必讲得你过。所以有才没有才且阁起,不必争论。常言说道:不是一番寒彻骨,怎得梅花扑鼻香。刚才这一场说话,肚里若有些少文墨,这许多通文话怎能够讲得出口?能言快语的妙舌,不但压倒人家说出来的一场话,巧巧妙妙到赛过我们做的丑诗了。不知几时学问增长到这个田地,可见三日不见,莫做旧时看。老兄怎生谦虚,也是喷香香的书名,究竟掩饰不得,不必过谦了。只是有一句话说差了。""小弟原来见识短浅,不知进退的话里头,自然差错的所在多,不知老兄所说的是那一句?请教请教。""才斯称赞小弟,说做青莲转身,这不是说差了?小弟不过是拈弄笔头的小学生,虽然目下学做两句诗,不过杜谩撰而已,像个小猴子做戏文一般,如何赶得他上?若是学得青莲大才万分之一,就算得出格的了。那一句话,虽然赞叹小弟,其实取笑小弟了。倘或再谈及这话,叫人羞杀,坐在椅子上,像个有芒刺屁股也,不着实,坐也不好坐,在这里奉陪,岂有此理。""我有甚力量,敢大胆取笑仁兄?说的都是实录话,不是过誉,又不是虚假的。你说我过谦,你到是过谦了。"

荻生徂徕《译文筌蹄》题言

此方学者,以方言读书,号曰和训,取诸训诂之义,其实译也,而人不知其为译也。古人曰:读书千遍,其义自见。予幼时,切怪古人方其义未见时,如何能读,殊不知中华读书,从头直下,一如此方人念佛经陀罗尼①,故虽未解其义,亦能读之耳。若此方读法,顺逆回环,必移中华文字以就方言者,一读便解,不解不可读。信乎和训之名为当,而学者宜或易于为力也。但此方自有此方言语,中华自有中华言语,体质本殊,何由吻合?是以和训回环之读,虽若可通,实为牵强。(第二则)

中华人多言"读书读书",予便谓读书不如看书。此缘中华、此方语音不同,故此方耳口二者,皆不得力。唯一双眼合三千世界人总莫有殊。一涉读诵,便有和训,回环颠倒。若或从头直下,如浮屠念经,亦非此方生来语音,必烦思惟。思惟才生,缘何自然感发于中心乎?(第六则)

郑怀德《嘉定城通志·风俗志》②

国人皆学中国经籍,间有国音乡语,亦取书中文字声音

---

① 陀罗尼:《大智度论》卷五:"何以故名陀罗尼?云何陀罗尼?答曰:陀罗尼,秦言能持,或言能遮。能持者,集种种善法,能持令不散不失……能遮者,恶不善根心生,能遮令不生,若欲作恶罪,持令不作,是名陀罗尼。"意为总持、能持,即持善法而不散,伏恶法而不起的力用。现在一般指长咒。齐己《赠念〈法华经〉僧》:"便堪诵入陀罗尼,唐音梵音相杂时。"

② 《嘉定城通志》:又称《嘉定通志》,古代越南南方的地方志,阮朝官员学者郑怀德编,成书于1820年之前。原书共三卷,第一卷《星野志》、《山川志》、《风俗志》;第二卷《疆域志》;第三卷《物产志》、《城池志》。书名虽为嘉定,实际内容包含了整个越南南方,是研究阮朝初期历史的重要史料。

风月同天

相近者,随类而旁加之。如金类则旁加金,木则加木,言语则加口之类,仿六书法,或假借、会意、谐声,以相识认。原无本国别样文字。

儒　学

以孔子为代表的儒学在中国文化史的长河中绵延2000多年，不但是中国的文化主潮，而且是整个东亚地区共同的思想平台，儒家文化对东亚诸国文化的形塑起到极大的作用。儒学在东亚诸国的传播与发展并非单线的影响，日本、朝鲜、越南等国也产生了很多著名的儒学家，他们结合本国的语境，扩展了东亚儒学的影响，也丰富了东亚儒学思想的内涵，呈现了各自不同的特色。本章从史的角度，对儒学在朝鲜、日本、越南、琉球的传播与发展作了简略的描述。

儒　学

　　以孔子为代表的儒家在中国文化史的长河中绵延了2000多年,不但是中国的文化主潮,而且是整个东亚地区共同的思想平台。儒家作为先秦诸家之一,其思想是面对人生、承担人生的。在儒家的观念中,人生、社会、政治等各方面的问题,归结点都从人的道德修养开始,其基本模式是修身、齐家、治国、平天下。修身的问题,其实要阐明的就是一个人在社会上应如何立足。所以儒家思想究其本来面目而言,是要在现实中担当、在现实中完成的。汉代开始,尊儒学为经学,于是儒家基本典籍就成为经学典籍,而有"五经博士"的设立。六朝时受佛经注疏体的影响,经学也在注的基础上增加了疏,当时南北方的注疏颇多。所以到了唐代,唐太宗命孔颖达撰《五经义疏》一百八十卷,把各种不同的说法统一起来。到了宋代以后,就形成了十三经。从汉代开始,儒学就隐含了一种学问的倾向,日益脱离人生实际。南宋朱熹用"四书"来替代"五经",也是要使其重新面对人生。但是事与愿违,他的《四书集注》后来又成为官方的经典,正规的考试都要以此书为依据,实质上又沦为应举的敲门砖。所以儒学在中国的发展并不是一成不变的,从先秦的孔孟儒学,到汉唐时代的章句经学,再到宋明时代的新儒学(理学、心学),可见儒学在中国具有鲜明的时代性,每个时代的儒学各有其特色,也都对东亚诸国的思想世界产生深远的影响,激起过巨大的反响。东亚诸国的思想家也用其深邃的思想丰富了中国儒学的内涵,从而形成了灿烂多姿的东亚儒学世界。

这里,就让我们来看一看,朝鲜半岛、日本、越南等国家是如何接受中国儒家文化的影响,又是如何创造出自己的独特面目的。

先看朝鲜半岛。

历史记载中有商周之际的箕子到朝鲜教化当地人的故事,不管现代学者对这一记载的态度如何,在传统社会中,无论中国还是朝鲜半岛,人们对此都是确信无疑的。朝鲜唯一可称作"子"的儒者是宋时烈(1607—1688),人称"宋子",他就这样说:"我们朝鲜半岛本来就是箕子之国。箕子施行的八条法规,都以《尚书》中的《洪范》篇为依据。所以各种法规的实施,与中国的周朝是同时的。孔子说要移居到这里,难道不是因为这个原因吗?"(《箕子志》卷六《论》)另外一位儒者金长生(1548—1631)也说,朝鲜半岛自从箕子教化以来,"仁义忠信,礼乐衣冠,以君子之国,见称于中华"(《栗谷先生全书》卷三十五所附金长生所撰李珥《行状》)。这两位儒者,都是名列"东国五贤"中的重要人物,他们的意见是具有代表性的。当然关于箕子教化朝鲜的事迹并没有考古发现可以证实,但这样的传说对于朝鲜半岛接受儒学、崇尚儒学还是奠定了重要的思想和社会基础的。汉武帝元封二年(公元前109年)在朝鲜设四郡,即乐浪、真番、临屯、玄菟,大致相当于今天的朝鲜半岛北部。这时人员往来于朝鲜越来越多,儒学在朝鲜半岛之传播也是不难推想的。

韩国现存最古的碑刻资料《广开土大王碑》记载了高句丽(前37—668)开国君主东明王朱蒙(前59—前19)的治国遗训"以道与治",这已经体现出了儒学的影响。《三国史记》记载,高句丽第17代小兽林王二年(372),"立太学,教育子弟",同时也输入了佛教。高句丽太学中讲授的是"五经、三史、《三国志》、《晋阳秋》",其中五经就是儒家的典籍。太学中又设五经博士制度,学习优异者授"五经博士"称号。除此以外,地方上又设立扃堂,贵族子弟在未结婚之前,昼夜在这里读书。在丧葬习俗上,父母及丈夫去世之后,都要服丧三年,用的也是儒家的礼制。

百济(前18—660)的儒学是从高句丽传入的。公元4世纪时,百济已有相当完备的儒学教育机构。百济学习高句丽,也建立了儒学教育机构,设置了五经博士。近肖古王二十九年(375),以高兴为儒学博士,高兴用汉文写成了《书记》一书,这是关于百济历史的著作。384年,百济枕流王继位,建立了太学,并颁布了律令。404年,百济王仁赴日本任教,同时带去《论语》、《千字文》等书。《旧唐书·东夷百济传》载百济"其书籍有五经子史,又表疏并依中华之法"。在这之前,儒学应该已经在百济传播较长时间了。中国梁武帝年间(502—549年在位),百济向梁朝"请《涅槃》等经义,《毛诗》博士"和"讲礼博士"等,可见百济对学习儒家经典的重视。《周书》上记载百济的风俗"兼爱坟史,其秀异者,颇解属文",可见儒学在社会上已经很有影响了。

新罗(前57—935)由于地理位置较为偏远,接受儒学较迟,到公元3世纪末至4世纪初,才开始接触儒学。6世纪初,儒学在新罗开始得到广泛的传播。智证王(500—514年在位)、法兴王(514—540年在位)、真兴王(540—576年在位)时代,新罗积极推行儒学,吸收大陆文化。智证王四年(503)改国号为新罗,五年颁行丧服法,六年定国内州郡县,十五年(514)行谥号。法兴王七年(520),制定百官公服,二十三年(536)改元为建元元年,用的都是儒家的制度。真兴王六年(545)命史官撰国史,以"记君臣之善恶,示褒贬于万代",用《春秋》笔法著史。公元6世纪时,新罗受到儒学影响已较深。真德女王五年(651),新罗始置国学学官"大舍"二人讲授儒家典籍。

  新罗统一朝鲜半岛之后,儒学得到了进一步的巩固和发展。神文王二年(682),新罗仿唐制开始在中央设立国学,讲授儒家经典,配备博士和助教等人员,招收贵族子弟入学。圣德王十六年(717),王子守忠自唐还,"献文宣王、十哲、七十二弟子像",置于国学,这是在朝鲜半岛上最早建立的文庙。景德王六年(747),新罗将国学改为太学监,设立了诸经博士及助教,讲授儒学和算学。元圣王四年(788),新罗废除原有的"骨品制"和"花郎制"等用人选官制度,确定了以儒家经典为读书三品科,只要书读得好,就能够步入仕途。同时,唐朝也向新罗派出了学者讲授儒家经义。唐开元二十五年(737),新罗圣德王去世,唐玄宗派邢璹赴新罗吊祭,临行之前,唐玄宗特别对他说:"新罗号称是君子之国,善于读书作文,与我们中华相类似。你到了那儿应该努力宣讲儒家经典,让他们知道大唐儒教之盛。"(《旧唐书·东夷新罗传》)

  统一新罗时期著名的儒学家有薛聪、崔致远等。薛聪(655—740)是新罗佛教高僧元晓(617—686)之子。他自幼熟读汉文儒书,曾官至翰林,在国学讲授儒学。薛聪在文化史上最大的贡献就是对当时用汉字标记朝鲜语的吏读文字进行了整理,并使之系统化;又用朝鲜语解读儒经,极大地方便了朝鲜士人理解儒家经典,也促进了儒学的普及。高丽显宗十三年(1022),薛聪被追封为弘儒侯,以表彰他对东国文化的贡献。薛聪的作品大部分已经失传,最著名的作品就是假传《花王戒》。故事说的是美丽娇艳的蔷薇与质朴正义的白头翁一同觐见花王牡丹,请求得到重任。花王为善于奉承的蔷薇所迷惑,白头翁见此叹道,自古君王多近小人而远贤能。花王顿悟,承认了自己的错误并接受了白头翁。这篇作品以拟人和假托方式,向新罗第31代国王传达了儒家所谓亲贤人、远邪佞的道理。《花王戒》是韩国汉文学史上的名作,后来还被收入史书《三国史记》和文学总集《东文选》中。

崔致远(857—?)是统一新罗末期著名的儒学家,他不仅是朝鲜文学的始祖,在儒学史上,也有重要的地位,被称为"东国儒宗"。今日韩国首尔成均馆大学的大成殿供奉着中韩两国历代儒家圣贤的牌位,正中央是孔子的牌位,两侧则分立着36位中国圣贤和36位韩国圣贤,崔致远就排在韩国圣贤第一位。

崔致远像

918年,王建取代统一新罗,建立高丽王朝(918—1392)。高丽刚立国时,儒佛兼综,以佛教为"安身立命"之教,以儒学作为"齐家治国"之学。922年,高丽王朝修建了文庙,尊孔子为"文宣王",加谥号"玄圣"、"至圣"、"大成"。930年,在西京设"修书院",设"书学博士"。958年,光宗(950—975年在位)仿唐制,实行科举制度,设制述业、明经业二科。制述业相当于唐代的进士科,主要科试诗赋策,明经业主要科试五经。除制述业、明经业二科之外,还有医卜、地理、律书数、三礼、三传、《论语》等杂科。

高丽成宗(982—997年在位)是高丽历史上有意识地大力推行儒学的君主,他曾下诏"务得博识之儒,以助眇冲之政"。他推崇儒家的"孝",说:"凡理国家,必先务本,务本莫过于孝。(孝)三皇五帝之本,而万事之纪,百善之主……能为孝子于家门,必做忠臣于邦国。"(《高丽史》卷三《成宗世家》)当时辅佐成宗的是儒学家崔承老(927—989),他向成宗进言时务策28条,其中说:"礼乐诗书之教,君臣父子之道,宜法中华,以革卑陋。"高丽立国时,佛教被尊为国教,地位高于儒学。在成宗的推动之下,儒学的地位渐隆。成宗还派人从宋朝带来了《太庙堂图》、《社稷堂图记》、《文宣王庙图》、《祭器图》、《七十二贤赞记》等儒书。992年,成宗又在首都开京设立国家的最高学府国子监,国子监主要招收两班(当时贵族阶级)子弟。由于契丹入侵,官学停办,曾任文化寺的崔冲(985—1068)在70岁之时辞官告归,兴办了高丽最早的私学。崔冲将学生按进修次第分为九个斋堂,即乐圣、大中、诚明、敬业、造道、率性、进德、大和、待聘,教学内容为九经三史。崔冲被时人称为"海东孔子"。后来私学改名为乡校,由经学博士教育贵族子弟。

睿宗(1106—1122年在位)时,高丽又重振官学,复兴国子监,国子监立"养贤库"以养士,同时在国子监设文武七斋,即《周易》曰丽泽、《尚书》曰待聘、《毛诗》曰经德、《周礼》曰求仁、《戴礼》曰服膺、武学曰讲艺,"选名儒为学官博士,讲论经史"。1127年,仁宗(1123—1146年在位)"诏诸州立学,以广教道",恢复前朝以儒学为考试科目的科举制度,设立"六学"。1304年,忠烈王(1275—1308年在位)新筑国学大成殿(即孔庙),国王与诸生共同祭拜孔子。1298年,忠烈王将国子监改为成均监。1308年,忠宣王(1308—1313年在位)又将成均监和文庙统称为"成均馆",名称取自《周礼·春官·大司乐》中"掌成均之法以治建国之学政"之语,遂成为高丽最高的儒学教育机构。

在这样的环境中,东国的人才也开始不断涌现。我们来看一首诗——李奎报(1169—1241)的《题华夷图长短句》。他看到了一幅"华夷图",然后就写了一首诗。这首诗是这样写的:

> 万国森罗数幅笺,三韩隈若一微块。
> 观者莫小之,我眼谓差大。
> 今古才贤衮衮生,较之中夏毋多愧。
> 有人曰国无则非,胡戎虽大犹如芥。
> 君不见华人谓我小中华,此语真堪采。

"万国森罗数幅笺",就是说世界地图几张纸就可以画出来了。"三韩隈若一微块",可是韩国很小,只是微微一块。"观者莫小之",但各位请不要小看。"我眼谓差大",我看起来还挺大的。"今古才贤衮衮生,较之中夏毋多愧。"为什么我认为不小?因为这块土地上从古到今出现过很多人才,数量和质量就是跟中国比起来也无愧。"有人曰国无则非",有人才我们可以称之为一个国家,没有人才就不算是一个国家。"胡戎虽大犹如芥",胡戎是贬称,像辽国、金国,虽然大,但文化落后,在他看起来反而是小。"君不见华人谓我小中华,此语真堪采。"他感觉很荣耀,为什么?因为中国人称我们是小中华。不过,高丽王朝毕竟是以佛教为立国之本,由于外患频仍,所以高丽国王就把佛教看成是护国之教。这当然在很大程度上削弱了儒家的地位。

忠烈王十六年(1290),安珦(1243—1306)在元燕京时见到新版的《朱子全书》,就手抄了一部带回高丽,这是朱子学及朱熹著作进入朝鲜的最早记录,也是朝鲜半岛儒学史上的重要事件。安珦因崇敬朱子,遂依朱子号晦庵之例,号为晦轩。安珦曾说:"吾曾于中国,得见朱晦庵著述。发明圣人之道,攘斥禅佛之学,功足以配仲尼。欲学仲尼之道,莫如先学晦庵。"(《晦轩先生实记》卷一《谕诸生文》)他认为朱子之学可以"垂宪万世",所以积极推动朱子学在高丽的传播。他有这样一首诗,写出了当时儒学的寂寥:"香灯处处皆祈佛,弦管家家尽祀神。唯有数间夫子庙,满庭秋草寂无人。"(《芝峰类说》卷十三《文章部》六《东诗》)此诗传抄不一,所以存在一些异文,但主旨是明确的。在他的引导下,高丽末期产生了一批著名的儒学家,如白颐正(1247—1323)、禹倬(1262—1346)、权溥(1263—1342)、李穑(1328—1396)、郑梦周(1337—1392)等人。其中郑梦周的地位尤为重要。

郑梦周,号圃隐,他排斥异端,努力将儒学推向社会,为朝鲜儒学史作出了重要贡献。高丽恭让王(1388—1392年在位)即位后崇信佛教,圃隐直接向国王进言,以为不可:"儒者之道,都贯彻在日用平常的事情中。饮食男女,人人都是一样,但其中包含着最紧要的道理。尧舜之道,也不过就是这样。在日常举止和言论当中,能够得其正便是尧舜之道,所以并不是很难实行。那个佛教就不是这样,既要辞别亲戚出家,又要断绝男女关系,独坐在深山老林里,穿

郑梦周像

草衣吃素食,把世界看成是空、寂、灭,以此为宗旨,这哪里是平常之道呢?"(《高丽史·郑梦周传》)他还兼任成均馆学官,在明伦堂讲授朱子学。积极设立学校、乡校,全力倡导儒学,并把儒家礼俗推广到高丽整个社会,令士庶按照《朱子家礼》建家庙,立神主,祭先祖。身处高丽末期乱世的郑梦周身体力行儒家的忠义精神,努力挽救衰败的高丽王朝,而不与欲取高丽而代之的李成桂合作,结果被李成桂之子杀害。郑梦周的道德学问受到时人的赞颂,被尊为"东方理学之祖"。朝鲜大儒宋时烈说:"我东箕子以后,阐明道学,有功斯文,无如郑梦周之比。而使人人得知君臣父子之伦,内夏外夷之义者,亦皆梦周之功也。"(《宋子大全》附录卷八《年谱》)可见郑梦周在儒学史上的崇高地位。

韩国成均馆大学大学生表演的祭孔仪式

1392年,李成桂建立朝鲜王朝(1392—1910)。1398年,太祖李成桂依前朝旧制创设太学,仍称为"成均馆",分设"四书五经"斋、"大学"斋、"论语"斋、"中庸"斋、"礼记"斋、"春秋诗书易"斋等"六斋"。定宗(1398—1400在位)时,成均馆下设五部学堂,后废北部学堂而成四部学堂,称为"四学"。

成均馆是韩国最古老的大学,至今仍是韩国学习儒学和祭祀孔子的重要场所。始建于六百多年前的成均馆见证了朝鲜儒学的一脉相承,如今成均馆大学每年都会举行祭孔仪式,成均馆内的明伦堂是朝鲜历代讲习儒学的所在,今天悬挂的扁额是明朝使臣朱之蕃手书的。朱之蕃是南京人,南京城里还有一条"朱状元巷",常有韩国学者和媒体来参访,可惜已经没有任何当年的遗存了。

韩国首尔成均馆大学内的明伦堂

与高丽时代儒佛兼综不同,朝鲜王朝专崇儒学,以儒教立国,在全国积极推动儒学教育,通过科举考试选拔儒学人才。朝鲜王朝五百年,儒学取得了极大的发展,朱子学成为官方的意识形态,其中性理学更是成为朝鲜儒学的特色。同时朝鲜也产生了众多非常有影响的儒学家。

朝鲜时代初期的儒学家郑道传(1342—1398)、权近(1352—1409)等人确定了朱子学为朝鲜王朝的官方思想。郑道传,字宗之,号三峰,李穑弟子,是朝鲜王朝的开国功臣。郑道传以朱子学为思想武器,撰写了《佛氏杂辨》全方位批判佛教。他认为,人之生命得于气化之自然,而人死之后,气就随之消散,不可能再有具体的形体存留于世间了,这样他批驳了佛教的"轮回"说(《佛氏杂辨·佛氏轮回之辨》)。他又认为:"为臣忠,为子孝,二者入道之大端,而立身之大节也。"(《三峰集》卷三《送宋判官赴任汉阳诗序》)这种思想很符合朝鲜王朝统治的需要。权近,字可远,号阳村,也是李穑的弟子,高丽时期担任过成均馆的大司成。他秉承程朱理学之道,根据"理主心气"之说,对佛教、道教进行了否定。《入学图说》是其代表作,凡二十五图,第一图《天人心性合一图》可视为其思想的集中表现。通过郑道传、权近等人的努力,朱子学渐渐成为朝鲜王朝的官学。

朝鲜王朝最著名的朱子学家是被称为儒学双璧的退溪李滉(1501—1570)和栗谷李珥(1536—1584),退溪和栗谷是东国儒学史最有原创性的思想家,儒学发展到他们也达到了全盛。由于对理学宗旨的理解不一,朝鲜儒学形成了不同的学派,如推崇李滉的岭南学派(以庆尚道为主)是"主理派",称退溪是"东方之朱夫子";宗尚李珥的畿湖学派(以京畿道、忠清道为主)是"主气派",赞美栗谷是"东方之大贤"。而学问上的对立又与政治上的政争结合到一起,岭南学派为东人,畿湖学派为西人。东人中后又分化出北人和南人,西人中也分化出老论和少论,因而有所谓"四色党派"之说。

李滉,字景浩,号退溪,又号退陶、陶叟。他自幼丧父,随叔父李堣(松斋,1469—1517)学习,曾任弘文馆修撰等职。由于目睹历次"士祸"党争给士林带来的灾难,他多次上书请求退职。晚年定居故乡,建立了"陶山书院",从事教育和著书工作,后人称他开创的学派为岭南学派。李滉的著作很多,主要有《圣学十图》、《天命图说》、《朱子书节要》、《宋季元明理学通录》、《心经释疑》、《七书释疑》等,又有文集《退溪集》。

 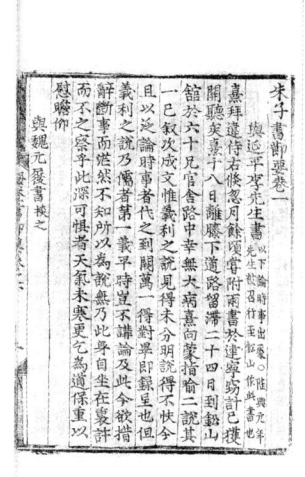

朝鲜朱子学者退溪李滉及其著作《朱子书节要》(日本国立国会图书馆藏本)

李滉晚年退居故乡时讲学的陶山书院

　　李滉推崇朱子学,强调宇宙二元,即宇宙由理和气或道和器构成。这来源于朱熹的说法:"所谓理与气,决是二物。"(《答刘淑文书》)同时,又主张先理后气。在这些根本处,退溪都接受了朱子的意见。只是就理与气在宇宙间的作用,朱熹认为,理"无情意、无计度、无造作"(《朱子语类》卷一),是寂然不动的绝对本体,而"气则能凝结造作",能够产生万物,但理不能生发出气来。李滉则认为理有体和用两方面,理之体虽无情意、无造作,但理之用却能发能生,"理自有用,故自然而生阴生阳也"(《退溪集》卷三十九《答李公浩问目》)。

关于四端七情的讨论是朝鲜朱子学的一个特色。所谓"四端",即孟子所说的恻隐之心、羞恶之心、辞让之心、是非之心;"七情",则指《礼记》中所说的人的喜、怒、哀、惧、爱、恶、欲七种感情。朱熹认为,四端是道德情感,纯善无恶;七情则泛指一切情感活动,有善有恶。他又认为,"性发为情,情根于性",情亦有所谓四端之情、七情之情。这就产生了一个问题:七情中发而不善的情感是否也是生发于仁义礼智之性?性是全善的,如果说是,这就产生了矛盾。朝鲜学者中,最早讨论这个问题的是权近,他在《入学图说》中就提出,四端由理、性所发,纯善无恶;七情由气、心而成,有善有恶。而退溪提出"四端发于理,七情发于气",即人的道德情感(四端)发自人的本性(理),而一般生理情感(七情)发自人的形体(气)。四端发于人的本性,自然是善的;而七情发于气,则是有善有恶,即"四端之发纯理故无不善,七情之发兼气故有善恶"。关于四端七情的问题,退溪与其弟子奇大升(字明彦,号高峰,1527—1572)曾反复辩论,是朝鲜儒学史上著名的学术事件。奇大升反对"四端是理之发,七情是气之发"的提法,他认为七情泛指人的一切情感,四端只是七情中发而中节的一部分,因而四端、七情皆发于仁义礼智之性。退溪则说,四端七情分理气,并不是说四端纯是理,七情纯是气,只是说四端发于理、主于理,七情发于气、主于气。① 朝鲜儒学史上的这场纯学术的论辩,持续了多年,影响广泛。

退溪的不少著作还流传到日本,影响了日本儒学,比如山崎闇斋读其文集,推许为"朝鲜一人也"。其弟子黑岩慈云特喜其《朱子书节要》,为之校勘训点,重刊于世。又有人撰《退溪书抄》十卷,崇拜有加。

退溪培养了很多出色的弟子,可谓桃李满天下,他们为朱子学在朝鲜的传播做出了很大的贡献,其中光配享书院及祠宇者就多达 70 余人。退溪的著作《圣学十图》《四端七情论》《天命图》等在清代还传到中国,梁启超高度称赞李滉:"巍巍李夫子,继开一古今。十图传理决,百世召人心。云谷琴出润,濂溪风月寻。声教三百载,万国乃同钦。"李滉确实是朝鲜儒学史上继往开来的思想家。今天韩国 1000 元纸币还印着李滉的画像,以此来纪念这位伟大的学者。

李珥,字叔献,号栗谷、石潭、愚斋,是与李滉齐名的朱子学家,曾任副提学、大提学(相当于内阁大学士)等职。栗谷天资聪慧,时人称他学问是无师自通而来(宋时烈《紫云书院庙庭碑》记栗谷"不由师传,默契道体似濂溪")。他 23 岁所作的《天道策》,名震一时,并流传到中国,此外还著有《圣学辑要》《人心道心说》等,皆收于《栗谷全书》中。栗谷对佛教、庄老之学亦有研究,可见其学有融通各家的气度。在理气关系上,他认为:"理者,气之主宰;气者,理之所乘也。非理则气无所根柢,非气则理无所依著。既非二物,又非一物。"理无形无为、无先后、无本末,无所不在;气涉形迹,有本末、先后、清浊、偏正,参差不齐。所以理能贯通一切事物,气

---

① 参见陈来:《李退溪对朱子的继承和发展》《李退溪与高奇峰的四七理气之辩》,《东亚儒学九论》,生活·读书·新知三联书店,2008 年。

局限于不同事物。理为形而上者,气为形而下者,天地万物化生,"其然者气也,其所以然者理也"(以上引文皆见《栗谷全书》卷十《答成浩原》)。理仍然是决定性的。关于"四端七情"之争论,栗谷不同意退溪的"四端是理之发,七情是气之发"的观点,而倾向奇大升的观点。他也反对退溪"理气互发"说,认为四端七情均是"气发而理乘之"①。栗谷在政治上主张王道、仁政,提倡社会改革,与早期的士林派理念非常吻合,所以他对在"己卯士祸"中被赐死的士林派领袖赵光祖(1482—1519)非常推崇,说赵光祖之功德"永志后世,光照无量"(《栗谷全书》卷十八《赵静庵墓志铭》)。他还提出了"真儒"的思想:"所谓真儒者,进则行道于一时,使斯民有熙皞之乐;退则垂教于万事,使学者得大寐之醒。"(《栗谷全书》卷十八《东湖问答》)可谓朝鲜儒者的最高人格理想。

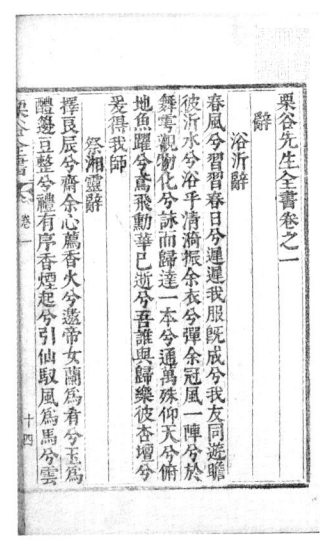

栗谷李珥及其所著的文集《栗谷全书》(日本早稻田大学图书馆藏本)

---

① 参见楼宇烈主编:《东方哲学概论》,第二章《朝鲜半岛的儒家哲学》,北京大学出版社,1997年,第209—211页。

朝鲜王朝后期最著名的儒学家是宋时烈。宋时烈,字英甫,号尤庵,曾任判书和右议政、左议政等要职,后因反对王子册封而被杀。后人将其所有著述集为《宋子大全》二百五十卷。他从小在父亲教导下学习儒学,读书必整衣冠,端拱危坐。他极其推崇朱子,绝不允许任何人偏离朱子,或亵渎朱子学说。他说:"言言而皆是者,朱子也;事事而皆当者,朱子也。故已经乎朱子言行者,决履行之而未尝疑也。""愚之所学只一部《朱子大全》而已。"他是李珥弟子金长生的弟子,他也继承了栗谷的思想。在理气关系上,他认为"理气只是一而二,二而一者也",两者是"混融无间"的。退溪所谓"理有动静",是从"理之主气"的角度来说的;栗谷所谓"理无动静",则是从"气之运理"的角度来说的。宋时烈思想中比较有时代性的一面就是"学宗朱子,义秉《春秋》",尊明贬清,尊王攘夷。清朝曾两次侵略朝鲜,即所谓"丙子胡乱"、"丁卯胡乱",宋时烈的思想与此有关。他对清朝取代明朝非常悲痛,说:"怨毒愤痛者,举天下孰如我哉!"宋时烈甚至还想北伐清朝,可见他思想中的忠义观念之深。他在朝鲜儒学史上被尊称为"宋子"。

 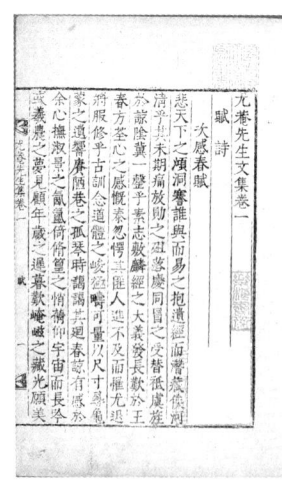

尤庵宋时烈及其所著的文集《尤庵先生文集》(日本早稻田大学图书馆藏本)

朝鲜时代儒学的最大特征,就是独尊朱子学。在中国,不仅与朱熹同时有陆九渊,而且在此后又有王阳明,都是思想界的巨擘,他们之间也存在着不同意见。不同意见的交锋,有时是温和的,但争论激烈时,甚至也会势同水火。但不妨并存,各有信徒。在朝鲜时代就不是这样了。据记载,陆九渊、王阳明的著作早就传入朝鲜。中宗十六年(明正德十六年,1521)时,朴祥(1474—1530)、金世弼(1473—1533)、金安国(1478—1543)等人看到了王阳明的《传习录》,金世弼在诗中写道:"学蹈象山多病处。"(《又和讷斋》)不仅对其思想有所批评,而且指出其渊源正在于陆象山(九渊),也说明陆九渊的著作传入的时间更在此前。中宗三十七年(1542),金安国还给国王奏议《赴京使臣收买书册印颁议》,其中就有《象山集》六册。他的意见是:"宋朝巨儒陆九渊所著,先生与朱子一时,专心于尊德性,与朱子往复辨论。"这样的书有什么价值呢？他的意见是:"虽与朱子异趣,心性之学,因得以讲明。学者崇尚程朱之教,参考此集,则不无有益。"并且建议印出后除上呈国王以外,文武楼、弘文馆、成均馆都应收藏,多下来的还可以赏赐给大臣或书院。可见这时对陆王心学并没有很强烈的"异端"观念。直到李滉写出了《传习录论辩》、《白沙诗教传习录抄传因书其后》等文章(约在朝鲜明宗二十年,明嘉靖四十四年,1565),认为陈白沙、王阳明的学术皆出于陆九渊,乃禅学,之后对阳明学的批判才造成声势和影响。此后,李珥在宣祖十五年(明万历十年,1582)写的《学校模范》中,强调读书之序,从《小学》、《大学》、《近思录》培养根本规模,然后是《论》、《孟》、《中庸》、《五经》,以及《史记》和先贤性理之书,"以广意趣,以精识见",最重要的是:"非圣之书勿读,无益之文勿观。"这里所列出的几乎都是朱子学系列书,陆王学术已经被排斥为"非圣之书"和"无益之文"了。如果再看看当时的科举考试,根据《司马榜目》的记载,试题几乎都是出自朱子著作的。许篈(1551—1588)在万历二年(1574)出使中国,路遇国子监生叶本,与他讨论到王阳明在中国从祀文庙,大不以为然,直斥王阳明学术为"异端"(《朝天记》中八月初二)。到了清代初年,朝鲜人蔑视满清为夷狄,引以为傲的理由之一就是"中国无理学",因为朝鲜保留了朱子学的正统。使臣到中国购书,奉王室之命寻访的多数还是明代的朱子学著作,李喜经(1745—1805?)《雪岫外史》中就记载了他在正祖二十三年(清嘉庆四年,1799)赴京,"自内阁有朱子书十余种购来之命",亲自跑了很多书店皆不可得,最后找到纪昀,纪详细说明各书体例及作者姓名,并且告诉他:"此册虽皆入《四库书总目》,而初未刊行,不可得也。"其实也是因为清代的学风已经变化,考据学兴起,在北京已经很少有人愿意购买或阅读性理学的著作了。

朱子学在朝鲜时代占有绝对的统治地位,这也造成了朝鲜朱子学的封闭与经院化,渐渐失去了活力,思想越来越流于空疏和脱离现实。朝鲜后期,受到清朝考证学的影响,产生了实学思潮,代表性的思想家有柳馨远(1622—1673)、李瀷(1682—1764)、洪大容(1731—1783)、朴趾源(1737—1805)、朴齐家(1750—1805)、丁若镛(1762—1836)、金正喜(1786—1856)等人。如星湖李瀷就说:"穷经将以致用也,读经而不措于天下万事,是徒能读耳。"(《星湖儒说》卷四)阮堂金正喜主张实证之学,反对宋学与汉学的对立,认为"'实事求是',此语乃学问最要之道"(《实事求是说》)。

到19世纪末,由于清朝的衰弱以及东亚朝贡体系的崩溃,朱子学在朝鲜也渐渐衰落。虽然朝鲜后来沦为日本的殖民地,但儒学一直在韩国传承不息。孔子在韩国被尊为"大成至圣文宣王"。从三国时代(高句丽、百济、新罗)开始,韩国每年都举行盛大的"释奠大祭"以纪念孔子诞辰。此外,韩国还拥有儒教学会、儒教文化研究所等机构,在许多大学都有专门研究儒教的学科。1968年,韩国颁布《国民教育宪章》,其中说:"韩国在推行国民精神教育的过程中,始终把传统文化特别是儒家伦理作为载体,即通过传播儒家伦理来达到铸造韩国民族精神的目的。"这也是中国、日本、越南等东亚汉文化圈国家所未有的。至今去过韩国的人依然能感到儒学、儒教对韩国文化、韩国人民生活的强烈影响。

以下我们看看日本。

传说秦朝时徐福假说三山有不死之药,秦始皇命其带领童子、书籍往而求之,徐福求之不得也不敢返回,结果就去了日本。所以宋代的司马光在《君倚日本刀歌》(一说是欧阳修的《日本刀歌》)中有这样的感慨:"徐福行时书未焚,逸书百篇今尚存。令严不许传中国,举世无人识古文。嗟余乘桴欲往学,沧波浩荡无通津。"在日本不仅有中国的儒家典籍,而且这些典籍还没有经过秦始皇焚书坑儒之祸,是非常完整可信的。虽然日本藏有这些典籍,却是没人认得古文,而且严禁传入中国。所以司马光希望自己能够亲自跑到日本一睹这些典籍的真面目,可惜隔着汪洋大海无法成行。由于这首诗的流行,日本藏有《尚书》百篇的故事也越传越广、越传越久。元世祖曾经以此询问高丽王子,明清时有人上疏向海外征求《古文尚书》百篇,皆未有得。朝鲜通信使成员赴日,也常常询问其情况,如申维翰(1681—?)之于雨森芳洲(1668—1755)、元重举(1719—1790)之于龟井鲁(1773—1836),当然到后来大家也都知道这只是一个故事,无论是朝鲜半岛还是日本,都不存在所谓的百篇《古文尚书》。

较为可靠的说法,儒学是通过朝鲜半岛传到日本的。这就是在日本应神天皇十五年(377年前后,旧说为285年),百济使者阿直岐奉命出使日本,在送给应神天皇良马等物品之后,便被应神天皇留下来,给太子菟道稚郎子当老师。他又推荐了王仁到日本任教,王仁随身带去了《论语》、《千字文》等书,儒家思想也在这时传到日本。另据《宋书·倭国传》记载,宋昇明二年(478),倭王武(一般认为是雄略天皇)向宋顺帝上表,表文中的文字,如"王道融泰"、"帝德赋载"、"以劝忠节"等,颇有儒家色彩,很可能是在移民到日本的中国人帮助下写成的。儒学通过朝鲜半岛及中国移民传到了日本,但主要在日本宫廷和上层社会传播,影响还不是太广泛。

儒学真正对日本社会产生影响是在圣德太子(574—622)摄政期间(593—622)。公元603年,圣德太子颁布冠位授予制度,废除世袭氏姓制度,按德、仁、礼、信、义、智顺序分为大小两阶(如大德、小德),制定了"冠位十二阶",显然受到儒家仁、义、礼、智、信思想的影响。604年,他又颁布了贵族必须遵守的《十七条宪法》。这十七条政治准则,除少数几条受到佛教影响之外,其余各条基本出于儒家思想,用语也多出自儒家经典,显然他是要将儒、佛调和来治理国家。从《十七条宪法》对儒家经典的大规模化用可见,当时的日本上层社会对儒家经典已经比较熟悉了。当时设置的官名如大德小德、大礼小礼、大信小信、大义小义等,都是出自儒家。

日本飞鸟(600—710)、奈良(710—794)时代,祭祀孔子的"释奠"仪礼也进入日本宫廷,释奠仪式从大宝元年(701)一直延续到12世纪。称德天皇还敕令称孔子为"文宣王"(768)。大宝元年日本制定了《大宝律令》,宣布"凡令以教喻为宗,律以惩正为本……并以仁为旨也",又说"部内有好学、笃道、孝悌、忠信、清白、异行发于乡间者,举而荐之",其指导思想完全是儒家的学说。儒学在日本的系统化传播,主要通过这时的教育体系来完成的。天智天皇(665—671)时,日本建立了"大学"。《大宝律令》实行后,又在首都设立了"大学寮",由百济人鬼室集斯做大学寮第一任"学识头"(大学寮的最高长官,相当于后世的"大学头")。大学寮中设立了"明经道",有博士1人,助教2人。明经道有定员400人,主要学习中国的儒家经典,教材是儒家的"九经",而且都用中国汉魏时期的古注。地方上也设立了国学(当时日本地方的最高行政单位为国),招收地方官员子弟入学。大学寮和国学的主要任务是培养天皇制国家所需的行政与技术官僚,以儒家经典作为教材,也是为了培养学员日后能够起草诏敕和写作奏状。通过教育体系,儒学在日本上层社会得到进一步的传播,但此时儒学对日本的影响范围仍局限于精英阶层。

进入平安时代(794—1192)之后,儒学在日本沦为一种知识,或文字工具,儒生能够起草诏敕或奏状,才被视为有用的人才。10世纪之后,大学寮的教官开始世袭化,基本为几个博士学官家族所垄断,如到12世纪末,中原家有23人、清原家有13人先后成为"明经道"教官,而"纪传道"逐步成为菅原、大江两家的专属,民间的优秀人才几乎都集中到佛门。于是儒学衰微而佛教逐步兴盛,这样便进入中世的武家政治时代。

中世的镰仓(1185—1333)、室町(1336—1573)以及安土桃山(1568—1600)时代,日本进入了武家社会,政治权力集中到幕府的将军手中,以天皇为代表的公家丧失了政治上的权威,儒学在日本这400年中的发展非常地平淡。镰仓时代初期,大学寮因火灾没有重建,连仓库里供"释奠"用的孔子与十哲画像也相继被盗作他用。

虽然中世时期的日本儒学处于低潮,但此时日本儒学的发展并没有完全停滞,而是孕育着新的发展契机,这个契机的到来得益于这一时期传入的宋代新儒学——朱子学。当时最重要的流行观念就是"儒释一致论"。有学者专门讨论了镰仓时代、吉野(南北朝)时代、室町安土桃山时代共 21 个僧人的思想和学问倾向,他们对于《四书》、《五经》有普遍的阅读和理解,对于"儒释一致论"有着很强的认同感。① 而这时所谓的"儒",其实就是宋学,特别是朱子学。日本禅宗临济宗的祖师圆尔辩圆(1202—1280)远渡中国学习禅宗,回国时携回的著作中就有不少朱子学著作,如《吕氏诗纪》、《胡文定春秋解》、《无垢先生中庸说》、《晦庵大学》、《晦庵大学或问》、《晦庵中庸或问》、《论语精义》、《论语直解》、《孟子精义》、《晦庵集注孟子》、《五先生语》等,就是一个证明。当时在日本传播朱子学的,不仅有日本禅僧,还有不少渡日的中国禅僧,如兰溪道隆(1213—1278,1246 年赴日)、无学祖元(1226—1286,1279 年赴日)、一山一宁(1247—1317,1299 年赴日)等,他们在日本宣扬禅宗的同时,也传播朱子学,并且终老于日本。日本仁治二年(1241),日本出现了第一部覆刻宋版的朱熹《论语集注》,刻者署名"陋巷子",这是日本翻刻中国宋代理学著作之始。朱子的代表作《四书集注》正式传入日本则在元应元年(1319)。

日本中世时期,日本学问与知识基本掌握在以镰仓和京都为中心的"五山"寺院之中。五山僧侣们积极传播宋学,希望以此来弘扬禅宗。他们都主张"儒佛不二"、禅儒一致,然后再讲禅比儒高明,吸引更多的皈依者。禅僧们在武士阶层所传播的宋学,不仅影响到以幕府"将军"和"执权"为首的武士阶层,而且朱子学也开始深入宫廷。后醍醐天皇(1288—1339)时,就曾延请禅僧玄惠在宫中讲解朱熹的《四书集注》,

---

① 参见[日]久须本文雄:《日本中世禅林の儒学》,山喜房佛书林,1992 年。

以至于形成了"近日风体,以理学为先"①的局面。后来,后醍醐天皇受到朱子学的"大义名分"思想的影响,为恢复皇权,还发起过一场"建武中兴"(1334)。

新兴的朱子学以义理阐发为主,抛弃了繁琐陈腐的汉唐章句之学,当时称之为"新释"、"新注"。镰仓时代,从前大学寮中的明经博士仅限于清原、中原两家,原来墨守汉唐之学的明经道家也开始采用朱子新注来解释经典。日本中世时期,研究儒学最有成就的清原家族,如清原业忠(1409—1467),曾用朱子新注讲《大学》、《中庸》,著有《论语讲义》。业忠之孙清原宣贤(1475—1550)是日本中世时期最有名的博士家的经学家,他曾任京都宫廷的少纳言。从享禄二年(1529)开始,清原宣贤多次到日本各地宣讲《孟子》、《毛诗郑笺》、《古文孝经》等中国儒家典籍,他这些讲稿后来以《毛诗抄》、《古文孝经抄》、《礼记抄》、《周易钞》、《易学启蒙通释

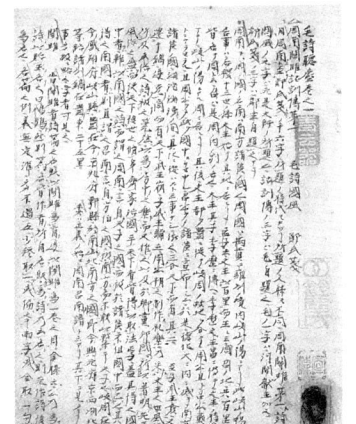 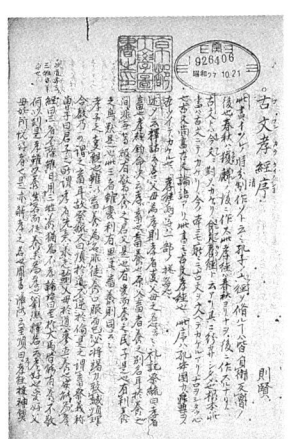

左图为京都大学附属图书馆所藏清原宣贤的《毛诗听尘》,右图为《古文孝经抄》。

---

① [日]足利衍述:《镰仓、室町时代之佛教》,有明书房重印本,1970年,第141页。

钞》《大学听尘》《中庸钞童子训》《论语通尘》等名流传于世,现在日本京都大学附属图书馆中还有"清原文库",保存了大量清原宣贤讲稿。所谓"抄",即"抄物",是日本中世时期用当时的口语对经典的注释或讲解,比较通俗易懂。清原宣贤是日本儒学史上的一个转折性的人物,他既是传统明经道儒学的集大成者,又能用新引入的朱子学解释儒家经典,开启了之后江户儒学的新风。

朱子学自13世纪传入日本之后,经过当时五山禅僧、博士公卿等群体的传授,在中世时期就形成了几大学派,如桂庵玄树(1427—1505)开创的朱子学萨南派(亦称"桂庵学派")、南村梅轩(？—1579?)开创的海南学派(又称"南学派")等。特别是桂庵发明了在汉文旁边添加标识符号和日语助词来帮助阅读儒学经典的方式,后来被称为"桂庵和训"。

日本最古老的学校足利学校(在今日本栃木县足利市昌平町,始建于镰仓时代)对儒学在日本地方上的传播起了很大的作用。室町时代,在当时关东总管上杉宪实(1411—1466)的支持之下,足利学校获得很大的发展,甚至成为日本唯一的学校。到15世纪中叶,足利学校成为专门的儒学教

足利学校中门上有"学校"二字,为明人蒋龙溪所题。

儒 学

育机构。足利学校殿堂正面龛座内至今还供奉着木雕孔子坐像,此像塑于日本天文四年(1535),是日本现存最古的木雕孔子坐像。每年的11月23日,足利学校都要举行祭孔仪式。足利遗迹学校图书馆还收藏着宋版的《周易注疏》、《尚书正义》、《礼记正义》,被定为日本的国宝。

朱子学从镰仓时代初传入日本后,经过400多年的发展,终于造就了江户时代(1603—1867)日本儒学的大发展。荻生徂徕曾经说过,在日本,首先是有了王仁的出现,日本人才知道文字;有了吉备真备(695—775),日本才传入了经书和六艺;有了菅原道真(845—903),日本人才能写出精彩的汉诗汉文;有了藤原惺窝(1561—1619),日本人才知道圣人之道。江户儒学的发展,首先就得力于藤原惺窝及其弟子林罗山(1583—1697)开创的局面。

藤原惺窝,名肃,字敛夫,号惺窝,播州国(今兵库县)人,被认为是江户朱子学之祖。他在七八岁时,入播州龙野的景云寺学习禅学和汉诗文。18岁时,入京都五山之一的相国寺跟叔父泉和尚学习儒学,专攻朱子学。32岁,他为德川家康讲解《贞观政要》。后来遇到因为壬辰倭乱(庆长之役)而被俘到日本的朝鲜朱子学者姜沆(1567—1618),并在姜沆指导下学习《四书》、《五经》,深受其影响。不久,他便脱佛还俗。1600年,他穿着自制的既非僧服又非和服的深衣道服去见德川家康,表明自己

藤原惺窝像

弃佛而成为儒学者的身份。藤原惺窝受到德川家康的优待,门下聚集了众多门人,如林罗山(1583—1697)、石川丈山(1583—1672)、松永尺五(1592—1657)、那波活所(1596—1698)、堀杏庵(1585—1643)等江户时代著名的儒学家。通过藤原惺窝及其门下弟子的努力,朱子学终于成为江户儒学的正宗。藤原惺窝激烈地排斥汉唐旧儒学,他说:"自谓汉唐儒者,不过记诵词章之间,说注释、音训标题事迹耳,决无圣学诚实之见识矣……若无宋儒,岂续圣学之绝绪哉?"(《惺窝先生文集》卷十《问姜沆》)他又试图调和儒学与日本固有的神道教之间的关系,达到神儒结合;他推崇朱子学,也不轻视陆九渊、王阳明的心学。他的思想具有较强的兼容性。他所著的《假名性理》《四书五经倭训》,开创了用日本假名解释宋儒典籍的传统。

藤原惺窝门下最著名的弟子是林罗山,他也是江户三百年官学的开创者。林罗山,名忠,又名信胜,字子信,号罗山。他与藤原惺窝一样,早年曾出家为僧,后亦弃佛入儒。18岁时,他读到朱子的《四书集注》,非常佩服,从此开始钻研朱子学,后入藤原惺窝之门。他在藤原惺窝的推荐下,入仕德川幕府,一生服务过德川家康、秀忠、家光、家纲四代将军,参与幕府制定法令,起草外交文书。他不但担当将军的侍讲,而且还主持幕府的学问所,把"可以说还停留在修身齐家范围内的宋学,提高到作为儒教本来面目的治国平天下的思想武器的高度。对于确定儒

林罗山像

儒　学

教作为统治阶级——士大夫的统治思想地位做出了极大的贡献"①。林罗山反对佛教，认为佛教灭人伦而绝义理；他又批判天主教，其所著的《排耶论》中曾说："天主造天地万物云云，造天主者谁耶？"对天主的存在表示怀疑。他主张儒学与神道的结合，他认为："（神道）即王道也，儒道也，圣贤之道也。"（《林罗山文集》卷四十八《神祇宝典序》）儒学与神道"理一而已矣，其为异耳"。宽永七年（1630），德川幕府第三代将军德川家光赐上野忍冈的一块地基，令林罗山建立圣堂孔庙和学塾，塾内供孔子像。元禄三年（1690），德川幕府第五代将军德川纲吉在神田台，即现在汤岛圣庙的旧址建造大成殿及其他附属建筑，并将当地以孔子的出生地"昌平"命名。不久，这里变成了官学，称为昌平黉，命林家第三代孙林凤冈（1645—1732）为大学头，林家从此世袭了昌平坂学问所大学

位于东京的汤岛圣堂，是日本最古老的孔庙。现在的建筑是 1935 年修复重建的。

---

①　[日]永田广志：《日本哲学思想史》，商务印书馆，1978 年，第 67 页。

头的职位，朱子学也便成为了当时日本的官学。宽政九年(1792)，这里被改为昌平坂学问所，成为日本学习儒学的中心。

朱子学成为德川幕府的官学之后，不但压制了其他儒学流派的发展，而且其内部也走向了封闭，18世纪以降就很少产生原创性的思想家了。在朱子学之外，日本内部也产生了反朱子学的儒学家，影响最大的是所谓古学派。古学派的先导者是山鹿素行(1622—1685)，而代表性的思想有伊藤仁斋(1627—1705)、伊藤东涯(1670—1736)父子的古义学派，以及荻生徂徕(1666—1728)、山县周南(1687—1752)、太宰春台(1680—1747)等人的古文辞学派（或称"蘐园学派"）。

山鹿素行，名高祐，字子敬，号素行。生于会津（今福岛县），但在江户（今东京）长大。幼年之时，山鹿素行曾师从林罗山，但后来对朱子学产生怀疑并最终开始批判朱子学。宽文五年(1665)，山鹿素行刊行了《圣教要录》一书，指斥宋儒为"异端"，认为孔子之后，圣人的道统到宋朝就已经泯灭了，所以他提出要直接师从周公和孔子。他非常推崇孔子，说"自生民以来，未有盛于孔子也"，朱子虽"是学压先儒，然不得超出余流"，所以要"以周公、孔子为师，不师汉唐宋明诸儒，为学志在圣教，不在异端"。（俱见《圣教要录》）他提出一套省身、尽忠、笃信、重义、具备文武的日本武士道的道德规范，所以他又被称为日本武士道的创立者。

伊藤仁斋，名维桢，字源佐，号仁斋，又号古义堂、堂隐、诚修，平安（今京都）人。少年时代开始，他就有志于儒学，刚开始也是崇奉宋儒之学。到三十七八岁时，他的思想发生了很大的变化，开始对宋儒之学产生怀疑，便"悉废语录注脚，直求于《语》、《孟》二书"。他认为宋儒背离了孔孟的真义，所以他试图从孔孟的原典中寻求客观的"道"。他认为:"天地之间,一元之气而已。"并将"一元之气"作为世界的本原,反对宋儒将"理"作为世界本原之说。他认为"道"是"人伦日用当行之道","人外无道,道外无人"。他并不追求抽象的玄远,而是将儒学化为平民大众日常的伦理规范,因此

伊藤仁斋像

他的思想重视实用理性,反对空谈性理。日本学界对伊藤仁斋评价非常高,甚至认为他是"日本的儒教的创始者"①,"他的学说,没有像朱子学那样成为幕府的官学,但他却成为日本社会一般势力的代表,做出了大胆的挑战"②。

荻生徂徕开创的"古文辞学派"可谓江户时代中期影响最大的学派。荻生徂徕本姓物部,名双松,字茂卿,号徂徕、蘐园。他出生于江户(今东京)医家,5岁时就自学汉文,一开始也是信奉朱子学,44岁时在江户日本桥开设蘐园私塾讲学,渐形成蘐园学派(即古文辞

荻生徂徕像

---

① 《日本名著》第13卷《伊藤仁斋》,贝冢茂树解说,中央公论社,1972年。
② 《日本思想大系》第33卷《伊藤仁斋·伊藤东涯》,岩波书店,1971年,第109页。

学派）。49岁时受中国明朝文人李攀龙（1514—1570）和王世贞（1526—1590）古文辞学的影响，认为唯有精确掌握古文辞的意涵，才能正确地解释六经中的经义，从而真正知道先王之道及孔子之道。徂徕认为"道"并不是抽象的、形而上的存在，而是像礼乐刑政这样具体的存在："道者，统名也。举礼乐刑政，凡先王所建者，合而命之也。非离礼乐刑政，别有所谓道者也。"（《太平策》）①从中也可见日本儒学注重实用性的一面。荻生徂徕弟子众多，如山井昆仑（1680—1728）、释万庵（1666—1739）、太宰春台（1680—1747）、山县周南（1687—1752）、服部南郭（1683—1759）、释大潮（1676—1768）等，故其学大盛于江户时代享保至宽延（1716—1751）年间，到宝历年间（1751—1764）才逐渐衰退。

江户时代反朱子的儒学流派中还有以中江藤树（1608—1648）为代表的阳明学派，其是受到中国陆九渊、王阳明心学的影响而发展起来。中江藤树是近江（今滋贺县）人，32岁之前亦信奉朱子学，37岁时购得《阳明全书》，思想发生很大的变化。他主张理心一致、心即理，否认主客体的对立，强调致良知的功夫。他思想中最特别之处在于将孝抬到与心等同的地位，提出孝本体说，认为孝是形而上的宇宙根源，能够支配宇宙的一切活动。可见，中江的思想具有强烈的主观性。日本的阳明学是从下级武士和市民中产生的，对于他们来说，朱子的"理"或"道"过于抽象与深奥，无法把握，而中江提出的孝本体说，则易于理解和接受。

宽政七年（1795），德川幕府为了挽救官学朱子学，禁止任何非朱子学的学问，史称"宽政异学之禁"，但这并不能阻

---

① 参见[日]丸山真男：《日本政治思想史研究》，王中江译，三联书店，2000年，第55页。

挡朱子学的衰落。江户末期,阳明学再度兴起,而且结合着当时"倒幕"、"王政复古"及尊王攘夷思潮,声势浩大,这时的代表人物是吉田松阴(1830—1859)。吉田松阴,生于长州藩(今山口县)下级武士家庭,后出嗣给叔父家,并随其学习兵法。22岁时,因未经藩主允许到东北地方游历,以"脱藩亡命"罪名被剥夺武士籍。1853年,美国海军准将M.C.佩里率舰队驶抵江户湾的浦贺,逼迫日本开国。1854年,吉田松阴偷偷登上美国军舰,要求渡美,但被拒绝,后因违反幕府的锁国令入狱一年。再后来得藩主允许,以叔父的名义在家乡创办了松下村塾,传授兵法,宣讲尊王攘夷思想,培养了高杉晋作(1839—1867)、伊藤博文(1841—1909)、山县有朋(1838—1922)等倒幕维新领导人。1858年,德川幕府与美国签订了"日美友好通商航海条约"(即"安政条约"),他号召武力讨伐幕府,后被捕入狱。为镇压尊王攘夷运动,幕府大老井伊直弼(1815—1860)制造了"安政大狱"。吉田松阴于1859年11月21日被处死,年仅29岁。日本的阳明学派重视将"知行合一"的思想贯穿始终,注重将思想付诸现实行动之中,吉田松阴可谓其杰出的代表。

虽然江户幕府处死了吉田松阴,但江户后期的朱子学大势已去,衰亡的命运在所难免。除了儒学内部的挑战外,江户时代的儒学还受到"国学"和"兰学"的冲击。日本的"国学"是以神道为基础发展起来的,其代表人物是本居宣长(1730—1801)、平田笃胤(1776—1843),他们主张恢复日本民族固有的精神,鼓吹"皇国之道",反对外来文化儒教。"兰学"本是研究荷兰的学问,后来成为"洋学"代称。中英鸦片战争后,老大帝国中国战败,让不少日本士人惊醒,他们提出"东洋道德,西洋艺(技)术"之论。这些思想都对儒学造成很大的冲击,而这时的朱子学衰落不堪,丧失内驱的创新力,亦无任何应对之策。随着幕府的倒台,作为官学的朱子学也最终雨打风吹去。

日本儒学也并非是单向地受到中国的影响,也有日本回馈中国的一面。其一,很多在中国失传而幸存在日本的儒家经典,陆续回传到中国,丰富了中国的经学研究。如梁代皇侃所著的《论语义疏》南宋时从中国亡佚,但保存在日本,乾隆年间回传到中国。再如旧题孔安国所著的《古文孝经孔传》,梁末时从中国失传。隋代刘炫又整理出一个《孔传》的文本,隋唐时东传到日本,刘本五代后亦在中国散佚不传。日本江户时代太宰春台根据足利学校所藏的刘炫《孝经直解》校刻成《古文孝经孔氏传》,清代时回传到中国,产生了很大的反响。其二,很多日本儒学家所撰的著作也传到了中国,如山井鼎(1690—1728)撰、荻生徂徕校的《七经孟子考文补遗》一百九十九卷,引用了很多日本所藏的古本和宋本,清代时传到中国,阮元的《十三经注疏校勘记》已多有采用,并且被收到《四库全书》之中。嘉庆十四年(1809),荻生徂徕的《论语徵》、《大学解》、《中庸解》与蟹养斋的《非徂徕学》传入中国。道光十六年(1836),钱泳把徂徕所著的《辨道》、《辨名》编纂成

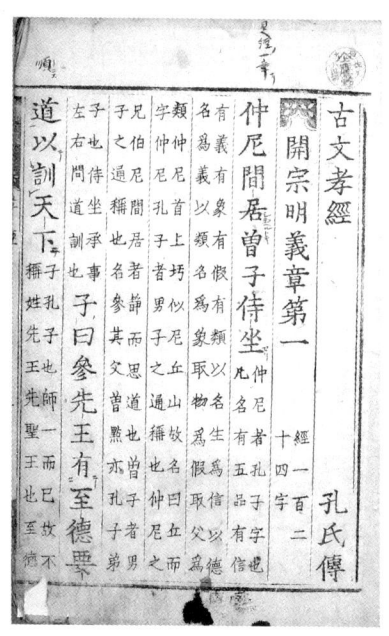

日本江户时代所刊的《古文孝经孔传》,日本早稻田大学图书馆藏本。

集,附以自序和《日本国徂徕先生小传》,在中国刊印。

综观一千多年的日本儒学发展史,我们可以看出,在江户时代之前,儒学只是作为一个知识、学问的体系而存在,并没有内化为日本固有思想文化的一部分;江户时代之后,儒学才真正进入日本文化中。江户时代儒学的精彩纷呈,也正得益于儒学与日本固有文化的调适与结合。江户时代的儒学具有较强的庶民性和实践性,关注民众的人伦日用以及政治的具体运作,同时还与日本固有的神道结合在一起,形成神儒一致的独特景观。这些都是日本儒学的特色所在。

最后我们再看一下儒学在越南和琉球的流传。

儒学在越南的影响不亚于日本和韩国,公元968年以前,越南北部很长时间都属于中国,随着汉字与汉文化在越南的传播,越南也深深浸染于儒风之中。①

公元前204年,赵佗建立了南越国,赵佗治南越,积极推广汉字和汉文化,又用诗书礼乐教化百姓,史称其"有爱民之仁,有保邦之智,武功慴乎蚕丛,文教振乎象郡,以诗书而化训国俗,以仁义而固结人心"(黎嵩《越鉴通考总论》)。赵佗对儒学在越南的传播做出了很大的贡献。公元前111年,汉武帝在越南北部设立交趾、九真、日南三郡,越南正式成为中国的郡县,又设立了交趾刺史部来管理岭南地区。当时汉朝实行"独尊儒术"的政策,可以想见当时的越南也受到儒风的熏染。东汉光武帝时,锡光为交趾太守,任延为九真太守,开始大规模地用儒家思想教化交趾。他们在当地"教其耕稼",

---

① 关于儒学在越南的流传,可以参见以下论文:梁志明《论越南儒教的源流、特征和影响》,《北京大学学报》(哲学社会科学版)1995年第1期;李未醉、余罗玉、程继红《儒学在古代越南的传播与发展》,《学术论坛》2005年第5期;程林辉《儒学在越南的传播和影响》,《南昌大学学报》(人文社会科学版)2005年第6期;何叔明《儒学与越南文明》,《齐鲁文化研究》总第五辑,2006年。

传授中原先进的农业技术,提高粮食产量。当时的交趾地区,"男女裸体,不以为羞",他们便推广中原的"冠冕衣服"制度。交趾地区又"无嫁娶礼法",老百姓"各因淫好,无适对匹,不识父子之性,夫妇之道",他们遂制定了婚姻嫁娶方面的礼仪(《后汉书·任延传》)。最后,他们"建立学校,导以礼义"(《东观汉记》卷五),传授儒家文化。经过锡光、任延的努力,交趾地区的文化教育得到了很大的发展,儒学也得到了传播。

三国时期的交州太守士燮(137—226)对儒学在交趾的发展也做出了很大贡献。士燮精通《左传》、《尚书》等儒学典籍,为人"体器宽厚,谦虚下士"。在中原大乱时,士燮治下的交州,人民安居乐业,所以大批士人投奔交州,形成"中国士人往依避难者以百数"的景观,士燮对他们都加以接纳。当时著名的学者刘熙、程秉、薛综、许慈、许靖、虞翻都聚集在交州讲授儒家经典,进行儒学教育。其中刘熙是著名的小学家,著有训诂学著作《释名》以及《孟子注》。虞翻是著名的易学家,著有《周易注》、《周易集林律历》,此外还著有《国语注》、《论语注》、《老子注》、《太玄经注》等。史载士燮"习鲁国之风流,学问博洽,谦虚下士,化国俗以诗书,淑人心以礼乐",又在交州兴办学校,教授儒家经典,儒学在越南北部得到了进一步的发展。越人尊士燮为"士王",说:"我国通诗书,习礼乐,为文献之邦,自士王始。其功德岂特施于当时,而有以远及于后代,岂不盛矣哉!"(吴士连《大越史记全书》外纪卷三)

到了唐朝,唐朝政府在越南设交州总管府和交州都督府,后改为安南都护府。唐朝政府在安南地区推行科举制度,而考试的内容就是儒家经典,这极大地促进了安南地区教育和儒学的发展,使得安南地区广受儒风泽被。845年,唐武宗规定,安南地区与岭南、桂府、福建等地一样,每年可选送进士和明经来中央当官,还专门设立"南选史",选拔安南士人在当地或去中央朝廷做官。这时来自安南本地的士人也通过科举考上进士,如爱州日南(今越南清化省安定县)的姜公辅、姜公复兄弟皆进士及第,姜公辅还被征召为翰林学士,并被唐德宗任命为宰相。此外廖有方也考上进士,曾任京兆府云阳县令、朝廷校书郎等职。科举制度的推行,使得安南地区产生了一批精通儒学的士子。

968年,丁部领统一越南,建立大瞿越国,越南实现了独立自主。越南建国初期的吴朝、丁朝、前黎朝三个朝代(968—1009),皆实行"崇佛抑儒"政策,儒学在越南并没有太大的发展。李朝(1009—1225)建立后,开始推行"儒释道并尊"的政策,儒学的地位得到提高。1070年,李圣宗下诏在升龙(今河内)修文庙,塑孔子、周公及先贤之像,四时祭祀。这是越南独立后第一次修建文庙。1075年,李仁宗"诏选明经博学及试儒学三场",越南开始实行科举制度,一直到1919年才废除。科举所考的内容包括儒释道三教的经典,与之前儒学受到排抑的情况相比,这时儒学成为科考的主要内容也是值得注意的。1077年,李仁宗又在升龙设立国子监,选文职官员识字者入内习文。国子监是越南的最高学府,传授的课程也以儒学为主。1126年,李朝举行了盛大的贺《五经》的仪式,可见其对儒家经典之重视。

之后的陈朝(1225—1400)虽然也是三教兼综,但儒士阶层不断壮大,并渐渐取代了僧侣的地位,在朝廷担任要职。陈朝时期,越南从中央到地方建立了国子监、国学院、太学及书院、府学,不但贵族子弟可以入学,而且一般的儒生也可以入学。民间也兴办了很多私塾。陈朝还规定将四书五经作为教育的主要内容。从陈太宗起,朝廷规定每七年举行一次科举考试,考取的人为进士。1247年,又增设了"三魁"(状元、榜眼、探花)的称号。13世纪中叶开始,宋代的理学也传到了越南,越南开始受到宋儒的影响,产生了本土的儒学家,如著名儒士朱文安(1292—1370),他曾应陈明宗之请出任国子监司业,授太子学业,后任国子监祭酒等职,前后凡四十余年。他还著有《四书说约》,去世后被誉为一代"儒宗",赐谥文贞公,祀于文庙,这也是第一位从祀文庙的越南儒学家。

1400年胡季犛建立胡朝,实行"限佛尊儒"政策。胡季犛还亲自撰《明道》十四篇,译《尚书》中《无逸》篇,用越南语讲解《诗经》,并撰写《诗义》,推动儒学知识的普及。在越南儒学史上,胡季犛发表了一些与主流看法不同的观点,特别是他对宋儒的批评,显得格外引人注目,如他"以韩愈为盗儒,谓周茂叔、程颢、程颐、杨时、罗仲素、李延平、朱子之徒,学博而才疏,不切事情,而务为剽窃"(《大越史记全书》本纪卷之八《陈纪》)。在他所著的《明道》十四篇中,他"以周公为先圣,孔子为先师。文庙以周公正坐南面,孔子偏坐西面",有意抬高周公,贬低孔子。胡季犛对宋儒,特别是对程朱的批评,在东亚儒学史上也较罕见。

1428年,黎利建立后黎朝(1428—1788),实行"儒教独尊"的政策。黎太宗黎利创办学校,恢复科举制度,规定每三年举行一次科举考试,所有试场都要考《四书》,并在全国刻印《四书大全》。后黎朝扩建了京师的文庙,增加了大成殿,而且在全国各地大修文庙,将孔子尊奉为"大成至圣先师"。1466年,黎圣宗首次设立了五经博士,规定每人专治一经。黎圣宗又将科举考试固定为每三年一次。黎圣宗在位38年,开科12次,取士511人,为一时盛事。他又设置了唱名礼、荣归礼,并在国子监立进士碑,将考上进士者的名字刻在碑上,这给考生很大的激励,极大地促进了越南学子学习儒学的热情。黎圣宗参照隋唐律例,颁布《洪德法典》,将儒家伦理纲常、礼制仪式等具体化为法律条文;又制定《二十四训条》,规定了父子、夫妻、婆媳、男女、师徒、乡党等各方面的关系,如妇人在丈夫死后不能再嫁,应该留在夫家,更不能携带财产回娘家。1663年,黎玄宗颁布《教化四十七条》,诏谕"为臣尽忠,为子止孝,兄弟相和睦,夫妻相爱敬,朋友止信以辅仁,父母修身以教子,师生以道相待,家长以礼立教,子弟恪敬父兄,妇人无违夫子"。这些训条背后的思想基础皆与儒家有关。后黎朝最著名的儒学家是黎贵惇(1726—1784),他也是越南历史上留下著述最多的学者。在儒学研究上,他著有《易经肤说》、《书经演义》等书,还用喃字著成的《四书约解》一书。他基本上遵从的是程朱的理学,他说:"不敢好为新奇议论,以背伊川、考亭之绪言也。"(《书经演义》序)《四书约解》对宋儒的格物、致知、诚意、修身、齐家、治国、平天下做了全面的解释。他对宋儒提出的理气说也有自己的见解。他认为,天地是由气构成的,而作为本体的理是无形迹的,气是有形的,理在气中,气是理的表现。

1802年,阮福映建立阮朝(1802—1945),改国号安南为越南。阮朝继续实行"儒教独尊"的国策,将儒学推广至南方的湄南河三角洲地区。阮朝的明命、绍治、嗣德诸帝都亲自研究儒学。嘉隆帝高度重视儒学教育,在顺化设立国学堂和崇文馆,把全国各地的学者都吸引到京师,四书五经皆是学生必修的典籍。光中帝曾延聘罗山夫子阮涉为崇正书院院长,"专掌教事","遵朱子学规"培养人才。阮涉曾组织学者把《小学》、《四书》翻译成喃字,并刻印《诗经解音》一书,用越南语来标注《诗经》,这都有利于儒家经典在越南的传播。阮朝不仅在京城修建文庙,而且遍设于各大城镇,又把后黎朝每年一次的祭孔改为每年两次,实行春秋祭祀。同时将颜回、曾子、子思、孟子四人配享文庙,与孔子一起享受祭礼。阮朝也产生了一些儒学家儒学著作,如阮朝初年的儒学家范登新著有《大学衍义》,汝伯仕著有《易系解说》《大学圆谈》。可以说,儒学在阮朝达到了全盛。

  1884 年,越南沦为法国的殖民地,儒学在越南迅速衰落。特别是法国殖民者在越南推行法语和拉丁国语字,造成了越南士人无法识读汉字,以汉字为载体的儒学失去了存在的土壤。越南儒学本依附于科举制度而行,1919 年废除了科举制度后,士人失去了凭借儒学晋升的途径,对儒学的兴趣与热情也不再了。

  纵观两千多年来的越南历史可以发现,越南儒学在发展过程中,一直与佛教、道教并生发展,三教相互融合。10 世纪越南独立后,统治者实行"崇佛抑儒",11 世纪李朝建立后开始三教并尊,后黎朝以后虽然独尊儒教,但也没有绝对排斥佛道。越南民间的信仰也常常是佛、道、儒三教不分。越南虽然没有产生像日本、朝鲜那么多原创性的儒学家,但儒学在越南文化史上留下的印痕不可谓不深。早期儒学传入交趾、交州后,当时的官员用儒家思想对当地进行教化,促进了越南北部的文明进步。儒学重视教育,特别是实行近 9 个世纪的科举制度,为越南造就了一大批人才。越南历史上有成就的学者无不受到儒家思想的影响。儒学不但影响到越南官方的统治方式,也对越南的民间社会产生深远的影响。越南从陈朝后期,尤其是后黎朝以后,农村生活的中心由寺庙转向乡亭,而乡亭基本上就是按儒教礼仪和规制来行事的。即使到 21 世纪的今天,我们依然能看到儒学在越南社会留下的印痕。

  明洪武五年(1372),琉球与明朝确立了朝贡关系,一直到光绪五年(1879),被日本吞并,琉球与明清两朝维持了 500

多年的宗藩关系。500多年间,琉球向明清朝廷派出数百次使臣朝贡,而明清皇帝也经常派遣儒臣对琉球进行册封。朝贡的使臣以及册封的儒臣皆将儒家的文化传入琉球。明洪武二十五年(1392),明太祖朱元璋又遣"闽人三十六姓"200多人移民到琉球,他们也将儒家文化移植到琉球。琉球未统一之前,明太祖就提出让琉球派学生来中国留学,学习儒家文化。洪武五年(1372)五月,中山王尚察度派出了第一批赴明的留学生日孜每、阔八马、仁悦慈入明朝国学读书。整个明清时期琉球向中国派遣了24批次的留学生,前后共有留学生81人。

明万历三十八年(1610),久米村人蔡坚、喜友名亲方进贡来华,拜谒圣庙后,喜而图绘孔子像归国。久米村人视若珍宝,轮流迎入家中祭拜。清康熙十一年(1672),紫金大夫金正春以琉球"虽沾满孔子之教,未能一睹圣人仪容"为由,奏请立庙,获准。康熙十三年(1674)圣庙落成。琉王命儒臣行春秋二丁释奠礼,每月朔望行释菜礼。孔庙成为琉球人接触儒家文化、学习儒家礼仪的主要场所。康熙五十六年(1717),琉球学者程顺则(1663—1734)以"学宫未备",奏请在孔庙之侧建立明伦堂,并于第二年落成,后称为府学。它是琉球建立的第一所正式的官立学校。"选士之通经、善行者为师,以教子弟。"(《琉球国志略·艺文》引蔡文溥《中山学校序》)儒学通过学校体系开始在琉球系统地传播。清嘉庆三年(1798),在蔡世昌(1737?—1798)建议下,琉球王尚温谕令在王城首里建立"国学"。自嘉庆十七年(1812)至道光四年(1824)又在首里、那霸等地设立六所村学校,并规定"凡村中冠童皆入学,讲习《四书》、《小学》等书"(赵新《续琉球国志略》卷二),传播儒学。

经过多年儒学的熏陶,琉球不但产生了一批本土的儒学家,如程顺则、蔡温(1682—1762)等人,而且文化景观也发生很大的改变,琉球变成了海外的君子之国,经常出现"泊邑照屋屡救人命"之事。当时的西方文献记载,19世纪中英鸦片战争期间,英国的一艘运输船在琉球北部遇险,船上所装的黄金、白银、酒、饮料等散落一地,但当地的琉球人没有丝毫占有的念头,而是热心地帮助遇险人员抢救沉船物资,并为遇险船员供应一切,后又拒绝了遇险人员的报答。①

  1879年3月,日本派军警部队直接接收了琉球国王的居所,琉球王室被送往东京,琉球国不幸被日本吞并。琉球亡国后,琉球的儒生表现了可歌可泣的爱国情怀。1879年10月,琉球耳目官毛精长等3人跪在北京总理各国事务衙门前,痛哭不已,情极可怜,要求清朝出兵帮助琉球复国。当时清朝自身已经衰弱不堪,无法实现琉球士人的意愿。悲愤之余,琉球国使者林世功(1841—1880)自杀殉国。临终前,林世功留下两首绝命诗,其一云:"古来忠孝几人全,忧国思家已五年。一死犹期存社稷,高堂专赖弟兄贤。"诗中体现出浓烈的爱国孝亲的儒家情怀。与林世功同行的使者向德宏(1843—1891)表示:"生不愿为日国属人,死不愿为日国属鬼。"最后客死北京。李鸿章私下对向德宏评价也很高,称其"忠贞坚忍",较"申包胥有过之而无不及","仁贤可敬,孤忠可悯"(《李文忠公全集》卷十一《请球案缓结》)。这些忠义行为都是长期受到儒家思想熏染的结果。随着琉球被日本强行吞并,琉球的文明被打断,儒学的发展也中断了。

---

① 参见杨仲揆《古琉球学制与孔孟思想》,《第三届中琉历史关系国际学术会议论文集》,中琉文化经济协会,1991年。关于儒学对琉球的影响,参见崔军锋《儒学与明清琉球教育事业的发展》,《福建师范大学学报》(哲学社会科学版)2005年第3期;倪霞《明清时期儒学在琉球的传播及影响》,《东南学术》2010年第3期。

今天冲绳首里城的守礼门，上书"守礼之邦"四字。

二战中，琉球首都首里城毁于战火之中，1992年又重建。进入首里城首先要通过守礼门，守礼门始建于1528年，上悬匾额云"守礼之邦"，似乎无言地向人们诉说着琉球儒风盛行的过去。

原典选读

《东文选》卷五十三薛聪《讽王书》(又称《花王戒》)

　　臣闻昔花王之始来也,植之以香园,护之以翠幕。当三春而发艳,凌百花而独出。于是自迩及遐,艳艳之灵,夭夭①之英,无不奔走上谒,唯恐不及。忽有一佳人,朱颜玉齿,鲜妆靓服,伶俜②而来,绰约③而前曰:妾履雪白之沙汀,对镜清之海面。沐春雨以去垢,快清风而自适,其名曰蔷薇。闻王之令德,期荐枕于香帷,王其容我乎?又有一丈夫,布衣韦带④,戴白⑤持杖,龙钟而步,伛偻⑥而来曰:仆在京城之外,居大道之旁。下临苍茫之野景,上倚嵯峨之山色,其名曰白头翁。窃谓左右供给,虽足膏粱以充肠,茶酒以清神,巾衍⑦储藏。须有良药以补气,恶石以蠲⑧毒。故曰虽有丝麻,无弃菅蒯⑨。凡百君子,无不代匮,不识王亦有意乎?或曰二者之来,何取何舍。花王曰:丈夫之言,亦有道理,而佳人难得,将如之何?丈夫进而言曰:吾谓王聪明识理义,故来焉耳,今则非也。凡为君者,鲜不亲近邪佞,疏远正直。是以孟轲不遇

---

① 夭夭:绚丽茂盛的样子。
② 伶俜:孤单的样子。
③ 绰约:形容女子姿态柔美。
④ 布衣韦带:指布做的衣服,熟牛皮做的带子,古代未做官或隐居在野者穿的衣服。
⑤ 戴白:指头生白发,形容年纪大。
⑥ 伛偻:腰弯驼背。
⑦ 巾衍:放置头巾、书卷等物的小箱子。
⑧ 蠲:除去,免除。
⑨ 菅蒯:原指茅草,这里指微贱之物。

以终身,冯唐、郎潜①而皓首,自古如此,吾其奈何。花王曰:吾过矣!吾过矣!

《高丽史》卷一百一十七《郑梦周传》

王御经筵,梦周进言曰:"儒者之道,皆日用平常之事,饮食男女人所同也,至理存焉。尧舜之道,亦不外此。动静语默之得其正,即是尧舜之道。初非甚高难行。彼佛氏之教则不然,辞亲戚,绝男女,独坐岩穴,草衣木食,观空寂灭为崇,岂是平常之道。"时王欲迎僧粲英为师,故梦周讲及此,然王方惑佛不纳。

《退溪先生文集》卷十六《答奇明彦 论四端七情第一书》

性情之辩,先儒发明详矣,惟四端七情②之云,但俱谓之情,而未见有以理气分说者焉。往年郑生之作图也,有四端发于理、七情发于气之说。愚意亦恐其分别太甚,或致争端,故改下纯善兼气等语,盖欲相资以讲明,非谓其言之无疵也。今者蒙示辩说,摘抉差谬,开晓谆悉,警益深矣,然犹有所不能无惑者,请试言之而取正焉。

夫四端,情也;七情,亦情也,均是情也,何以有四七之异名耶,来喻所谓所就以言之者不同是也。盖理之与气,本相须以为体,相待以为用,固未有无理之气,亦未有无气之理。

---

① 冯唐在汉文帝时,为中郎署长,年已老。曾在文帝面前为云中守魏尚辩解,文帝任用他为车骑都尉。景帝又任其为楚相。武帝立,求贤良,举冯唐。唐这时已经九十余岁,不能复为官。郎潜,老于郎署,为官久而不迁之意。

② 四端:《孟子·公孙丑上》:"恻隐之心,仁之端也;羞恶之心,义之端也;辞让之心,礼之端也;是非之心,智之端也。"七情,指喜、怒、哀、惧、爱、恶、欲七种感情。

然而所就而言之不同，则亦不容无别，从古圣贤有论及二者，何尝必滚合为一说，而不分别言之耶。且以性之一字言之，子思所谓天命之性，孟子所谓性善之性，此二性字所指而言者何在乎？将非就理气赋与之中，而指此理原头本然处言之乎？由其所指者，在理不在气，故可谓之纯善无恶耳。若以理气不相离之故，而欲兼气为说，则已不是性之本然矣。夫以子思、孟子洞见道体之全，而立言如此者，非知其一不知其二也。诚以为杂气而言性，则无以见性之本善故也。至于后世程张诸子之出，然后不得已而有气质之性之论，亦非求多而立异也。所指而言者，在乎禀生之后，则又不得纯以本然之性混称之也。

故愚尝妄以为情之有四端七情之分，犹性之有本性气禀之异也。然则其于性也，既可以理气分言之。至于情，独不可以理气分言之乎？恻隐羞恶辞让是非，何从而发乎？发于仁义礼智之性焉尔。喜怒哀惧爱恶欲，何从而发乎？外物触其形而动于中，缘境而出焉尔。四端之发，孟子既谓之心，则心固理气之合也。然而所指而言者，则主于理，何也？仁义礼智之性粹然在中，而四者其端绪也。七情之发，朱子谓本有当然之则，则非无理也。然而所指而言者，则在乎气，何也？外物之来，易感而先动者莫如形气，而七者其苗脉也。安有在中为纯理，而才发为杂气，外感则形气，而其发为理之本体耶？四端，皆善也，故曰，无四者之心，非人也。而曰，乃若其情，则可以为善矣。七情，善恶未定也，故一有之而不能察，则心不得其正，而必发而中节，然后乃谓之和。由是观之，二者虽曰皆不外乎理气，而因其所从来，各指其所主与所重而言之。则谓之某为理，某为气，何不可之有乎。

窃详来喻之意，深有见于理气之相循不离，而主张其说甚力，故以为未有无理之气，亦未有无气之理，而谓四端七情非有异义。此虽近是,而揆以圣贤之旨,恐有所未合也。大抵义理之学,精微之致,必须大着心胸,高着眼目,切勿先以一说为主。虚心平气,徐观其义趣,就同中而知其有异,就异中而见其有同。分而为二,而不害其未尝离;合而为一,而实归于不相杂,乃为周悉而无偏也。

请复以圣贤之说,明其必然。昔者孔子有继善成性之论,周子有无极太极之说。此皆就理气相循之中,剔拨而独言理也。孔子言相近相远之性,孟子言耳目口鼻之性,此皆就理气相成之中,偏指而独言气也,斯四者岂非就同中而知其有异乎?子思之论中和,言喜怒哀乐,而不及于四端。程子之论好学,言喜怒哀惧爱恶欲,而亦不言四端,是则就理气相须之中而浑沦言之也。斯二者岂非就异中而见其有同乎?今之所辩则异于是,喜同而恶离,乐浑全而厌剖析,不究四端七情之所从来,概以为兼理气有善恶,深以分别言之为不可。中间虽有理弱气强,理无眹气有迹之云。至于其末,则乃以气之自然发见,为理之本体然也。是则遂以理气为一物,而无所别矣。

近世罗整庵①倡为理气非异物之说,至以朱子说为非,是滉寻常未达其指,不谓来喻之意亦似之也。且来喻既云,子思、孟子所就而言之者不同,又以四端为剔拨出来,而反以四端七情为无异指,不几于自相矛盾乎?夫讲学而恶分析,务合为一说,古人谓之鹘囵吞枣,其病不少,而如此不已,不知不觉之间,骎骎然入于以气论性之蔽,而堕于认人欲作天理之患矣。奚可哉?自承示喻,既欲献愚,而犹不敢自以其所见为必是而无疑,故久而未发。近因看《朱子语类》论孟子四

---

① 罗钦顺(1465—1547),字允升,号整庵,谥文庄,泰和(今属江西)人。明代"气学"的代表人物之一。与王阳明齐名,时称"江右大儒"。著有《困知记》、《整庵存稿》、《整庵续稿》等。

端处,末一条正论此事。其说云,四端是理之发,七情是气之发。古人不云乎。不敢自信而信其师。朱子,吾所师也,亦天下古今之所宗师也。得是说,然后方信愚见不至于大谬。而当初郑说,亦自为无病,似不须改也。乃敢粗述其区区以请教焉,不审于意云何。若以为理虽如此,名言之际,眇忽有差,不若用先儒旧说为善,则请以朱子本说代之,而去吾辈之说,便为稳当矣。如何如何。

《阮堂先生全集》卷一《实事求是说》

《汉书·河间献王传》云:"实事求是。"此语乃学问最要之道。若不实以事而但以空疏之术为便,不求其是而但以先入之言为主,其于圣贤之道,未有不背而驰者矣。汉儒于经传训诂,皆有师承,备极精实。至于性道仁义等事,因尔时人人皆知,无庸深论,故不多加推明。然偶有注释,未尝不实事求是也。自晋人讲老庄虚无之学,便于惰学空疏之人,而学术一变。至佛道大行而禅机所悟,至流于支离①、不可究诘②之境,而学术又一变。此无他,与实事求是一语,尽相反而已。两宋儒者阐明道学,于性理等事,精而言之,实发古人所未发。惟陆王③等派,又蹈空虚,引儒入释,更甚于引释入儒矣。窃谓学问之道,既以尧舜禹汤文武周孔为归,则当以实事求是,其不可以虚论遁于非也。学者尊汉儒,精求训诂,此诚是也。但圣贤之道,譬若甲第大宅,主者所居,恒在堂室,堂室非门径,不能入也。训诂者,门径也。一生奔走于门径

---

① 支离:分散、散乱,没有条理。
② 不可究诘:指无法追问到底。
③ 陆王:指陆九渊(1139—1193)、王阳明(1472—1529),宋明两代心学派代表人物。

之间,不求升堂入室,是厮仆矣。故为学,必精求训诂者,为其不误于堂室,非谓训诂毕乃事也。汉人不甚论堂室者,因彼时门径不误,堂室自不误也。晋宋以后,学者务以高远,尊孔子,以为圣贤之道不若是之浅近也,乃厌薄门径而弃之,别于超妙高远处求之。于是乎蹑空腾虚,往来于堂脊之上,窗光楼影。测度于思议之间,究之奥户屋漏①,未之亲见也。又或弃故喜新,以入甲第为不若是之浅且易,因别开门径而争入之。此言室中几楹,彼辨堂上几栋,校论不休,而不知其所说已误入西邻之乙第矣。甲第主者哦然笑曰,我家屋不尔尔也。夫圣贤之道,在于躬行,不尚空论。实者当求,虚者无据。若索之杳冥之中,放乎空阔之际,是非莫辨,本意全失矣。故为学之道,不必分汉宋之界,不必较郑、王、程、朱之短长,不必争朱、陆、薛、王之门户。但平心静气,博学笃行,专主实事求是一语,行之可矣。

《日本书纪》推古十二年(604)4月戊辰(3日)载圣德太子《十七条宪法》

一曰,以和为贵②,无忤为宗。人皆有党,亦少达者,是以或不顺君父,乍违于邻里。然上和下睦③,谐于论事,则事理自通,何事不成。

……

三曰,承诏必谨。君则天之,臣则地之,天覆地载④,四时

---

① 奥户屋漏:房间的西南角称为奥,西北角称为屋漏。
② 《礼记·儒行》:"礼之用,和为贵。"
③ 《左传·成公十六年》:"上下和睦,周旋不逆。"《孝经》:"民用和睦,上下无怨。"
④ 《左传·宣公四年》:"君天地。"《中庸》:"天之所覆,地之所载。"

顺行①，万气得通。地欲覆天，则致坏耳。是以君言臣承，上行下靡，故承诏必慎，不谨自败。

四曰，群卿百僚，以礼为本。其治民之本，要在乎礼，上不礼而下非齐②，下无礼以必有罪，是以君臣有礼，位次不乱，百姓有礼，国家自治。

……

六曰，惩恶劝善，古之良典。是以无匿人善，见恶必匡。其谄诈者，则为覆国家之利器，为绝人民之锋剑。亦佞媚者，对上则好说下过，逢下则诽谤上失，其如此人，皆无忠于君，无仁于民③，是大乱之本也。

七曰，人各有任，掌宜不滥。其贤哲任官，颂音则起。奸者有官，祸乱则繁。世少生知，克念作圣。事无大小，得人必治。时无急缓，遇贤自宽。因此国家永久，社稷勿危。故古圣王，为官以求人，为人不求官。

……

九曰，信是义本，每事有信④。其善恶成败，要在于信。群臣共信，何事不成。群臣无信，万事悉败。

……

十二曰，国司国造，勿敛百姓。国非二君，民无两主⑤，率土兆民，以王为主。所任官司，皆是王臣，何敢与公，赋敛百姓。

十三曰，诸任官者，同知职掌。或病或使，有阙于事。然

---

① 《易·豫卦》："天地以顺动，故日月不过，而四时不忒。"
② 《论语·为政》："道之以德，齐之以礼，有耻且格。"
③ 《礼记·礼运》："君仁臣忠。"
④ 《论语·为政》："人而无信，不知其可也。大车无輗，小车无軏，其何以行之哉？"
⑤ 《礼记·坊记》："天无二日，土无二主。"

得知之日,和如曾识,其以非与闻,勿防(妨)公务。

十四曰,群臣百僚,无有嫉妒。我既嫉人,人亦嫉我。嫉妒之患,不知其极。所以智胜于己则不悦,才优于己则嫉妒。是以五百[岁]之后,乃令遇贤,千载以难待一圣,其不得贤圣,何以治国。

……

十六曰,使民以时①,古之良典。故冬月有间,以可使民。从春至秋,农桑之节,不可使民。其不农何食,不桑何服?

十七曰,夫事不可独断,必与众宜论。少事是轻,不可必众。唯逮论大事,若疑有失。故与众相辨,辞则得理。

黄遵宪《日本国志》卷三十二《学术志》一

盖日本之学,源于魏,盛于唐,中衰于宋元,复兴于明季,以至今日……自藤原肃始为程朱学,师其说者,凡百五十人。

注云:肃字敛夫、号惺窝,播磨人。初削发入释,后归于儒。时海内丧乱,日寻干戈,文教扫地,而惺窝独唱道学之说。先是讲宋学者以僧元(玄)惠为始,而其学不振。自惺窝专奉朱说,林罗山、那波活所②皆出其门,于是乎朱学大兴。物茂卿③曰:"昔在邃古,吾东方之国,泯泯乎罔知觉,有王仁氏而后民始识学,有黄备氏而后经艺始传,有菅原氏而后文史可诵,有惺窝氏而后人人知称天语圣。四君子者虽世尸祝

---

① 《论语》:"节用而爱人,使民以时。"
② 林罗山(1583—1657),日本江户时代初期著名朱子学家,藤原惺窝弟子,他对朱子学被德川幕府立为官学起了很大的作用。1632年,他在江户上野国忍冈一地兴建了先圣殿,后来被称为昌平坂学问所,成为德川幕府传授儒学的主要场所。那波活所(1595—1648),亦是江户时期初期著名的儒学家,藤原惺窝弟子。藤原惺窝及其弟子推动了朱子学在江户时期的大兴。
③ 物茂卿:即日本江户时代古文辞学派的代表人物荻生徂徕(1666—1728)。

风月同天

乎学官可也。"①

巨正纯、巨正德撰《本朝儒宗传》

自应神②仁德儒教遍布天下,政纲大行,一千五百年。暨足利家③,儒教尽亡,天下皆为野狐精④。偶看佛经者禅僧,而假文字不贵经理,使于异邦,司于邻好,亦为禅僧职。于是仁孝之政息,忠信之民荒,而兵戈无定,臣弑君,子夺父,本朝坏乱,极于此时矣。膺星聚奎之运,惺窝先生中兴此道,门弟益进,施学诸州,上下始识有道。……嗟夫大哉!敛夫之功,其功不在王仁、南渊、吉备、善公、江帅之下⑤。

藤原惺窝《惺窝先生文集》卷十《问姜沆》

日本诸家言儒者,自古至今唯传汉儒之学,而未知宋儒之理。四百年来不能改其旧习之弊。却是汉儒非宋儒,实可

---

① 黄备氏:即日本奈良时代著名学者吉备真备(695—775),他曾在唐朝留学,并两次出任遣唐使,居唐时间长达19年,后官至正二位右大臣,著有《私教类聚》。菅原氏,即菅原道真(845—903),在日本被称为学问之神。

② 应神:即应神天皇(270—310在位),日本传说中的第15代天皇。他在位期间,将汉字引入中国,并邀请百济学者阿直岐与王仁到日本传授儒学。

③ 足利家:即建立室町幕府的足利氏。室町幕府时期,幕府崇尚禅宗,推行五山制度。室町幕府发展与明朝之间的外交,派出的遣明使亦由五山僧人充当。

④ 野狐精:指旁门左道,而非正宗。

⑤ 王仁:百济学者,他最早将儒学传到日本。南渊:即南渊请安(生卒年不详),日本飞鸟时代的学问僧。608年,随遣隋使小野妹子入隋留学,640年归国,将中国文化带回日本。中大兄皇子与中臣鎌子曾从南渊请安学习,制定了推翻苏我氏的计划,从而开启了大化革新。吉备:即吉备真备(695—775)。善公:疑为菅原是善(812—880),日本平安时代前期学者,菅原道真之父,被称为"菅相公",曾任文章博士等。江帅:即大江匡房(1041—1111),日本平安后期学者、汉诗人、歌人,又被称为江中纳言、江帅、江都督、江大府卿。曾任后三条天皇、白河天皇、堀河天皇的侍读。

悯笑。……予自幼无师,独读书自谓汉唐儒者,不过记诵词章之间,说注释、音训标题事迹耳。决无圣学诚实之见识矣。……若无宋儒,岂续圣学之绝绪哉。

藤原惺窝《惺窝先生文集》卷十《与林道春》

宋儒之高明,诚吾道之日月也。汉唐训诂之儒,仅释一二句,费百千万言,然浅近如此……汉唐训诂之学,亦不可不一涉猎者也,其器物名数典刑,虽曰程朱,依焉而不改者夥矣,让矣而不注者数矣。所谓《十三经疏》云者,鱼亦所欲也耶?

《先哲丛谈》卷三

(山崎闇斋)尝问群弟子曰:"方今彼邦,以孔子为大将,孟子为副将,牵数万骑来攻我邦,则吾党学孔孟之道者为之如何?"弟子咸不能答,曰:"小子不知所为,愿闻其说。"曰:"不幸关逢此厄,则吾党身披坚,手执锐,与之一战而擒孔孟,以报国恩,此即孔孟之道也。"

山鹿素行《圣教要录》

予者师周公、孔子,不师汉唐宋明之诸儒,学志圣教而不志异端。行专日用,不事洒落。知之至也,欲无不通。行之笃也,欲无不力。

伊藤仁斋《学问须从今日始》

学问须从今日始,算前顾后莫悠悠。
寸苗遂作苍苍树,原水还为㶁㶁流。
知识开时八荒阔,工夫熟处一毛辎。
六经元自侬家物,何必区区向外求。

伊藤仁斋《同志会笔记》

余十六七岁时读朱子《四书》,窃以为是训诂之学,非圣门德行之学,然家无他书,《语录》《或问》《近思录》《性理大全》①等,尊信珍重,熟思体玩,积以岁月,渐得其肯。二十七岁时著《太极论》,二十八九岁时著《性善论》,后又著《心学原论》,备述危微精一之旨,自以为深得其底蕴,而发宋儒之所未发。然窃不安。又求之于阳明、近溪②等书,虽有合于心,益不能安,或合或离,或从或违,不知其几回。于是悉废《语录》注脚,直求之于《语》《孟》二书,寤寐以求,跬步以思,从容体验,有以自定,醇如也。于是知余前所著诸论皆与孔、孟背驰,反与佛老相邻。……孔孟之学,厄于注家久矣。汉晋之间,多以老庄解之;宋元以来,又以禅学混之……其卒全为禅学见解,而于孔孟之旨,茫乎不知其为何物……至于俗

---

① 《语录》:疑即《朱子语类》。《或问》:即朱熹《四书或问》。《近思录》:吕祖谦、朱熹从周敦颐、张载、程颢、程颐等四人著作中精选 622 条,辑成《近思录》14 卷。朱熹希望把《近思录》当作学习北宋四子著作的阶梯,四子著作又为学习《六经》的阶梯。《性理大全》:又名《性理大全书》,凡七十卷,明胡广等奉敕所辑的宋代理学著作与理学家言论的汇编,采宋儒之说共 120 家。
② 阳明:即明代思想家王阳明(1472—1529)。近溪:即明代后期思想家罗汝芳(1515—1588),他是王阳明的传人,泰州学派的代表人物。

儒，已自附丽儒中，窃其号，被其服，而诵说其书，人亦以圣贤之徒待之，而不知其实道德之蟊贼。故孔子曰：恶莠恐其乱苗也，恶紫恐其乱朱也，斯之谓也……每教学者，以文义既通之后，尽废宋儒注脚，特将《语》、《孟》正文，熟读玩味二三年，庶乎当有所自得焉。

伊藤仁斋《论语古义》

中庸之德，天下至难也。世之论道者，或以高为至，或以难为极，然高者可以气而至，难者可以力而能，皆有所倚而然。唯中庸之德，平易从容，不可以气而至，不可以力而能，此民之所以鲜能也。盖唐虞三代之盛，民朴俗淳，无所矫揉，而莫不自合于道。父父、子子、兄兄、弟弟、夫夫、妇妇，自无诡行异术，相接于耳目之间者，所谓中庸之德也。至于后世，则求道于远，求事于难，愈鹜愈远，欲补反破，故曰："民鲜久矣。"故夫子特建中庸之道，以为斯民之极，《论语》之书所以为最上至极、宇宙第一之书者，实以此也。

荻生徂徕《辨名》

世载言以移，唐有韩愈，而文古今殊焉；宋有程朱，而学古今殊焉……殊不知今言非古言，今文非古文，吾居其于中，而以是求诸古，乃能得其名者几希……故欲求圣人之道者，必求诸六经以识其物，求诸秦汉以前书以识其名，名与物不舛，而后圣人之道可得而言焉已。

荻生徂徕《辨道》

后世儒者,各道所见,皆一端也。夫道,先王之道也。思孟而后,降为儒家者流,乃始与百家争衡,可谓自小已。观夫子思作《中庸》,与老氏抗者也。老氏谓圣人之道伪矣,故率性之谓道,以明吾道之非伪,是以其言终归于诚焉。中庸者,德行之名也,故曰择。子思借以明道,而斥老氏之非中庸,后世遂以中庸之道者误矣。……故思孟者,圣门之御侮也;荀子者,思孟之忠臣也。……吁嗟,先王之道,降为儒家者流,斯有荀孟,则复有朱陆。朱陆不已,复树一党,益分益争,益繁益小,岂不悲乎……程朱诸公,虽豪杰之士,而不识古文辞,是以不能读六经而知之,独喜《中庸》、《孟子》易读也。遂以其与外人争言者为圣人之道本然。又以今文视古文,而昧乎其物,物与名离,而后义理孤行,于是乎先王孔子教法不可复见矣。

《徂徕先生答问书》

经学则古注;历史则《左传》、《国语》、《史记》、《前汉书》;文章则《楚辞》、《文选》、韩、柳,总之汉以前之书籍,老、庄、列之类亦益人知见。……诗则《唐诗选》、《唐诗品汇》,是等可认为益友。明朝李空同、何大复、李于鳞、王元美[①]诗文亦好。

---

① 李空同:即明代"前七子"领袖李梦阳(1473—1530)。何大复:即明代"前七子"领袖何景明(1483—1521)。李于鳞:即明代"后七子"领袖李攀龙(1514—1570)。王元美:即明代"后七子"领袖王世贞(1526—1590)。

荻生徂徕《学则》

舍物而言其名,言之虽巧乎,孰若目睹。且也徒名无物,空言状之,故其言愈繁愈舛。言之者以臆,听之者以臆,漫衍自恣,莫有底止。徒玩其华,弗食其实。……夫言之者,明一端者也,举一而废百,所以害也……宇犹宙也,宙犹宇也①,故以今言眂古言,以古言眂今言,均之侏离②决舌哉,科斗贝多何择也。世载言以迁,言载道以迁,道之不明,职是之由。处百世以下,传百世以上,犹之越裳氏重九译邪③,重译之差,不可辨诘,万里虽夐乎,犹当其世,孰若奘之身游身毒④邪。故之又故,子孙云仍,乌识其祖。千岁逝矣,俗移物亡,故之不可恃也。

中江藤树《藤村先生精言》

行儒道者,天子、诸侯、卿大夫、士庶人也。此五等人能明明德,交五伦者谓之真儒……真儒在五等中不择贵贱、贫富。

中江藤树《言志四录》

就心曰知,知即行之知;就身曰行,行即知之行。

---

① 《尸子》:"四方上下曰宇,往古来今曰宙。"
② 侏离:形容语言文字怪异,难以理解。
③ 《尚书大传》卷四:"周公居摄六年,制礼作乐,天下和平。越裳以三象重译,而献白雉。"颜师古注:"译谓传言也。道路绝远,风俗殊隔,故累译而后乃通。"
④ 身毒:中国古代对印度的音译。

佛　教

佛教是东亚汉文化圈重要的思想平台，也是东亚诸国共同的精神纽带之一。从佛教的传播路径来看，有所谓东传佛教和南传佛教，中国佛教就属于东传佛教。佛教传到中原大地后，不但在中土开花结果，而且继续东传，传到了朝鲜半岛和日本。朝鲜半岛和日本接受的是中国佛教传统，同时又形成了本国的特色。越南佛教则同时受到了东传佛教与南传佛教的影响。本章主要讲述中国佛教是如何在朝鲜半岛、日本和越南传播的，以及古代东亚各国之间的佛教交流。

佛 教

东汉永平七年(64)的某天,汉明帝晚上做了一个梦,梦见一位身躯高大、头上光环缠绕的金色天神。第二天上朝,明帝就问诸位大臣,梦中见到的天神是什么神。博学多闻的太史傅毅站出来说:"西方有天神名叫佛,身高丈六,遍体金色并放射日光,而且轻举能飞。陛下看到的应该就是佛了。"听闻西方有佛后,明帝就派遣中郎将蔡愔、秦景、博士王遵等18人前往西域求佛。永平十年(67),在大月氏,汉朝的使臣遇到了西域高僧迦叶摩腾、竺法兰二人,并得到佛像经卷若干,并用白马载回洛阳。回到洛阳后,明帝为其建白马寺,并译《四十二章经》。这就是佛教正式传入中国之始,此时距离佛祖释迦牟尼在菩提树下悟得佛法大概也有600多年了。

其实,在这之前,就有佛像、佛法零星传入中土的记载。据说汉武帝派霍去病攻打西域,曾掳获一尊金人带回汉土,武帝将其供奉在甘泉宫,有人认为这个金人就是佛像;又如汉哀帝元寿元年(前2),博士弟子秦景宪(一作秦景卢)曾接受大月氏王的使者伊存口授佛经。这些记载说明中国接触佛教应该是比较早的,但大规模地传入可能是在东汉之后。

洛阳白马寺

三国两晋南北朝时期，由于中国内乱不已，社会很不安定，佛教思想比较能满足这时民众的心理需要，所以在这一时期佛教得到了极大的发展。到了唐朝，佛法大盛，中国佛教产生了众多流派，如法相宗、华严宗、三论宗、律宗、密宗、天台宗、禅宗、净土宗等。中国历史上发生过数次灭佛事件，即所谓的"三武一宗"之难，但基本上都以失败告终。唐武宗时发生的"会昌法难"，佛教各宗遭到极大打击，一蹶不振，只有禅宗、净土宗因为不依赖经典，故受冲击不大。唐代时，佛教也渐渐实现中国化，如禅宗就是非常中国化的佛教流派，因为简便易行，不但风靡中国，而且对日本、韩国、越南诸国影响也最大。曹溪一滴水，一花开五叶，禅宗产生了所谓"五宗七派"，即临济宗、曹洞宗、云门宗、沩仰宗、法眼宗，而临济宗又分为黄龙派和杨岐派，五宗之中尤以临济宗、曹洞宗影响最大，对日本、韩国、越南产生影响的也主要是这两宗。

从佛教的传播路径来看，有所谓东传佛教和南传佛教两种说法，中国佛教就属于东传佛教。佛教传到中原大地后，不但在中土开花结果，而且继续东传，到了朝鲜半岛和日本，

佛 教

朝鲜半岛和日本接受的是中国佛教传统,同时又形成了本国的特色。越南佛教则同时受到了东传佛教与南传佛教的影响。下面,我们就看看中国佛教是如何在朝鲜半岛、日本和越南传播的,以及古代时期,东亚各国之间的佛教交流。

我们先看一下佛教在朝鲜半岛的流传,以及中韩之间的佛教交流。

佛教东传朝鲜半岛大概在公元 4 世纪时,据《三国史记·高句丽本纪》记载,高句丽第 17 代王小兽林王二年(372),前秦王苻坚派遣顺道法师及使臣向高句丽送来佛像和佛经。这是佛教正式传入朝鲜半岛最早的记录。374 年,前秦僧阿道法师从后魏来到高句丽传法。第二年,小兽林王为顺道建省门寺,为阿道修伊弗兰寺。这是朝鲜半岛最早建立的佛寺。又据梁慧皎《高僧传》记载,关中僧人昙始于晋孝武帝太元末年(386)携带佛教经、律典籍数十部前往高句丽,在当地讲授"三乘教义",并且还建立出家受戒制度。高句丽比较鼓励佛教的发展,广开土大王二年(393),在平壤建立了 9 座寺庙。高句丽有很多僧人到中国来求法,如僧朗、波若、智晃、印法师、实法师等;还有僧人远渡日本,如 595 年慧慈至日本,成为圣德太子的老师,传授了《法华经》、《维摩经》、《乘马经》等佛典。

百济枕流王元年(384),印度的僧人摩罗难陀从前秦进入朝鲜半岛,国王出郊外欢迎,邀至宫中,佛教从此开始在百济流播。百济诸王,如阿莘王、圣王、

百济弥勒寺遗址,被定为韩国国宝。

威德王、法王、武王等都笃信佛教,法王元年(599)还下令禁杀生。百济营造了打通寺、王兴寺、弥勒寺等大伽蓝,634年落成的弥勒寺是三国时代最大规模的寺刹。百济在佛教艺术上取得了很大的成就,新罗善德女王在建皇龙寺九层塔时,曾邀请过百济的技工,可见百济的技术在当时是有名的。百济不仅在国内弘传佛法,而且还将佛教输出到日本,对日本"飞鸟文化"的形成发挥了很大的作用。百济又派僧人到中国求法,如谦益于圣王四年(526)到中国学习佛理,又去印度研修律部,并将《阿毘昙藏五部律》带回百济,翻译律部72卷。

由于地理上离中国比较远,新罗是从高句丽传入佛教的,时间大概是在法兴王年间(514—540),在三国中传入最晚。法兴王为佛教的传播开辟了道路,他下令禁止杀生,创建兴轮寺,王后也成了佛教信徒。到了真兴王时代(540—575在位),佛教在新罗进入大发展时期。真兴王建立了皇龙寺、芬皇寺等寺庙,铸造了丈六佛像,允许百姓出家为僧尼,开设百座讲会和八关斋。新罗王室接受了王即是佛的思想,并将佛教定为国教。

新罗有大量僧人到中国留学求法。觉德是第一个入梁求法的新罗僧人,真兴王十年(549)回国时。梁武帝遣使臣和觉德一同回国,并送来佛舍利,这是朝鲜半岛传入佛舍利之始。留学僧学成之后,纷纷回国,带回了大量的佛教经典,以及中国佛教界的新风尚,如565年僧侣明观回国时带回1700余卷经论,576年回国的安弘也带回《胜鬘经》、《楞伽经》等。新罗留学僧中最著名的是圆光(555—638)和慈藏(生卒年不详)。

陈太建十年(578),圆光来到陈朝留学。他先在金陵庄严寺听讲,广研佛教经典;后到苏州虎丘山,讲《成实论》、《般若经》,"每法轮一动,辄倾诸江湖",以至于"名望横流,播于岭表"。陈亡后入隋,他在隋朝留学时名声已经很大,新罗朝廷通过外交途径请求隋朝政府让他回国,圆光于真平王二十二年(600)回到新罗。回国后,圆光大力弘扬大乘佛教,撰写了《如来藏经私记》、《大方等如来藏经疏》等著作。他最有名的著作是《世俗五戒》,"五戒"即"事君以忠,事亲以孝,交友以信,临战无退,杀生有择",融合了儒释两家思想,他被称为"新罗佛教法王"。

唐太宗贞观十年(636),新罗王子慈藏来华留学,据说此前真平王曾逼迫他出仕,他却说:"吾宁一日持戒而死,不愿百年破戒而生。"国王只好允许他出家。善德女王十二年(643),慈藏在唐朝留学7年后回国。回国之时,唐太宗赐他大藏四百余函,以及佛像幡花盖。回国后,他在庆州的芬皇寺和皇龙寺讲授《摄大乘论》和《菩萨戒本》,担任大国统,掌理僧尼规制法式,吸引了众多的百姓皈依佛法。他为新罗建立了戒律思想体系,被称为新罗戒律宗之祖。他还参与朝政,建议新罗奉唐朝为正朔,同时"通改边服,一准唐仪"。真德王三年(649),改准唐仪,新罗开始正式采用中国服仪。

新罗高僧元晓(617—686)也是韩国佛教史上一位传奇性的人物。31岁时,他与义湘(625—702)一道赴唐,途中顿悟,认为三界唯心,万法唯识,心外无法,主张学不从师,因心

新罗高僧元晓像

自悟，于是打消了入唐求法的念头。而且自此之后，发言狂悖，示迹乖剌，甚至与瑶石宫寡公主私通，生了一个儿子叫做薛聪。薛聪后来成为韩国吏读文字的集成者和整理者，也是一位极有成就的文化名人。元晓学识极其渊博，著作达90部以上，现存《法华经宗要》、《大涅槃经宗要》、《大乘起信论疏记》等十多种。他对佛经的疏释，涉及华严、涅槃、法华、楞伽、维摩、般若、胜鬘、解深密、大无量寿、弥勒上生、梵网等经疏，起信、摄大乘、中边、成实、广百、阿毗昙、三论等论疏。元晓的《大乘起信论疏》对中国华严宗也有影响，被称为"海东疏"。

在东亚佛教史上，新罗对中国佛教也有回馈。今天《大藏经·法华部》（《频伽藏》盈四）中有《金刚三昧经》一卷，题"北凉失译人名"。其实，《金刚三昧经》在东晋时已经散佚，但到唐代却重见天日。赞宁《宋高僧传·元晓传》记载了此经重出的经过，说新罗王的王后脑上长了痈肿，新罗王便派使臣入唐求医术。在海上行驶时，忽然看见一老翁，从波涛中跳上船，并且邀请使臣入海。他们到了海中后，见到了龙王，龙王对使臣说：你们新罗王后是青帝第三女。我们龙宫中有《金刚三昧经》，如果此经在你们国家流传的话，王后一定会痊愈。于是拿来纸笔让使臣抄写，又说：可令大安圣者加以整理编次，请元晓法师造经疏来解释。后来，元晓造疏五卷，后被盗，又重录成三卷，号为略疏，而这个节略本也流传到唐朝，后有翻经三藏改之为论，就成为我们今天见到的本子。这段颇具神话色彩的故事，其实揭示了一个事实，就是《金刚三昧经》可能出于大安和元晓之手。大安和元晓假托龙王传经，试图掩盖他们伪造经典的实情。不过，这部《金刚三昧经》不但传到了中国，而且也被中国士人信以为真，并收入《大藏经》中。除了《金刚三昧经》出于新罗僧人所造外，现在《大藏经·秘密部》所收的《释摩诃衍论》十卷（旧题"龙树菩萨造"),其实也是新罗大空山(或中朝山)沙门月忠所造。

统一新罗时期,佛教盛极一时,而且由于新罗与唐朝的关系非常密切,入唐留学求法的新罗僧人多达数百人,如玄光、胜诠、法朗、顺璟、明朗等新罗名僧,都曾入唐留学。这些高僧学成之后回国,为新罗佛教的弘扬和发展作出了巨大贡献。还有一些新罗僧人留在了中国,如玄奘大师的高徒圆测大师(613—696),据说原是新罗国王孙。他3岁就受戒,15岁时就来到中国留学,在长安师从法常(567—645)和僧辩(568—642)两位高僧,学习毗昙、成实、俱舍、婆沙等论。唐贞观十九年(645),佛学大师玄奘回到长安,圆测就开始跟从玄奘学习《瑜伽师地论》、《成唯识论》等经论。显庆三年(658),玄奘徙居新建的西明寺,同时敕选名僧五十人同住,圆测也名列其中。他与慈恩寺的窥基都是玄奘的得意弟子。麟德元年(664),玄奘去世后,他任西明寺大德,在西明寺继承玄奘衣钵弘传唯识教义。圆测精通梵语、藏语等多种语言,曾任地婆诃罗和实叉难陀译场证义,参与翻译或重译了《大乘显识经》、《华严经》等佛经。他没有再回到新罗,最后终老于洛阳。

另一位留在中国的新罗高僧名气更大,对中国的影响也更深远,他就是被中国奉为地藏菩萨化身的金乔觉(696—794)。金乔觉原为新罗王子,据说早年曾来唐朝留学。他在遍读诸书后认为:"儒教六书,三清道术,唯独佛学第一义谛最是殊胜。"也就是说儒家的六经,道教的三清法术,都不能满足他精神上的追求,只有佛教的第一义才最切合他的思想。他在24岁时,薙发出家。之后带着白犬善听,航海到唐朝求法。他来到当时荆棘遍地的九华山苦修,除了弘法传教之外,还喜欢摹写大乘的四大部经典,以此来广弘布施。据说,金乔觉来华后第 9 年,新罗派出昭佑、昭普两位朝臣请他回国。金乔觉谢绝了要他回国的请求,而两位朝臣也留在了中国,并在九华山筑室修炼。他们所筑的修炼之室就是现今保存在九华山东北麓的二圣殿。金乔觉在九华山修行,几十年如一日。唐建中元年(780),郡守张岩敬仰他的道德,上奏德宗皇帝正式勅建寺院,信众也越来越多。唐贞元十年(794),他 99 岁的时候,一天他于大殿中突然召集僧众诸师并向大家告别,然后就安祥地结跏趺坐辞世了。圆寂后,他的肉身被安放在石函中。令人惊异的是,3 年后,徒众们开启石函,发觉他的肉身没有丝毫损坏,而且颜貌跟活着的时候一样,更加认定他是地藏菩萨的化身。今天九华山已成为中国四大丛林之一,金乔觉的肉身也还安奉在九华山肉身殿中。每年都有无数中韩信徒到九华山来参拜地藏菩萨,九华山也成为中韩佛教交流的象征。

九华山肉身殿,供奉着金乔觉的肉身。

六朝隋唐时期,中国佛教大盛,形成各种佛教流派,这些流派也陆续传到朝鲜半岛。如真兴王时(540—576 在位),玄光入陈求法,师从天台宗开山祖师惠思,回国后,将天台宗传入新罗;而惠恭王时(765?—780在位),法融、理应、纯英入唐求法,继承了中国天台宗六祖湛然大师(711—782)的法脉。文武王(661—681在位)时,义湘又将华严宗传入。义湘曾入唐跟随终南山至相寺智俨学法。梵修入唐求法带回澄观法师(738—839)所著的《新译后分华严经义疏》,促进了华严宗的普及。文武王时,憬兴入唐研修唯识论,从而将法相宗传到新罗。明朗亦曾入唐受密教,便将密宗传入新罗。惠通入唐求法时,将善无畏(637—735)的真言宗传入新罗,而明晓在孝昭王(691—702年在位)时入唐,翻译了金刚智(671—741)嫡嗣不空(705—774)的《罗索陀罗尼经》,并传回了金刚智的真言宗。上文提到的慈藏则传回了律宗。最早将禅宗传到新罗的是法朗,他在唐朝师从禅宗四祖道信(580—651)学禅,得其心要。法朗的门人信行入唐,从北宗禅祖师神秀高徒普寂(651—739)弟子志空修习北宗禅并将其传回国内。宣德王五年(784),道义入唐,学法于马祖道一弟子西堂智藏(735—814),居唐37年后,于宪德王十三年(821)归国,将南宗禅传入新罗。南宗禅传入后,北宗禅渐渐衰落。禅宗传入朝鲜半岛后,逐渐出现了所谓九山门,即实相山门、桐里山门、迦智山门、圣住山门、阇崛山门、师子山门、凤林山门、曦阳山门、须弥山门,称为"九山禅门"。

佛教在新罗末期发展停滞,但到高丽时代(918—1392),又开始兴盛起来。高丽一直遭遇契丹、蒙古等外族的入侵,故其发展佛教的宗旨在于"祈福禳灾,镇护邦国"。高丽历代国王都笃信佛教,实行崇佛政策,又在地方上兴建寺院,举办法会。高丽时代还雕刻了《大藏经》,这是东国佛教史上的盛事。高丽显宗元年(1010),辽军大举入侵高丽,国家面临重大危机。高丽组织力量雕刻《大藏经》,企图借助佛法的力量击退辽军。这部大藏经至文宗末年刊刻完成,共收经 1106 部,5048 卷,历时 60 年。此经被称为"高丽旧藏经"。高宗十九年(1232),蒙古兵入侵,烧掉了存放于符仁寺的经板和皇龙寺的九层塔。高宗二十三年(1236),聚合从前的蜀版、契丹版、高丽旧藏等藏经,加以校勘订正,又重新雕刻了一部大藏经,至高宗三十八年(1251)始完成。这次再雕藏经的经板,总共 81258 块,两面刻字,总计 162516 面,凡收录佛经 1512 部,6791 卷。这部重雕的高丽大藏经经板至今还保存在韩国伽耶山海印寺中,被称《高丽再雕藏经》或《高丽大藏经》,俗称《八万大藏经》。在刊刻、校勘上,这部大藏经都具有上乘的价值。

高丽再雕大藏经

高丽光宗时期,按照儒教科举制,设立佛教僧科,制定了僧阶制度,僧人最高可以成为王师或国师。高丽时代,继续向中国派遣留学僧,到中国参访求法。这时,最有成就的留学僧是大觉国师义天(1055—1101)。

义天是高丽第 11 代国王文宗的第 4 子、第 12 代国王宣宗的兄弟。他 11 岁就出家为僧,从灵通寺王师烂圆得度,受学华严教观。他 13 岁时,国王赐号祐世僧统。义天在研读佛经时,发现高丽所传的诸家教乘,有的已经失传,有的错误很多，还有的缺乏注释，所以他决心赴宋求法，但文宗和宣宗都没有同意。于是在宣宗二年（1085）四月，他偷偷搭乘宋商之船入宋。他在宋朝居留了14个月，于宣宗三年五月，随本国使臣归国。在宋期间，他受到宋哲宗的优待，哲宗先后两次在皇宫召见他，并派主客员外郎杨杰为送伴，送其南下。他访问了宋朝高僧50余人，与他们商讨法要，如与有诚、净源、善聪讨论华严，与从谏讨论天台教学，与元炤、择其讨论律宗和净土宗，与宗本、了元、怀琏讨论禅学，与西天三藏天吉祥讨论梵学。他又到天台山瞻仰祖师弘法遗迹，并亲笔书写发愿文，于智者大师肉身塔前宣誓要将天台宗传回高丽。回国时，他带回了章疏千余卷。回国后，他给净源送金2000两，用于经阁建设和寺院修理。后来修建的这个寺院（慧因院）被称为高丽寺，并供奉义天的塑像。回到高丽后，他任兴王寺住持，开讲天台教观，并继承天台宗祖智顗大师（538—597）的法统，主张教观兼修，开创了东国的天台宗。他又编辑了《新编诸宗教藏总录》三卷，上卷收录经的章疏561部，2586卷；中卷收录律的章疏142部，467卷；下卷收录论的章疏307部，1687卷，总计收入章疏1010部，4740卷。义天奏请宣宗按总录刊行这些经书，这就是《高丽续藏经》。肃宗六年（1101），义天圆寂，谥号大觉国师。

　　义天对中国佛教也有所回馈，据明代《慧因高丽寺志》记载，义天入宋时带来了很多唐五代在中国失传的佛经，如云华大师所造的《华严收玄记》、《孔目章》、《无姓摄论疏》、《起信论议记》，法藏大师（643—712）所造的《华严探玄记》、《起信别记》、《法界无差别论疏》、《十二门论疏》、《三宝诸章门》，清凉文益禅师（885—958）所造的《正元新译华严经疏》，圭峰宗密大师（780—841）所造的《华严纶贯》。这些佛典皆因为五代兵火在中原散佚，而意外保存在高丽，义天入宋时，又将这些珍贵的佛典回传到中国。

义天创立海东天台宗后，主张教观兼修，吸引了很多的信众，禅宗的势力则有所下降。但到普照国师知讷(1158—1210)时，禅宗又出现了中兴。知讷重视内观修禅，又注意教门研究。他在松广山吉祥寺等地讲法时，门徒多达数千，内有王公贵族数百，高丽熙宗将吉祥寺敕名曹溪山修禅社。知讷将禅宗九山门统合为"曹溪宗"，成为朝鲜半岛禅宗最有代表性的流派。知讷法脉由八大国师等佛僧传承，并得以数代执掌朝廷大权，禅宗的势力也兴盛起来。但到了高丽忠烈王时代，朱子学传到高丽，李齐贤、李穑、郑道传、权近等儒学家积极在高丽传播理学，佛教受到了很大的挑战。

朝鲜王朝(1392—1910)建立后，开始实行崇儒抑佛的政策，佛教地位不断下降。太祖李成桂虽然祖传信佛，王后也是虔诚的佛教徒，但高丽末期时佛教堕落不堪，积弊已久，加之儒臣势力很大，李成桂总体上仍是崇儒斥佛的。太宗崇信儒学，实行抑佛政策。除部分寺刹外，多数寺刹的田地都收归国有；他还限制寺刹数量，只留巨寺名刹42个。太宗六年(1406)，将曹溪、天台、慈南三宗合并为禅宗，将华严、慈恩、中神(中道宗和神印宗)、始兴四宗并为教宗。成宗以后三代国王对佛教进行打压，废除度僧法、僧科制、僧阶制。仁祖二年(1596)，朝鲜还规定禁止僧侣入城，佛教被压抑到无以复加的地步。虽然此后朝鲜也短期恢复过佛教，但整体上佛教在朝鲜时代举步维艰，毫无发展可言，一千余年的中韩佛教交流此时也处于停顿状态。

朝鲜王朝末期，日本势力在朝鲜坐大，日本佛教各派也进入朝鲜。高宗十三年(1876)，《朝日修好条约》签订后，真宗大谷派遣奥村园心于釜山修建大谷派本愿寺，此后又在元山、仁川、汉城建了寺院，并在各主要城市修建了布教所。高宗又接受日本日莲宗建议,解除了仁祖以来禁止僧侣入城的禁令,恢复了朝鲜僧人几百年来受到限制的行动自由。甲午战争后,日本真宗本愿寺派、真言宗、曹洞宗、临济宗等佛教派别相继来到朝鲜各地建寺刹,开展传教活动。1899年,朝鲜接受日本提出的"全国寺刹统一案",在东大门外创建元兴寺,并将其作为韩国首寺刹,内设韩国佛教总宗务所。1910年,日本吞并朝鲜,朝鲜沦为日本的殖民地,日本对朝鲜佛教也实行殖民政策。1911年,朝鲜总督府颁布寺刹令,制定30本山(后改为31本山),设立总本山和中央教务院,对朝鲜佛教实行集中控制,又将日本天皇的圣寿万岁牌位置于本尊之前,强迫朝鲜人每日膜拜。1945年,朝鲜光复,佛教这才重新走上独立发展的道路。现在韩国信仰佛教的人依然很多。

下面我们再来看一下佛教传入日本的情况。日本佛教是从朝鲜半岛传入的,不过中日两国之间的佛教交流更为密切。

佛教传入日本之前,日本本土就有比较原始的宗教信仰,即自然崇拜和祖先崇拜。后来日本人就把自然界所发生的怪异现象,与所谓"祖先教"结合在一起,形成了日本固有的宗教"神道"。对于古代的日本人来说,佛教和神道并没有本质上的不同,都是护国佑民的神祇;只不过,一个是"蕃神",一个是"国神"。随着佛教的发展,两者渐渐融合,形成"神佛一体"的景观。① 所以,今天我们参观日本佛寺的时候,往往会在其中看到神社的身影,这在日本并不是奇怪的事情。

佛教传入日本有所谓"私传"与"公传"之说,"私传"就是民间传入,"公传"则是官方渠道的传入。无论"私传"还是"公传",大致都是在公元6世纪的时候。关于"私传",皇圆所著的日本史书《扶桑略记》卷三记载,继体天皇十六年

---

① [日]村上专精:《日本佛教史纲》,商务印书馆,1992年,第4页。

(522)二月,来自中国的司马达止(一作司马达等)到达日本,"即结草堂于大和国高市郡坂田原,安置本尊,归依礼拜"。"本尊"就是佛像,从此开始了日本人礼拜佛祖的历史。"公传"记载佛教进入日本大概是在30年之后,日本正史《日本书纪》卷十九记载,钦明天皇十三年(552)十月,百济圣明王遣西部姬氏达率怒俐斯致契等,献释迦佛金铜像一躯、幡盖若干卷。不过,根据《上宫圣德法王帝说》、《元兴寺伽蓝缘起并流记资财帐》的记载,钦明天皇七年(546),"百济国圣明王时,太子像并灌佛之器一具及说佛起书卷一箧度而言……"。现在学者一般采纳后一种说法,即佛教与汉字、儒学一样是从朝鲜半岛传到日本的。

佛教刚传到日本时,日本国内形成了两派意见,一派主张排佛,以物部尾舆、中臣镰子为首,认为"今改拜蕃神,恐致国神之怒";一派主张崇佛,以大臣苏我稻目为首,认为"西蕃诸国皆礼之,日本岂独背也"。后来,崇佛的一派苏我马子联合厩户皇子等杀物部氏而掌握朝廷实权,佛教才得以在日本进一步传播和发展起来。佛教大发展是在圣德太子摄政的30年间(593—621),他颁布的《十七条宪法》第二条就明确说:"笃敬三宝。三宝者,佛、法、僧也。则四生(泛指一切众生)之终归,万国之极宗。"他将佛教看作治国施政的根本。推古天皇二年(594),下诏振兴佛教,圣德太子又广建寺院,今天奈良的法隆寺、大阪的四天王寺皆为圣德太子所建,他又将佛教定为国教。

推古天皇三年(595),高句丽僧人慧慈来到日本,圣德太子拜他为师。太子又亲自撰著《三经义疏》,提倡大乘、佛乘,主张"三会归一"。推古朝时期,日本最盛行的是三论宗和法相宗。到了奈良时期(710—794),圣武天皇在奈良兴建东大寺,并铸造了奈良大佛,佛教在日本盛极一时。日本佛教也

佛 教

奈良的法隆寺,为圣德太子于飞鸟时代所建,寺内数千件文物被定为日本国宝和重要文化财。1993年被定为世界文化遗产。

形成了六大宗派,即三论、成实、法相、俱舍、律宗、华严,也就是所谓的"奈良六宗"。不过,这些宗派的开山祖师或是来自中国、高丽的高僧,或是入唐求法,师承中土的日本高僧。如三论宗的吉藏、华严宗的道璇、法相宗的道昭(玄奘弟子)以及律宗的鉴真和尚,都来自中国本土。虽然华严宗受到圣武天皇的推崇,但法相宗占据着此时佛教思想的主流。东大寺的大佛如今还矗立在奈良,无言

东大寺由圣武天皇于728年所建,寺内的奈良大佛建于747—749年,为日本最高的佛像。

地诉说着日本佛教史上的这段辉煌时期。

奈良时期，最著名的中日佛教交流事件是鉴真和尚（688—763）的东渡传法。鉴真是当时唐朝著名的律宗大师。742年，日本留学僧荣叡、普照到达扬州，他们希望鉴真能够东渡日本，为日本信徒授戒。鉴真毅然表示"是为法事也，何惜身命"，并认为日本是"有缘之国"，愿意赴日弘法。鉴真为这一承诺付出了巨大的牺牲。当时中日之间交通不便，加之天气恶劣、风大浪急，稍有不慎就会葬身海底。鉴真等人经过六次锲而不舍渡海的努力，甚至鉴真还为此眼睛失明，最终在第六次成功登陆日本，将唐朝的佛法和文化传到了日本。

在这六次东渡中，鉴真等人遇到许多挫折。比如第一次东渡前，鉴真的弟子道航与师弟如海开玩笑说："人皆高德行业肃清，如如海等少学可停却矣。"如海听后很不高兴，认为道航讽刺他学问不精，不同意他一起东渡，就诬告鉴真一行造船是与海盗勾结，准备攻打扬州。当时扬州的地方长官淮南采访使班景倩派人拘禁了所有僧众，虽然很快放出，但这一次赴日计划无疾而终。第二次遭遇到沉船和大风，东渡又未果。第三、第四次因为官府的阻挠，又未去成。748年，荣叡、普照再次来到大明寺恳请鉴真东渡。这时鉴真已经年过花甲，但仍然决定再次东渡。为等顺风，鉴真等人直到该年十一月才出海。他们坐的船遭到强大的北风吹袭，在海上漂流了十几天，只能靠吃生米、饮海水度日，后来发现船竟然漂流到了振州（今海南三亚）。鉴真在海南停留了一年。之后，鉴真北返时，又在广西始安郡（今广西桂林）开元寺住了一年。在回程时，由于水土不服和旅途劳顿，加上疾病缠身，鉴真双目不幸失明。鉴真又回到扬州，第五次东渡功败垂成。753年，日本遣唐使藤原清河、吉备真备、晁衡等人来到扬州，

佛 教

又恳请鉴真同他们一道东渡。当时唐玄宗未准鉴真渡日,鉴真便秘密搭乘遣唐使的大船出海。终于在这一年的12月20日,经过千辛万苦,鉴真一行抵达日本萨摩(今鹿儿岛),第六次渡日总算成功。

鉴真到达日本后,受到孝谦天皇和圣武太上皇的隆重礼遇,被封为"传灯大法师",被尊称"大和尚"。天宝十三年(754),鉴真在东大寺起坛,为圣武太上皇、光明皇太后以及孝谦天皇以下皇族和僧侣约500人授戒。天平宝字三年(759),鉴真在奈良按照唐代佛院结构兴建了唐招提寺。天平宝字七年(763),鉴真在唐招提寺圆寂。鉴真入寂后,其弟子为他制作了干漆夹造的坐像。这具坐像高2尺7寸,面向西方故国,双手拱合,结跏趺坐,闭目含笑,两唇紧敛,表现了鉴真圆寂时的姿态。坐像至今仍供奉在唐招提寺的御影堂中,被定为日本的"国宝"。鉴真东渡不但为日本带去了佛教戒律,而且将唐朝的佛教建筑艺术、雕塑绘画艺术、医学等各方面的文化传到了日本。

唐招提寺是按盛唐风格建筑的寺庙,是日本律宗的大本寺,现已被定为日本国宝。唐招提寺金堂建于鉴真圆寂的763年。

日本佛教在平安时代(794—1184)进一步发展。奈良时代晚期,寺院的势力非常强大,僧人受到国家的优待,而且身居高位的僧人与政治之间的关系过于密切,有的甚至染指政治,如玄昉、道镜等人的干政,引起当政者和社会的不满。光仁、桓武、嵯峨诸天皇有意重新整顿政治,与奈良的旧佛教做切割,于是便派遣留学僧到唐朝求佛法,希望创立与奈良旧佛教不同的新宗派。这时,在众多赴唐朝学法的留学僧中出现了所谓的"入唐八家"(最澄、空海、常晓、圆行、慧运、宗睿、圆仁、圆珍),其中以最澄(767—822)和空海(774—835)最为著名,前者创立了日本天台宗,后者创立了日本真言宗,被称之为"平安二宗"。

最澄,俗姓三津首,幼名广野,近江国(今滋贺县)人。其祖先据说是后汉献帝的后裔。他十几岁时就出家受戒,后来对天台宗教义产生兴趣,并在入唐之前就抄写和阅读了鉴真带来的智𫖮的《摩诃止观》《法华玄义》《法华文句》《四教义》等天台宗典籍。唐贞元二十年(804),最澄作为"入唐请益天台法华宗还学生",率弟子义真(后为日本天台宗第一代座主),随日本第十二次遣唐使藤原葛野麻吕(755—818)的使船入唐。到达唐朝后,他先从天台山修禅寺天台宗第十祖道邃从受天台宗教法和《摩诃止观》等书抄本,并从受大乘"三聚大戒"。此后又登天台山,从佛陇寺行满

最澄像

大师受法并天台教籍82卷。他又在天台山禅林寺从翛然受禅宗牛头法融一系的禅法。唐贞元二十一年（805）四月，最澄至越州（今浙江绍兴），从龙兴寺顺晓受密教灌顶和金刚界、胎藏界两部曼荼罗、经法、图像和道具等。这样，最澄在唐时接受了天台、密、禅及大乘戒法四种佛法。同年五月，最澄等携带《台州录》102部240卷、《越州录》230部460卷及金字《妙法莲华经》、《金刚经》及图像、法器等回国。返国之际，唐朝僧俗两界人士纷纷赋诗赠别，如今这十几首《送最澄上人还日本国》诗还保存在《全唐诗》中，是为中日佛教交流的见证。最澄回国后，先为南部八高僧讲授天台宗法门，又在高雄山寺设灌顶坛传密教，为日本有灌顶之始。他还获准设天台宗"年分度者"（按年限定出家人数），正式创立日本天台宗。日本弘仁十三年（822），最澄圆寂于比叡山中道院，享年56岁。日本贞观八年（866），清和天皇追谥最澄为"传教大师"，最澄又被称为叡山大师、根本大师、山家大师澄上人，这是日本有"大师"称号之始。最澄大师创立的日本天台宗把

最澄手书的《久隔帖》

天台宗和密教合二为一,即所谓"圆密一致",并主张四宗(天台宗、密宗、禅宗、大乘戒)合一。这种思想与以法相宗为代表的奈良旧佛教产生了冲突,最澄曾著论加以反驳。最澄去世后一年,嵯峨天皇赐比叡山寺以"延历寺"之号,比叡山寺升格为官寺。最澄弟子义真担任传戒师在山上为学僧14人授菩萨戒,标志着比叡山大乘戒坛的正式独立。

空海大师及其所著的《文镜秘府论》(日本早稻田大学图书馆藏本)

空海(774—835),俗姓佐伯,赞岐国(今香川县)人。18岁时,他在京都的大学寮,学习"明经道"及儒家经典。后从一僧人受密教经典《虚空藏求闻持法》(善无畏译),相信"诵此真言一百万遍,即得一切教法文义暗记"(《三教指归序》),决心出家,后来在奈良东大寺受具足戒。空海广读佛经,但对密教经典中的梵字真言(咒语)、印契等表述方法和教义不明白,故立志入唐求法。唐贞元二十年(804)七月,空海与最澄以及留学生橘逸势随遣唐大使藤原葛野麻吕一行渡唐。唐玄宗开元年间(713—741),印度密教高僧善无畏(637—735)和金刚智(671—741)、不空(705—774)等人相继来华,他们翻译出大量密教经典,密宗在唐朝也开始流行起来。空海入唐后,师从青龙寺密教名僧惠果(746—805),惠果是不空的弟子。唐贞元二十一年(805)六月,空海入"学法灌顶坛",从惠果受胎藏界的灌顶,七月又受金刚界的灌顶,八月受"传法阿阇梨(意为导师)位"的灌顶。他从惠果学习密教典籍和候选仪轨、方法,惠果赠空海《金刚顶经》等密教典籍、密教图像曼荼罗及各种法器。唐元和元年(806),空海与橘逸势搭遣唐使判官高阶远成的船返回日本,带回新译佛经142部247卷,大部分是不空译的密教经典。空海此后在日本发现密教经籍《大日经》的大和久米寺开讲《大日经疏》,标志着日本真言宗的成立。日本弘仁七年(816),嵯峨天皇同意以纪伊(今和歌山县)的高野山作为真言宗传法、修禅的道场。弘仁十四年(823),嵯峨天皇又把位于京都的东寺赐给空海作为真言宗的根本道场,空海把从唐朝带回的佛舍利、曼荼罗、梵字真言、法具等存放于此处。东寺成为日本真言宗的传法中心,故空海所传之密教,被称为"东密",而日本天台宗所传之密教则称为"台密"。仁明天皇承和二年(835),空海圆寂,后醍醐天皇延喜二十一年(921)追谥他为"弘法大师"。空海归日时不但携回大量佛经,而且还带回很多外典,他所编的《文镜秘府论》保存了很多在中国已经失传的唐代"诗格"书,是研究六朝隋唐诗学批评的重要资料。

唐代中日佛教交流史上,除了鉴真东渡,最澄、空海赴唐求法之外,日本僧人圆仁(794—864)入唐求法也值得一提。圆仁俗姓壬生氏,他是最澄弟子。唐开成三年(838),圆仁以"请益僧"(身份略高于留学僧)身份随最后一次遣唐使入唐。他先在扬州开元寺就宗睿学梵语,从全雅受金刚界诸尊仪轨等大法。住了几个月后,他向唐朝政府申请去天台山和五台山巡礼,但未得到批准。839年,他准备在回国之前,参观一下新罗人张保皋在山东石岛湾赤山修建的法华寺,但遇到巨风,船漂泊到登州。他决定推迟回国,便开始在中国各处游历。他后来得到机会巡礼五台山,在大华严寺、竹林寺从名僧志远、文鉴等习天台教义,抄写天台典籍,并受五会念佛法等。他后又入长安,住资圣寺,结识名僧知玄,又从大兴善寺元政以及青龙寺法全、义真等受密法,从宗颖习天台止观,从宝月学悉昙(梵语)。圆仁在唐朝居留了大概10年时间,足迹踏遍今天江苏、安徽、山东、河北、山西、陕西、河南诸省,光在长安就待了近5年。在长安居留的后期,圆仁正好赶上了唐武宗下令"排佛灭法",亲身经历了这场历史上著名的"会昌法难"。唐宣宗大中元年(847)他携带从扬州、五台山、长安等处求得的佛教经论、章疏、传记等共580部、749卷以及胎藏、金刚两部曼荼罗诸尊坛像之类法门道具,返回了故国。回国后,他成为延历寺第三任座主,住寺10余年。日本贞观六年(864),圆仁圆寂;贞观八年(866),清和天皇追谥圆仁为"慈觉大师"。圆仁将其在唐求法近10年的经历写成了《入唐求法巡礼行记》四卷,此书与玄奘的《大唐西域记》和马可·波罗的《东方见闻录》并称为世界

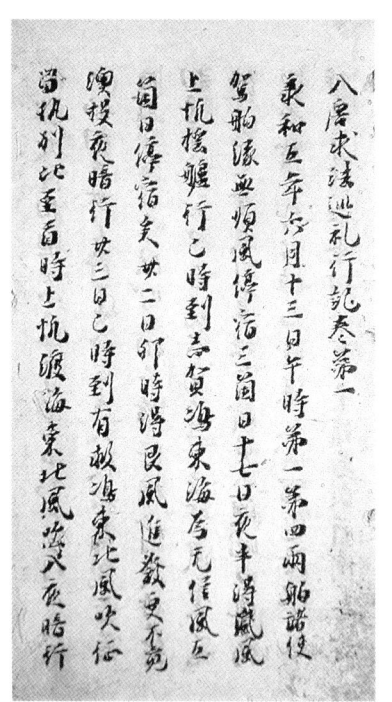

圆仁所著的《入唐求法巡礼行记》

三大旅行记。

平安时期的日本佛教不像奈良佛教那样只是中国佛教的翻版,出现了更多的日本特色。如最澄创立的日本天台宗,融合了中国天台宗、密宗、律宗、禅宗四家的教义,提倡"圆密一致"。同时这时的日本佛教还有鲜明的"护国"思想,最澄在创教和传教中始终把"镇护国家"、"积福灭灾"作为祈祷、修行的目的。平安末期,奈良六家的思想逐渐衰败,净土宗、禅宗开始兴起。

日本中世时期(镰仓、室町时代),中日两国政府间并没有正式的邦交,但民间的佛教交流非常频繁而广泛,不但有日本僧入华求法,而且还有不少中华高僧赴日传法,将中原最新的佛法思想带到了东瀛。此时,中日佛教交流中最引人注目的事件是禅宗在日本的流衍。禅宗传入日本后,不但迅速成为日本主流的佛教流派,而且成为当时掌权的武家的主导信仰,并对此时的幕府政治产生极大影响。

在镰仓时代之前,禅宗就已经传入日本了,但没有产生广泛的影响,如最澄入唐时就曾从翛然学唐代法融(594—657)所创的"牛头禅法"。到了镰仓时代,荣西(1141—1215)两次入宋求法,后将临济宗传回日本,禅宗才开始真正在日本流传开来。荣西禅师初学显密二教于比叡山,尤擅长于台密。日本仁安三年(1168),荣西搭乘商船第一次入宋,参拜了天台山、阿育王山,求得天台宗新章疏30余部60卷回国。此后20年,他一直在比叡山研究天台和密宗教义。文治三年(1187),荣西第二次入宋,到天台山万年寺礼临济宗黄龙派第八代虚庵怀敞禅师。荣西在怀敞门下参究数年,得到怀敞的印可。南宋绍熙二年(1191),荣西辞别回国,怀敞授给荣西菩萨戒及法衣、印书、钵、坐具、宝瓶、柱杖、白拂等法物。荣西在宋时,曾施资300万钱修复天台山万年寺的三门和两廊，又捐资修建了观音院、大慈寺和智者大师塔院。又虚庵禅师想在天童山建千佛阁，缺乏木材，荣西归国后，经过筹集，翌年即遣送巨材若干，捆载于大舶，送往天童。荣西回日本后，以肥前、筑前、筑后、萨摩、长门及九州为中心，到处弘扬禅法。建久六年（1195），荣西在博多建立圣福寺，这是日本最早的禅寺。建久九年（1198），荣西撰《兴禅护国论》三卷，这是日本最早的禅书，说明禅对国家的重要性以及佛法

京都建仁寺建于建仁二年（1202），是日本临济宗的大本山。上图为敕使门，下图为建仁寺的三门。

与王法的相互依存的关系,又说佛法的极至即是禅。那时,源氏在镰仓建了幕府,荣西就到镰仓去传教,受到了幕府的礼遇。幕府将军在镰仓为荣西建立了寿福寺,在京都建立了建仁寺,成为荣西传法的基地,后来也成为镰仓、京都五山之一。荣西在传授禅法的同时,也将宋代禅院的饮茶习惯、茶种带回了日本,他还著有《吃茶养生记》二卷,对日本茶道的形成产生很大的影响,荣西也被称为"日本茶祖"。建保三年(1215),荣西逝于建仁寺,享年75岁。荣西是日本临济宗的创始人,不过因为当时的旧佛教势力很强大,他在传授禅法时,还兼传天台、真言教义,所以他所传授的并不是纯粹的禅宗。

荣西创立了日本临济宗,而道元(1200—1253)则创立了日本曹洞宗。道元曾从荣西及荣西弟子明全习禅。日本贞应二年(1223),道元随师明全入宋求法。道元在天童山师从临济宗杨岐派大慧宗杲的法孙无际了派(1149—1224)学习了两年,又参问了杭州径山临济宗大慧派的浙翁如琰(1151—1225)、台州小翠山的盘山思卓、平田万年寺的元鼒。最后参请曹洞宗洞山下第十三代天童如净(1162—1227)禅师,如净禅师同意他可以"不拘昼夜"来方丈问法。有一次,如净看到一位禅僧在坐禅时睡着,于是斥责说:"参禅须身心脱落,只管打睡做么!"道元听闻此语,于是开悟。道元在如净门下参禅,"了却一生之大事",以后也以"只管打坐,身心脱落"作为自己传授禅法的大旨。南宋宝庆三年(1227),道元返回日本,先住京都建仁寺,3年后移住深草的安养院。宽元元年(1243),道元离开京都,赴越前(今福井县),对原先当地的吉峰寺按照宋朝禅寺的样式进行了改建,最后定名为永平寺,以后成为日本曹洞宗的大本山。道元是日本佛教史上最早将中国禅寺的清规,如《百丈清规》、《禅苑清规》引入到日本寺院管理中的人,写成《永平清规》二卷。《正法眼藏》95

卷是道元最重要的著作，多达50万字，此书也是日本佛教史上第一部用日文撰写的佛学著作。道元接受的是曹洞宗的照默禅法，"只管打坐"，他曾拒绝幕府执权北条氏施舍的领地，"不欲与朱门豪户为友"。这一点也是道元禅学的特色。

左图为道元"月见之像"，现藏于日本福井县大野市宝庆寺町宝庆寺；右图为日本曹洞宗大本山永平寺。

南宋时期，中日间的佛教交流非常频繁，不光是日本僧人入宋求法，更有大量的宋代高僧东渡日本传播禅法。南宋淳祐六年（1246），临济宗兰溪道隆法师（1213—1278）受日本泉涌寺僧人月翁智镜的邀请赴日弘法，他是最早赴日的中国禅宗高僧，开创了日本禅宗大觉派。建长五年（1253），镰仓幕府执权北条时赖建立建长寺，招道隆担任开山住持。建治四年（1278），道隆圆寂于建长寺，后宇多天皇赐谥"大觉禅师"之号，这是日本禅师有谥号之始。之前，荣西、道元从中国带到日本的禅学，夹杂了很多天台、密宗的思想，并不纯粹，兰溪道隆到日本后，致力于传播"纯粹禅"。同时，道隆也将宋代理学传播到日本，他经常用理学的观念来讲授禅法，如他上堂传授禅法时常借用儒家《四书》中的思想进行发挥，从而形成儒禅一致的观念。

日本弘安二年（1279），无学祖元法师（1226—1286）受幕府执权北条时宗邀请来到日本。他先是任建长寺住持,后北条时宗又为祖元建造了圆觉寺。祖元赴日之际正是南宋灭亡之时,同时元人也正打算令日本臣服。北条时宗多次拒绝了元世祖忽必烈要求建交、纳贡的要求,战争很快就在元朝与日本之间爆发了。忽必烈先后两次派遣大军攻打日本,但两次都归于失败。元朝的军队在数量上大大超过幕府所能动员的力量,但当时无学祖元传授的禅学思想给北条时宗及其手下的武士以很大的精神鼓舞。作为南宋遗民的无学祖元积极支持北条时宗抗元,在元兵压境之际,祖元赠时宗以"莫烦恼"三字,并说:"精诚所感动,滴血化沧海","一句一偈,悉化神兵";"若能空一念,一切皆无恼,犹如着重甲入魔贼阵,魔贼虽众,不被贼害。掉臂贼魔中,贼魔皆降伏。"祖元的禅学思想成为时宗及幕府武士的精神武器,让他们在面对战争与死亡之时能够视死如归。有一则很著名的故事表现了当时时宗的心态。时宗接到元军舰队来袭的急报后,来到建长寺参见祖元。时宗对祖元说:"生死存亡的时刻终于来到了。"祖元问:"将军准备怎样处理这件大事呢?"时宗回答:"尊师平素教诲之恩正在此时!"然后大喝了一声。祖元听后很高兴,说:"真是狮子儿,能做狮子吼。"时宗对禅法大意的了悟得到了祖元的印可。

南宋的寺院制度,特别"五山十刹"之制,对日本也产生了深远影响。所谓"五山十刹",就是在全国禅寺中选出五个作为最高等级的寺院,在它们之下再置十所禅院。日本到室町幕府第三任将军足利义满时,正式制定了"五山十刹"的制度。以京都的天龙、相国、建仁、东福、万寿五寺和镰仓的建长、圆觉、寿福、净智、净妙五寺为五山,而将京都的南禅寺置于五山之上。五山禅僧还在室町时代的政治、外交中发挥作用。由于五山禅僧都有极好的汉学修养,故幕府的政治及外交文书往往由这些禅僧起草。1401到1547年之间,幕府与

风月同天

上图：无学祖元手迹《重阳上堂偈》，现藏于日本盤山文库。下图：位于镰仓的临济宗大本山圆觉寺。

明朝之间有十多次外交活动，幕府派出的遣明正副使都是由五山禅僧担当的，如天龙寺的策彦周良（1501—1579）曾作为遣明使两次入明。他在明期间经常与明朝各界士人交流往来，后来他将其入明的经历见闻写成了《初渡集》《再渡集》两部游记，成为研究室町时代中日交流的重要史料。

日本室町时代，中日间官方的外交往来主要限于所谓的"勘合贸易"①，而民间的佛教交流则非常广泛，不仅限于参访

---

① 所谓"勘合贸易"指的是明日间的朝贡贸易。"勘合"是指明代朝廷颁发的执照文书，上面盖有印信，分为两半，双方各执一半，交易时查验是否相合。明日"勘合贸易"最初规定十年一次，但后来日本往往不遵守此规定。日本朝贡的正使一般由僧人担任，明朝政府负责日本使者来华后的所有费用，赏赐给日本使者的钱款也高于贡品价值的数倍。明日"勘合贸易"持续了一百多年。

佛 教

明人柯雨窗书赠策彦周良的《衣锦荣归图》,现藏于日本妙智院。

求法,还有层面更广的文学艺术方面的交流。室町时代最著名的画僧雪舟等杨(1420—1506)于1467年9月随遣明使入明,在宁波三江口来远亭登陆。在明期间,他结识了一大批文人画家,曾从明代画家李在、张有声学习过画法。《山水长卷》、《秋冬山水图》、《天桥立图》、《四季山水图》等是他的代表作,其中可以看到中国文人画的影子。

左为雪舟等扬画像,右为京都国立博物馆所藏雪舟画作《天桥立图》,被定为日本国宝。

近世中日间最著名的佛教交流事件就是隐元隆琦(1592—1673)的渡日及日本黄檗宗的创立。隐元禅师是福建福清人,长期主持福清黄檗万福寺。顺治十一年(日本承应三年,1654),由于日本长崎的华侨寺院崇福寺缺乏住持,他应长崎兴福寺住持逸然的再三邀请,乘坐郑成功的船从厦门来到长崎,此时他已63岁高龄。万治元年(1658),隐元至江户(即今东京)与幕府第四代将军德川家纲会面。次年,家纲赐地于山城国(今京都)宇治郡,创建寺院。万治四年(1660),隐元按照中国式样,在此地建寺,隐元不忘故土,将这个寺院也命名为"万福寺",从此在日本开临济下黄檗一派。宽文三年(1663),万福寺建造完成,在法堂举行祝国开堂仪式,对民众则举行"黄檗三坛戒会"。宽文四年,隐元退居该寺松隐堂,将寺事都托付给弟子木庵性瑫。隐元于延宝元年(1673)圆寂,后水尾法皇赐其"大光普照国师"之号。隐元在日本的影响力很大,后水尾法皇等皇族、幕府要人、各地大名,以及大量的商人都相继皈依黄檗宗。现在,黄檗宗与日本临济宗、曹洞宗并列为日本禅宗三大宗派。万福寺不但建筑风格原汁原味地保持着300多年前明代寺院的样式,而且其住持从第1代一直到第13代都是由中国僧人担任,念经诵文亦用中文。这也是中日佛教交流史上的一段佳话。

隐元大师像

江户幕府建立后,一方面幕府崇儒抑佛,另一方面全面实行锁国政策,故中日间的佛教交流基本停顿。近代以降,由于中国国力下降,这时中日间的佛教交流则呈现出日本佛教反向输出中国的局面。近现代时,有大量汉译的日本佛教

佛 教

位于京都宇治黄檗的万福寺,是隐元于1660年,仿明代寺院样式建成的。"万福寺"三字为隐元手书。

著作传到中国,同时又有很多中国僧人赴日留学,这些都促进了近代中国佛教的复兴。日本佛教各宗如净土真宗、真言宗、曹洞宗、净土宗、临济宗、日莲宗等都积极在华传教扩教,但一些日本佛教教派在侵华战争中也扮演了不光彩的角色,如净土真宗东、西本愿寺参与了派遣随军使、战场布道等侵略活动。这也是一千多年来中日佛教交流史上黑暗的一页。

最后我们再简单看一下佛教在南国越南传承的情况。[①] 一般认为,越南佛教是从中国传入的,时间大概在公元2世纪时。不过,最近也有学者认为,佛教最早在公元前3世纪时直接从印度传入越南。据说,佛祖寂灭后约236年,阿育王和目犍连子帝须在公元前253年,举行法会,结集佛经。结集大会之后,阿育王和目犍连子帝须派遣僧人、官员分为

---

① 关于佛教在越南的流传,参见[越南]阮氏金凤:《越南佛教历史概述》,《佛学研究》,2005年。[越南]陈文玾:《越南佛教史略——起源至十三世纪》(上中下),黄轶球译,《东南亚研究》第1—3期,1985年。

九个团体向海外传播佛法。在九个传教使者团中,第八团在须那和郁多罗率领下到达金地,建立了佛寺、塔、石柱等,记载阿育王传播佛教的功劳。越南学者认为,这个"金地"就在今天的越南。据中国的史料,如《太平寰宇记》引用的晋代刘欣期《交州记》也说:"其城(泥梨城)在定安县东南,隔水七里,阿育王所造塔、讲堂尚在。有采薪者时见金像。"这个阿育王塔可能就是公元前3世纪传教时留下的痕迹。这种看法还有待考古发现的进一步证明,不过佛教从中国传入越南的同时,从印度直接传入亦完全有可能。

越南文献记载,将佛教传入越南的是东汉苍梧(今广西梧州)学者牟融。东汉兴平二年(195),牟融奉母流寓交趾(指今越南北部)。他"锐志于佛道",著有《牟子理惑论》37篇,宣扬佛理。东吴五凤二年(255),西域高僧支疆梁接(又作畺良娄至)到达交州,并在此译出《法华三昧经》六卷。3世纪末,印度僧人摩罗耆域经扶南(今柬埔寨及周边)至交州,僧人丘陀罗也同时到达;在交州北宁兴建了法云、法雨、法雷、法电四座寺院。三国时期,交州太守士燮,"出入鸣钟磬,备具威仪,笳箫鼓吹,车骑满道,人夹毂焚香者常有数十"。这些夹毂焚香者可能就是佛教僧侣。另外,中国佛教史上著名的僧人康僧会也与越南有缘,他的祖先是西域康居国人,后在天竺国居住,他的父亲因经商而移居交趾。康僧会后来出家为僧,通晓佛家经、律、论三藏,又博览儒家的六经,学问非常广博。当时佛教尚未传到东吴,康僧会在东吴赤乌十年(247)到达建业(今江苏南京),建立了江南第一座寺院——建初寺。

丁朝(968—980)、前黎朝(980—1009)时期,越南僧侣的势力很大,甚至当时有"帝僧共治天下"的说法,不少僧人出入宫廷,参与朝政,掌握军权,制定律令。前黎末年,国王黎龙铤因僧侣权柄过重,试图加以压制。但以僧统万行和尚为首的僧侣集团支持殿前指挥李公蕴发动政变,乘国王去世之机,篡夺了政权,建立了李朝(1010—1225)。李朝建立后,李公蕴尊万行为国师,尊佛教为国教。李朝历代国王大都崇信佛教,他们在各地广造寺宇,度民为僧。如天成四年(1031),政府出资建筑了950座寺庙;天顺二年(1129),全国举行了84000座宝塔的落成典礼。先后兴建了兴天御寺、五凤星楼、胜严寺、天王寺、崇度报天寺、永隆圣福寺、真教寺等著名寺院。当时佛教达到极盛的状况,以至于形成百姓大半为僧、佛寺满天下的景象。李朝还以国王十戒(十王法)统领国家。

陈朝(1226—1400)前期,佛教受到皇室扶持,僧人也受到政府的优待,享有免除赋税、徭役等特权。陈太宗、陈仁宗还先后出家,并遣使到中国求大藏经。陈朝末期,儒学在越南发展起来,儒士的势力也逐渐上升,朝廷采取重儒抑佛的政策,多次沙汰僧徒,限制僧侣势力的发展。后黎朝(1428—1527)建立后,独尊儒学,奉儒教为国教,禁止新建寺宇,并勒令不知诵经、不持戒律的僧尼还俗。1500年,黎氏朝廷更下令,只许庶民信奉佛教。从此,佛教主要在民间传播,成为民间的信仰。

唐宋以后,中国佛教各派精彩纷呈,但传到越南并产生影响的主要是禅宗。陈太建六年(574),印度僧人毗尼多流支(灭喜)到达长安,后来师事禅宗三祖僧璨,太建十二年(580),至交州住法云寺,传扬禅宗,他也成为越南禅宗的始祖。灭喜传到越南的禅派,称为"灭喜禅派",又称"南方派",共传十九代,弘传600多年。唐元和十五年(820),唐代僧人无言通游化至北宁建初寺,创立了"无言通禅派"。无言通曾师从禅宗大师百丈怀海(720—814),传承了惠能、南岳怀让、马祖道一、百丈怀海中国南宗禅的法统。又因为他们实行面壁禅观,所以也称为"观壁派"。"无言通禅派"历经了十五代,绵延400年,成为越南佛教主要的宗派,现代越南主要的禅学宗派也主要是无言通派。其中第四祖吴真流曾为丁朝、前黎朝僧统,被封为"匡越大师"。北宋云门宗雪窦重显(980—1052)的弟子草堂,曾至占婆弘传佛教,后被当作囚兵俘至越南,他在那里创立了草堂禅派,又称为雪窦明觉派,延绵五代。草堂禅师颇受李圣宗重视,被封为国师,赐居首都升龙(今河内)开国寺。李朝圣宗、英宗、高宗皆是草堂派弟子。草堂派提倡禅净一致的思想,主张融合禅宗和净土宗。陈朝时,出现了越南本土的第一个禅宗流派——竹林禅派,其创始人可以追溯到陈太宗。陈太宗受教于从中国到越南的天封禅师,又从宋朝德诚禅师学禅。陈仁宗在取得抵抗蒙元大军的两次胜利之后,便禅位出家,并在安子山花烟寺创立了竹林禅派,他被称为竹林调御、调御觉皇,被奉为竹林禅派初祖。竹林禅派主要以中国的临济宗为主,宣扬佛法不离世间法。竹林禅派受到皇室的支持,是陈朝时期主要的禅学流派。

17世纪,越南出现南北分立的局面,北方郑氏王府与南方阮氏王府都保护佛教,延请中国高僧前来讲经,并修建寺院,越南佛教呈现复兴局面。1604年,南方阮王府在顺化修建了大乘佛教的寺院——天姥寺。1665年,郑王选拔国内有名佛师,为御用寺宇塑造了几百尊佛像。17世纪,许多中国僧侣来到越南,传入了临济宗和曹洞宗,他们受到郑王的热情接待。竹林禅派名僧白梅麟角将竹林教义与净土宗融为一体,在河内的婆哆寺创立了新教派——莲宗,主张禅净一致、禅教双运。越南北方还有中国僧人拙公创立的拙公派,此派以临济宗为主,但受到净土宗影响,也称为竹林新派。在阮氏王府统治下的南方,中国僧人道明、原绍创建了临济正宗的原绍禅派,造平定十塔寺,宣扬禅净并修的思想。莲宗的影响主要在越南的北方,而临济正宗在越南南方影响较大。19世纪初,阮朝建立,奉儒教为国教,但民间的主要信仰仍是佛教,同时佛教与儒、道两教进一步相互融合。到了近代以后,越南兴起佛道儒三教合一运动;随着天主教在越南的传播,又出现"四教一源说"。

越南沦为法国殖民地后,佛教受到天主教的压制。20世纪,越南开始了佛教复兴运动。到了当代,佛教在越南的影响还很大,越南成立了多所佛教学院,学员经过四年学习后,可以获得"佛学举人"的学士学位。越南人口比例中信仰佛教的也超过了50%。莲宗、原绍禅派至今在越南还有影响,但民众修行以净土宗和禅宗为主。

中、日、韩、越四国现今社会制度、意识形态并不相同,但佛教是四国共同的文化遗产,古代历史上四国佛教有着友好的交往历史。佛教以慈悲为怀,以爱人利他为基本义谛,东亚诸国应该努力开发佛教资源,让东亚佛教在构建和平亚洲的过程中发挥更大的作用。

原典选读

高丽觉训《海东高僧传》卷一

释顺道,不知何许人也。迈德高标,慈忍济物,誓志弘宣,周流震旦①。移家就机,诲人不倦。句高丽第十七解味留王(或云小兽林王)二年壬申夏六月,秦苻坚发使及浮屠顺道,送佛像经文。于是君臣以会遇之礼,奉迎于省门,投诚敬信,感庆流行。寻遣使回谢,以贡方物。或说顺道从东晋来,始传佛法,则秦晋莫辨,何是何非。师既来异国,传西域之慈灯,悬东曦②之慧日,示以因果,诱以祸福,兰薰雾润,渐渍成习。然世质民淳,不知所以裁之。师虽蕴深解广,未多宣畅。自摩腾③入后汉,至此二百余年。后四年,神僧阿道至自魏(存古文),始创省门寺,以置顺道。记云以省门为寺,今兴国寺是也,后讹写为肖门。又创伊弗兰寺,以置阿道,古记云兴福寺是也。此海东佛教之始。

高丽觉训《海东高僧传》卷一

释摩罗难陀,胡僧也。神异感通,莫测阶位。约志游方,不滞一隅。按古记本从竺乾入于中国,附材传身。征烟召侣,乘危驾险,任历艰辛。有缘则随,无远不履。当百济第十

---

① 震旦:汉传佛经称中国为震旦,又写作震丹、真丹、真旦、振旦、神丹等。
② 曦:太阳缓慢移动的样子。
③ 摩腾:即迦叶摩腾。东汉永平十年(67),汉明帝派秦景等人至西域求佛法,遇迦叶摩腾,并请摩腾与他们返回汉地。汉明帝为迦叶摩腾等人建立了白马寺,这是汉地有沙门的开始。

四枕流王即位九年九月①,从晋乃来。王出郊迎之,邀致宫中,敬奉供养,禀受其说。上好下化,大弘佛事,共赞奉行,如置邮而传命。二年春创寺于汉山,度僧十人,尊法师故也。由是百济次高丽而兴佛教焉。

高丽觉训《海东高僧传》卷二

自竺教②宣通于海东,权舆③之际未曾大集。英俊间生,奋臂而作。或自悟以逞能,或远求而命驾。新医㧑于旧医,邪正始分;旧尹告于新尹,师资相授。于是西入中国,饱参④而来,继踵⑤而起。

高丽觉训《海东高僧传》卷二

释圆光,俗姓薛氏,或云朴,新罗王京人,年十三落发为僧(《续高僧传》云,入唐刹削)。神器恢廓,惠解超伦,校涉玄儒⑥,爱染篇章⑦。逸想高迈,厌居情闹。三十归隐三岐山,影不出洞。有一比丘,来止近地,作兰若⑧修道,师夜坐诵念。有神呼曰:善哉凡修行者虽众,无出法师右者。今彼比丘径修咒

---

① 枕流王(384—385年在位),百济第15代国王,他是第一位接受佛教的百济国王。按:《海东高僧传》此处的记载有误。枕流王为百济第15代王,非第14代王,在位两年,所以不可能有"即位九年"之事。"九年"疑为"明年"之误。
② 竺教:佛教。
③ 权舆:起始。
④ 饱参:充分领略事理。
⑤ 继踵:前后相接。
⑥ 玄儒:道家和儒家。
⑦ 爱染篇章:指喜好写作。
⑧ 兰若:即阿兰若(rě)。原意指森林,引申为远离人间热闹,可供修道者居住静修之地。后来也泛指佛寺。

术,但恼汝净念碍我行路,而无所得。每当经历,几发恶心,请师诱令移去。若不□住从,当有患矣。明旦师往告彼僧曰:可移居逃害,不然将有不利。对曰:至行魔之所妨,何忧妖鬼言乎。是夕,其神来讯彼答。师恐其怒也,谬曰:未委耳,何敢不听。神曰:吾已俱知其情,且可默住而见之。至夜声动如雷,黎明往视之,有山颓于兰若压焉。神来证曰:吾生几千年,威变最壮,此何足怪。因谕曰:今师虽有自利,而阙利他,何不入中朝得法波及后徒。师曰:学道于中华,固所愿也。海陆迥阻,不能自达。于是神祥诱西游之事,乃以真平王十二年①春三月,遂入陈游历讲肆,领牒微言,传禀成实、涅槃、三藏数论。便投吴之虎丘,摄想青霄。因信士请,遂讲成实。企仰请益,相接如鳞。会隋兵入杨都,主将望见塔火,将救之。只见师被缚在塔前,若无告状,异而释之。开皇间,摄论肇兴,奉佩文言,宣誉京皋②,绩业既精,道东须继。本朝上启,有敕放还。真平二十二年庚申,随朝聘使奈麻诸父大舍横川还国。

高丽一然《三国遗事》卷四

时闻圆光法师入隋回,寓止嘉瑟岬……二人诣门进告曰:俗士颠蒙③,无所知识,愿赐一言以为终身之诫。光曰:佛教有菩萨戒④,其别有十。若等为人臣子,恐不能堪。今有世俗五戒:一曰事君以忠,二曰事亲以孝,三曰交友有信,四曰临战无退,五曰杀生有择。若行之无忽。贵山等曰:他则既

---

① 真平王十二年:即公元595年。陈朝已在589年为隋所灭,这里疑有误。
② 京皋:京都。
③ 颠蒙:愚昧。
④ 菩萨戒:大乘菩萨所受持之戒律。菩萨戒之内容为三聚净戒,即摄律仪戒、摄善法戒、饶益有情戒等三项。

受命矣,所谓杀生有择特未晓也。光曰:六斋日、春夏月不杀,是择时也;不杀使畜,谓马、牛、鸡、犬;不杀细物,谓肉不足一脔,是择物也。此亦唯其所有,不求多杀。此是世俗之善戒也。贵山等曰:自今以后,奉以周旋,不敢失坠。

唐道宣《续高僧传》卷二十四《慈藏传》

释慈藏,姓金氏,新罗国人,其先三韩之后也……年过小学,神睿澄兰独拔恒心,而于世数史籍略皆周览,情意漠漠,无心染趣。会二亲俱丧,转厌世华,深体无常,终归空寂,乃捐舍妻子第宅田园,随须便给行悲敬业。子尔只身投于林壑,粗服草屩,用卒余报。遂登峭崄,独静行禅,不避虎兕,常思难施。时或弊睡,心行将征,遂居小室。周障棘刺,露身直坐,动便刺肉。悬发在梁,用祛昏漠。修白骨观,转向明利,而冥行显被物望所归。位当宰相,频征不就,王大怒,敕往山所将加手刃,藏曰:吾宁持戒一日而死,不愿一生破戒而生。使者见之不敢加刃,以事上闻。王愧服焉,放令出家任修道业。即又深隐,外绝来往。粮粒固穷,以死为命……又深惟曰:生在边壤,佛法未弘。自非目验,无由承奉,乃启本王,西观大化。以贞观十二年,将领门人僧实等十有余人,东辞至京……又以习俗服章中华有革,藏惟归崇正朔义岂贰心,以事商量举国咸遂,通改边服一准唐仪。

宋赞宁《宋高僧传》卷四《唐新罗国义湘传》

释义湘,俗姓朴,鸡林府①人也。生且英奇,长而出离,逍

---

① 鸡林府:今朝鲜庆尚北道庆州。

遥入道，性分天然。年临弱冠，闻唐土教宗鼎盛，与元晓法师同志西游。行至本国海门唐州界，计求巨舰，将越沧波。倏于中涂遭其苦雨，遂依道旁土龛间隐身，所以避飘湿焉。迨乎明旦相视，乃古坟骸骨旁也。天犹霢霂^①，地且泥涂，尺寸难前，逗留不进。又寄埏甓^②之中，夜之未央，俄有鬼物为怪。晓公叹曰：前之寓宿谓土龛而且安，此夜留宵托鬼乡而多祟，则知心生故种种法生，心灭故龛坟不二。又三界唯心，万法唯识^③，心外无法，胡用别求，我不入唐。却携囊返国。

《宋高僧传》卷四《唐新罗国黄龙寺元晓传》

释元晓，姓薛氏，东海湘州人也。丱髫之年，惠然入法，随师禀业，游处无恒。勇击义围，雄横文阵。仡仡^④然，桓桓^⑤然。进无前却，盖三学之淹通。彼土谓为万人之敌^⑥，精义入神为若此也。尝与湘法师^⑦入唐，慕奘三藏慈恩^⑧之门，厌缘既差，息心游往。无何发言狂悖，示迹乖疏，同居士入酒肆倡家，若志公持金刀铁锡^⑨。或制疏以讲杂华，或抚琴以乐祠

---

① 霢霂：小雨。
② 埏：墓道。甓：砖。
③ "三界"指欲、色、无色三界。三界唯心，即三界之中一切诸法皆由一心所变现。"万法"指三界中的一切世间法。万法唯识，指要认识一切现象，必须要靠心识来加以分别。也就是说，宇宙间的万物，都不是独立存在的，而是由"识"变现出来的。在心识之外，世界上没有任何独立存在的客体。
④ 仡仡：壮勇的样子。
⑤ 桓桓：勇武的样子。
⑥ 万人之敌：原指长于兵法，善于统帅军队以抵御众敌，这里指学问超过众人。
⑦ 湘法师：即义湘大师。
⑧ 奘三藏：即玄奘法师。他因长期驻锡大慈恩寺，时人尊之为慈恩寺三藏法师。
⑨ 志公：即宝志禅师（418—514），齐梁间僧人。他少年出家，住京师道林寺，师事沙门僧俭修习禅业。到刘宋泰始年间（465—472），他的行为举止变得怪异，居止无定，饮食无时，发长数寸，常执一锡杖，杖头挂剪刀、拂扇、镜子等物，光脚行于街头巷尾。

宇，或间阎寓宿，或山水坐禅，任意随机都无定检。时国王置百座仁王经大会，遍搜硕德，本州以名望举进之。诸德恶其为人，谮王不纳。居无何，王之夫人脑婴痈肿，医工绝验。王及王子臣属祷请山川灵祠，无所不至，有巫觋言曰：苟遣人往他国求药，是疾方瘳。王乃发使泛海入唐募其医术，溟涨之中忽见一翁，由波涛跃出登舟。邀使人入海，睹宫殿严丽，见龙王。王名钤海，谓使者曰：汝国夫人是青帝第三女也，我宫中先有金刚三昧经，乃二觉圆通示菩萨行也，今托仗夫人之病为增上缘，欲附此经出彼国流布耳。于是将三十来纸，重沓散经付授使人，复曰：此经渡海中，恐罹魔事。王令持刀裂，使人腨肠而内于中，用蜡纸缠縢以药傅之，其腨如故。龙王言：可令大安圣者铨次缀缝，请元晓法师造疏讲释之，夫人疾愈无疑，假使雪山阿伽陀药力亦不过是。龙王送出海面，遂登舟归国。时王闻而欢喜，乃先召大安圣者黏次焉。大安者，不测之人也，形服特异，恒在市廛，击铜钵唱言"大安大安"之声，故号之也。王命安，安云：但将经来，不愿入王宫阙。安得经排来成八品，皆合佛意。安曰：速将付元晓讲，余人则否。晓受斯经正在本生湘州也，谓使人曰：此经以本始、二觉为宗，为我备角乘将案几。在两角之间，置其笔砚。始终于牛车造疏成五卷，王请克日于黄龙寺敷演。时有薄徒窃盗新疏，以事白王，延于三日，重录成三卷，号为《略疏》。洎乎王臣道俗云拥法堂，晓乃宣吐有仪，解纷可则，称扬弹指，声沸于空。晓复昌言曰：昔日采百椽时虽不预会，今朝横一栋处唯我独能。时诸名德俯颜惭色，伏膺忏悔焉。初，晓示迹无恒化人不定，或掷盘而救众，或噀水而扑焚，或数处现形，或六方告灭，亦杯渡志公之伦欤。其于解性览，无不明矣。疏有广略二本，俱行本土。略本流入中华，后有翻经三藏，改之为论焉。

日本元开《唐大和上东征传》

天宝十二载,岁次癸巳十月十五日壬午,日本国使大使特进藤原朝臣清河,副使银青光禄大夫、光禄卿大伴宿弥胡麿(一作"麻吕"),副使银青光禄大夫、秘书监吉备朝臣真备,卫尉卿安倍朝臣朝衡等,来至延光寺,白和上云:"弟子等早知和上五遍渡海,向日本国,将欲传教,今亲奉颜色,顶礼欢喜。弟子等先录和上尊名,并持律弟子五僧,已奏闻主上,向日本传戒。主上要令将道士去,日本君王先不崇道士法,便奏留春桃原等四人,令住学道士法,为此和上各亦奏退。愿和上自作方便,弟子等自有载国信物船四舶,行装具足,去亦无难。"时和上许诺已竟。时扬州道俗皆云,和上欲向日本国,由是龙兴寺防护甚固,无由进发。时有仁幹禅师从婺州来,密知和上欲出,备具船舫于江头相待。

和上于天宝十二载十月十九日戌时,从龙兴寺出,至江头乘船。下时有二十四沙弥,悲泣赶来,白和上言:"和上今向海东,重觐无由我,今者最后请予结缘。"乃于江边,为二十四沙弥授戒。讫,乘船下至苏州黄泗浦。相随弟子:扬州白塔寺僧法进、泉州超功寺僧昙静、台州开元寺僧思讬、扬州兴云寺僧义静、衢州灵耀寺僧法载、窦州开元寺僧法成等一十四人,藤州通善寺尼智首等三人,扬州优婆塞潘仙童,胡国人安国宝,昆仑国人军法力,瞻波国人善听,都二十四人。

所将如来肉舍利三千粒,功德绣《普积变》一铺,阿弥陀如来像一铺,雕白栴檀千手像一躯,绣千手像一铺,救苦观世音像一铺,药师、弥陀、弥勒菩萨瑞像各一躯,同障子;《大方广佛华严经》八十卷,《大佛名经》十六卷,金字《大品经》一部,金字《大集经》一部,南本《涅槃经》一部四十卷,《四分律》

一部六十卷，法励师《四分疏》五本各十卷，光统律师《四分疏》百廿纸，《镜中记》二本，智周师《菩萨戒疏》五卷，灵溪释子《菩萨戒疏》二卷，《天台止观》计四十卷，《法门玄义文句》各十卷，《四教义》十二卷，《次第禅门》十一卷，《行法华忏法》一卷，《小止观》一卷，《六妙门》一卷，《明了论》一卷，定宾律师《饰宗义记》九卷，《补释饰宗义记》一卷，《戒疏》二本、各一卷，观音寺亮律师《义记》二本、十卷，[终]南山宣律师《含注戒本》一卷及疏、《行事钞》五本，《羯磨疏》等二本，怀素律师《戒本疏》四卷，大觉律师《批记》十四卷，《音训》二本，《比丘尼传》二本、四卷，玄奘法师《西域记》一本、十二卷，终南山宣律师《关中创开戒坛图经》一卷，法铣律师《尼戒本》一卷及疏二卷，合四十八部。及玉环水精手幡四口，□□金珠□西国瑠（琉）璃瓶盛□菩提子三斗，青莲花廿茎，玳瑁叠子八面，天竺革履二量，王右军真迹行书一帖，小王真迹行书三帖，天竺、朱和等杂体书五十帖，□□□□□□。水精手幡已下，皆进内里。又阿育王塔样金铜塔一区。

二十三日庚寅，大使处分：大和上已下分乘副使已下舟。毕后，大使已下共议曰："方今广陵郡知觉和上向日本国，将欲搜舟，若被搜得，为使有殃。又被风漂还，着唐界，不免罪恶。"由是，众僧总下舟，留。十一月十日丁未夜，大伴副使窃招和上及众僧纳己舟，总不令知。十三日，普照师从越余姚郡来，乘吉备副使舟。十五日壬子，四舟同发，有一雄飞第一舟前，仍下矴留，十六日发。廿一日戊午，第一、第二两舟同至阿儿奈波岛，在多祢岛西南。第三舟昨夜已泊同处。十二月六日，南风起，第一舟着石不动，第二舟发向多祢去，七日，至益救岛。十八日，自益救发。十九日，风雨大发，不知四方，午时浪上见山顶。廿日乙酉午时，第二舟着萨摩国阿多郡秋妻屋浦。廿六日辛卯，延庆师引和上入太宰府。

风月同天

天平胜宝六年甲午正月十一日丁未,副使从四位上大伴宿祢胡麿奏大和上到筑志太宰府。二月一日,到难波。唐僧崇道等迎慰供养。三日,至河内国,大纳言正二位藤原朝臣仲麿遣使迎慰。复有道璿律师遣弟子僧善谈等迎劳。复有高行僧志忠、贤璟、灵福、晓贵等卅余人,迎来礼谒。四日,入京,敕遣正四位下安宿王于罗城门外迎慰拜劳,引入东大寺安置。五日,唐道璿律师,婆罗门菩提僧正来慰问,宰相、右大臣、大纳言已下官人百余人来礼拜、问讯。后敕使正四位下吉备朝臣真备来,宣诏曰:"大德和上远涉沧波,来投此国,诚副朕意,喜慰无喻!朕造此东大寺经十余年,欲立戒坛,传受戒律。自有此心,日夜不忘。今诸大德远来传戒,冥契朕心。自今以后,受戒传律,一任和上。"又敕僧都良辨,令录诸临坛大德名进内。不经日,敕授传灯大法师位。

其年四月初,于卢舍那殿前立戒坛,天皇初登坛受菩萨戒,次皇后、皇太子亦登坛受戒。寻为沙弥澄修等四百四十余人授戒。又旧大僧灵福、贤璟、志忠、善项、道缘、平德、忍基、善谢、行潜、行忍等八十余人僧,舍旧戒、重受和上所授之戒。后于大佛殿西别作戒坛院,即移天皇受戒坛土筑作之。

大和上从天宝二载,始为传戒,五度装束,渡海艰辛,虽被漂回,本愿不退。至第六度,过日本卅六人,总无常去退心。道俗二百余人,唯有大和上、学问僧普照、天台僧思讬,始终六度,经逾十二年,遂果本愿,来传圣戒。方知济物慈悲,宿因深厚,不惜身命,所度极多。

时有四方来学戒律者,缘无供养,多有退还。此事漏闻于天听,仍以宝字元年丁酉十一月二十三日,敕施备前国水田一百町。大和上以此田欲立伽蓝,时有敕旨,施大和上园地一区,是故一品新田部亲王之旧宅。普照、思讬劝请大和上以此地为伽蓝,长传四分律藏,法励师《四分律疏》,《镇国道场饰宗义记》《宣律师钞》,以持戒之力,保护国家。和上言大好。即宝字三年八月一日,私立唐律招提名,后请官额,依此为定。还以此日请善俊师讲件疏记等。所立寺者,今唐招提是。

初,大和上受中纳言从三位冰上真人之延请,诣宅窃尝其土,知可立寺。仍语弟子僧法智:"此福地也,可立伽蓝。"今遂成寺,可谓明鉴之先见也。大和上诞生像季,亲为佛使,经云:"如来处处度人,汝等亦教如来,广行度人。"和上既承遗风,度人逾于四万,如上略件及讲遍数。

……

宝龟八年丁巳,日本国使遣唐,扬州诸寺皆承大和上之凶闻,总著丧服,向东举哀三日。都会龙兴寺,设大斋会。其龙兴寺先是失火,皆被烧,大和上昔住院房,独不烧损,是亦戒德之余庆也。

日本仁忠《睿山大师传》

每恨《法华》深旨,尚未详释,幸求得天台妙记,披阅数年,字谬行脱,未显细趣。若不受师传,虽得不信,诚愿差留学生、还学生各一人,令学此圆宗①,师师相续,传灯无绝也……时台州刺史陆淳延、天台山修禅寺座主僧道邃,于台州龙兴寺阐扬天台法门《摩诃止观》等。即便刺史见求法志随喜云:弘道在人,人能持道,我道兴隆,今当时矣。则令邃座主勾当为天台法门,才书写已,卷数如别。邃和上亲开心要,咸决义理,如泻瓶水,似得宝珠矣。又於邃和上所,为传

---

① 圆宗:即天台宗。

三学①之道,愿求三聚之戒②。即遽和上照察丹诚庄严道场,奉请诸佛授与菩萨三聚大戒。

日本最澄《显戒论》卷中

诚知除难护国,般若特尊。积福灭灾,不如精进。诚须百部般若,安置山院;百僧菩萨,令住睿岭。以之为国之城堞,以之为国之良将……明知念诵及转读,卫国之良将也。诚愿大日本国天台两业授菩萨戒,以为国宝。大悲胎藏③业,置灌顶道场④,修练真言契,常为国念诵,亦为护国。摩诃止观⑤业,置四三昧⑥院,修练止观行,常为国转经,亦为国讲般若。

日本《传教大师将来台州录》

沙门最澄言。最澄闻:六爻探颐局于生灭之场,百物正名未涉真如之境。岂若随他权教开三乘于机门,随自实教示一乘于道场哉。然则圆教难说,演其义者天台;妙法难传,畅

---

① 三学:或称三无漏学,指增上戒学、增上意学或增上心学、增上慧学。
② 三聚之戒:摄律仪戒、摄善法戒、摄众生戒。
③ 大悲胎藏:胎藏界为密宗术语,与金刚界合称两部大法,或两部纯密,形成唐密的主体。胎藏界与金刚界形成日本东密及台密的核心教义。胎藏界在梵文中,有隐藏、包含之意,在密宗之中,意指为佛性或如来藏。其认为人皆具备如来藏佛性,是一切众生本有的清净菩提心,真常不变,胎藏心中。
④ 灌顶道场:密教举行灌顶仪式及修灌顶、念诵之法的场所。灌顶道场不定期举行大规模的结缘灌顶,广度大众,平时则置僧修灌顶法和行念诵法。
⑤ 摩诃止观:天台观门的代表,其主要特色在于强调圆顿的观修法门。
⑥ 四三昧:天台宗立有四种三昧的修行,依《摩诃止观》卷二所载,有常坐、常行、半行半坐及非行非坐四种。最澄最早在京都比叡山开创四三昧院,修此四种三昧。

其道者圣帝。伏惟陛下,纂灵出震,抚运登极。北蕃来朝请贺正于每年,东夷北首知归德于先年。于是属想圆宗缅怀一乘,绍宣妙法以为大训。由是妙圆极教,应圣机而兴显。灌顶秘法,感皇缘而圆满。最澄奉使求法,远寻灵踪,往登台岭,躬写教迹,所获经并疏及记等,总二百三十部四百六十卷。且见进经一十卷,名曰金字《妙法莲华经》七卷、金字《金刚般若经》一卷、金字《菩萨戒经》一卷、金字《观无量寿经》一卷。及《天台智者大师灵应图》一张,天台大师禅镇一头,天台山香炉峰送桯及柏木文释四枚,说法白角如意一秉。谨遣弟子藏经奉进,但圣鉴照明二门圆满,不任诚恳之至,奉表战栗谨言。

日本圆仁《入唐求法巡礼行记》卷四

近有敕,天下还俗僧尼缁服,各仰本州县尽收焚烧。恐衣冠亲情持势,隐在私家,窃披缁服。事须切加收检,尽皆焚烧讫,闻奏。如焚烧已后,有僧尼将缁服不通出,巡检之时,有此色者,准敕处死者。诸州县准敕牒诸坊诸乡,收僧尼衣服,将到州县尽焚烧。又有敕令天下寺舍,奇异宝珮、珠玉金银,仰本州县收检进上。又有敕云:"天下寺舍僧尼所用铜器、钟磬、釜铛等,委诸道盐铁使收入官库,且录闻奏者。"有敕断天下独脚车,条流后;有人将独脚车行者,当处决煞。缘天子信道士教,独脚车碾破道中心,恐道士心不安欤。有敕断天下猪、黑狗、黑驴牛等,此乃道士着黄,恐多黑色厌黄令灭欤。令近海州县进活獭儿,未知其由。近有敕,令诸道进年十五岁童男童女心胆,亦是被道士诳惑也。唐国僧尼本来贫,天下僧尼尽令还俗,乍作俗形,无衣可着,无物可吃,艰穷至甚,冻饿不彻,便入乡村,劫夺人物,触处甚多,州县捉获者,皆是还俗僧。因此,更条流已还俗僧尼,勘责更。

《本朝文粹》卷十三天元五年(982)庆滋保胤代作《奝然上人入唐时为母修善愿文》

佛子奝然,至心合掌,而白佛言。奝然心愿,如来可证明。奝然天禄以降,有心渡海。本朝久停乃贡之使而不遣,入唐间待商贾之客而得渡。今遇其便,欲遂此志。奝然愿先参五台山,欲逢文殊之即身。愿次诣中天竺,欲礼释迦之遗迹。但我是罪障之身,血肉之眼,既到其土而不易,况见其身而可难。古人云:"纵有为大山者,覆一篑以不止,终及万仞矣。又有赴长途者,投咫步以不留,必届千里焉。"其积功累德,致诚专心者,无事不成,无愿不遂。奝然去难去之家乡,弃难弃之恩爱,寄心于无知之域,委身于异类之人。岂不哀哉,岂不痛哉。然犹不顾躯命,不著名利,渡海登山,忍寒忘苦。修行是勤,罪根惭灭。大慈大悲,释迦文殊,可以怜愍,可以相迎。佛子自发此愿,独怪此心,何况道云俗云。诽谤卢胡者,已千万人。弟子童子,劝诱相从者,才二三辈。其谤者云:"凡入唐求法之人,自宗者弘法大师,天台者传教大师,皆是权化之人,希代之器也。此外之伦,才名超众,修学命世。"如佛子者,不及古人之喻,犹不可天之阶矣。定知表我朝无人也。窃以不得意人,所陈宜然。夫非鱼者不可以知鱼乐,非我者不可以觉我心。奝然聊露胆于三宝,兼解嘲于众人。佛子其行,不必得待纶言,纵归何敢贪职任。为是斗薮,为是菩提也。若适有天命,得到唐朝,有人问我:"是汝何人?舍本土朝巨唐,有何心,有何愿乎?"答曰:"我是日本国,无才无行,一羊僧也。为求法不来,为修行即来也。"其词如是者,于本朝有何耻乎。彼锺仪之遇絷囚也,尚奏楚乐;庄舃之得富贵也,不变越声。胡马非北风不嘶,越鸟非南枝不巢。虽诚禽兽,犹思乡土。况于人伦,岂轻桑梓乎。

《朝野群载》卷二十《圣人申渡唐》

五台山者,文殊化现之地也。故《华严经》云:"东北方有菩萨住处,名清凉山,过去诸菩萨,当于中住,彼现有菩萨,名文珠师利,有一万菩萨眷属,常为说法。"又文殊经云:"若人闻此五台山名,入五台山,取五台山石,踏五台山地,此人超四杲圣人,为近无上菩提者。"天台山者,智者大师开悟之地也,五百罗汉,常住此山矣,诚是炳然经典文,但以甲于天下之山,故天竺道猷①登华顶峰,而礼五百罗汉;日域灵山入清凉山,而见一万菩萨。某性虽愚鲁,见贤思齐,巡礼之情,岁月已久矣,加之天庆宽延、天历日延、天元奝然、长保寂昭②,皆蒙天朝之恩许,得礼唐家之圣迹,爰龄迫六旬,余喘不几,若无遂旧壤,后有何益?宿缘所催,是念弥切也。

日本荣西明庵《兴禅护国论序》

我朝圣日昌明,贤风遐畅,鸡贵象尊之国,顿首丹墀;金邻玉岭之乡,投信碧砌。素臣行治世之经,缁侣弘出世之道。四韦之法犹以用焉,五家之禅岂敢舍诸。而有谤此之者,谓

---

① 道猷:即昙猷(? —396),为西天竺人。他曾在363—365年间入天台山腹地,传说他以禅杖戳地,白泉涌出,遂建白水庵(寿宁寺前身)。
② 宽延、日延、奝然、寂昭:皆为日本入华求法之僧人。940年,宽延、日延搭宋商蒋承勋的船到吴越国。奝然(938—1016)于983年乘宋商陈仁爽、陈仁满之船入宋求法,于龙兴寺(台州开元寺)习天台宗,又上天台山国清寺巡礼。寂昭(962—1034),于1003年渡海来宋,至天台山参访礼拜,并呈上源信所托付之天台宗疑问二十七条。

为暗证禅；有疑此之者，谓为恶取空，亦谓非末世法，亦谓非我国要。或贱我之斗筲以为未征文，或轻我之机根以为难兴废，是则持法者灭法宝，非我者知我心也。非啻塞禅关之宗门，抑亦毁睿岳之祖道。慨然悄然，是耶非耶。仍蕴三箧之大纲，示之时哲；记一宗之要目，贻之后昆。跋为三卷，分立十门也，名之《兴禅护国论》，为称法王仁王元意之故也。唯恃狂语之不违于实相，全忘缁素之弄说。忆临济之有润于末代，不耻翰墨之讹谬也。冀传灯句无消，光照三会之晓，涌泉义不穷，流注千圣之世。

日本道元《天童山景德寺如净禅师续语录》

师因入堂，惩衲子坐睡云：夫参禅者，身心脱落，只管打睡作么。予闻此语，豁然大悟，径上方丈，烧香礼拜。师云：礼拜事作么生。予云：身心脱落来。师云：身心脱落，脱落身心。予云：这个是暂时伎俩，和尚莫乱印。师云：我不乱印你。予云：如何是不乱印底事。师云：脱落脱落。予乃休。

兰溪道隆《大觉禅师语录》卷中

予从极西之地，而至于极东之州，缘既偶合成大丛林。观大檀那立法之意，须弥山而未必为高大，沧溟水而未必为至深，以此极大至深之心，与诸上人，同明此事。使释尊之教不坠，吾祖之宗复兴。苟不能回视本源返照自己，终日检人之过，譬如含血喷天，天无染而我口先污。彼无害而我已招愆，摄此杂用心，归来自己上，久久无闲工夫，不见他爸……诸上人若不扰掩恶扬善，合力同心。袈裟下失却人身，实为大患。所以师者，人之模范也。身不正则就师而正焉，事不甘则明明剖说,此为忠人达士。两朝虽同属南瞻部洲,此朝俗犹可尚。僧实难言,坚志向道,舍己从师者,万无一二。

日本虎关师炼《一山国师行记》

伏念堂上和尚(一山一宁)往己亥岁,自大元国来我和域,象驾侨寓于京师,京之士庶奔波瞻礼,腾沓系途,惟恐其后。公卿大臣未必悉倾于禅学,逮闻师之西来,皆曰大元名衲过于都下,我辈盍一偷眼其德貌乎!花轩玉骢,嘶惊辐驰,尽出于城郊,见者如堵,京洛一时之壮观也。

《栂尾明惠上人传记》

建仁寺长老(荣西)赠茶。问于医师,知茶有遣困、消食、快意之效。然此物日本不多,乃寻得其实,植两三株,诚有醒眠、舒气之功,亦使众僧服之。或谓此茶子,乃建仁寺僧正御房(荣西)由大唐携来植育而成者。

明道衍《坚蕉稿序》

日本绝海禅师之于诗,亦善鸣者也。自壮岁挟囊乘艘,泛沧溟来中国,客于杭之千岁岩,依全室翁①以求道。暇则讲乎诗文,故禅师得诗之体裁,清婉峭雅,出于性情之正,虽晋唐休彻②之辈,亦弗能过之也。

---

① 全室翁:即明初佛教领袖季潭宗泐(1318—1391)。《坚蕉稿》为绝海中津(1336—1405)的汉诗集,绝海在洪武元年(1368)二月入明,而宗泐于此年四月升任杭州中天竺寺住持,绝海至中天竺,从学于宗泐。
② 晋唐休彻:休,即刘宋、南齐时诗僧惠休;彻,即唐代诗人灵澈(?—816)。

文　学

在东亚文明世界中,以中国文学的发生和发展最早也最为成熟。无论是文学的典范、文体的种类、作品的主题、文章的题材、作文的技巧以及文学评价的标准,中国文学都具有种子与核心的作用。而在东亚文明世界中的文学,尽管其拥有不同语言和文字的表达方式,但只有汉文学才享有辉煌的地位和崇高的荣耀。在古代东亚社会,虽然地域殊远,习俗各异,语言亦不相同,但因为汉字是共同的文化载体与交流工具,所以东亚各国都有大量用汉字书写而成的文学作品,这就是所谓"汉文学",除了中国,它还包括了朝鲜汉文学、日本汉文学、越南汉文学和琉球汉文学等,它们共同组成了一个东亚汉文学的世界。东亚汉文学世界的形成离不开中国文学的霑溉,本章简略描绘了中国古典文学以及文学经典是如何在东亚汉文化圈流传的,是如何产生影响与变异的,以及中国与东亚诸国之间的其他文学交流。

文　学

在东亚文明世界中,以中国文学的发生和发展为最早也最成熟。无论是文学的典范、文体的种类、作品的主题、文章的题材,还是作文的技巧、文学评价的标准,中国文学都具有种子与核心的作用。而在东亚文明世界中的文学,尽管其拥有多种语言和文字的表达方式,但只有汉文学才享有辉煌的地位和无上的荣耀。在古代东亚社会,虽然地域殊远,习俗各异,语言亦不相同,但因为汉字是共同的文化载体与交流工具,所以东亚各国都有大量用汉字书写而成的文学作品,这就是所谓"汉文学",除了中国,它还包括朝鲜汉文学、日本汉文学、越南汉文学和琉球汉文学等,它们共同组成了一个东亚汉文学的世界。

由于各国历史上都把汉文学当做文学正宗,用本国文字撰写的作品就不免地位卑下。比如在朝鲜半岛,国文诗歌被称作"俚语"、"俗讴"或"方言"。日本也是如此,从平安时代到江户末期,假名被男性贵族轻视为"女文字",物语也被视为女性的文学。中国文学是东亚汉文学的大宗,影响也最大,中国很多伟大的诗人与诗篇早已超越了国境,回响于异国汉文学的创作中,形成名副其实的"世界文学";不过,各国对中国文学的接受不尽相同,产生了一些变异与异相,这也是东亚汉文学交流中的有趣现象。同时,在东亚文明世界中,文学的交流并不只是中国文学向他方的单向辐射,其中还有他国文学反馈中国的例子,以及周边各国之间的互相竞争与互惠。所以,我们可以说,汉文学的交流是一种互动的环流。这里,我们就依次看看朝鲜半岛、日本、越南和琉球的汉文学世界呈现出怎样的精彩,并且了解一下它们与中国文学的关系。

先看朝鲜半岛的汉文学。

中国的古书(比如晋代崔豹《古今注》)里面记载了一首汉代乐府《箜篌引》,并说是朝鲜津卒霍里子高妻丽玉所作。围绕这首乐府,还有一则动人的故事。霍里子高是在朝鲜津(可能就是现在朝鲜的大同江①)负责渡河的士兵,一天早晨,子高出去撑船,见到一个白首狂夫,披散着头发,手提着酒壶,向着乱流冲去。他的妻子在后面不断呼喊,想加以阻止,但是狂夫听而不闻,遂溺水而亡。其妻悲痛不已,在河边唱了一曲哀悼之歌,听者无不"堕泪饮泣"。霍里子高回家后,把这个故事转述给妻子丽玉,丽玉十分感动,于是写下了这样的诗句:"公无渡河,公竟渡河。堕河而死,将奈公何!"狂夫之妻歌唱时应该用的是土语方言,丽玉所写的则是汉诗,使用的是四言体。这首乐府后来被命名为《箜篌引》,又称《公无渡河》。后代很多诗人都用这个题目写自己的作品,仅《乐府诗集》收录的就有唐代诗人李白、李贺、温庭筠等所作的七首,使用的诗体或杂言或五言。不过,这首作品在朝鲜半岛却流传稀少。根据李德懋(1741—1793)的说法,"箜

---

① 车天辂《五山说林草稿》:"朝鲜津,即今大同江也。"

箕"、"朝鲜津",应该是卫满朝鲜或汉武帝时的事情,而霍里子高、丽玉等名都很"美雅",可能都是中国人(《益叶记》三)。成海应(1760—1839)认为,"朝鲜"即平壤府,"狂夫所溺,大同江"。因为是箕子故地,所以当地的文明较为发达(《东国地理辨》)。

进入三国(高句丽、百济、新罗)鼎立的时代,朝鲜半岛的文学进一步发展起来。尤其是在隋唐之际,《文选》是高句丽人"尤重爱之"的几种书之一。7世纪中叶,新罗相继统一了朝鲜半岛,秉持向唐代学习的基本国策,并且改变以武功高下选拔人才的方式,以"读书三品"为标准,只要读通《文选》等三种书之一,加上较为简单的《论语》和《孝经》,就可以为上品。不过新罗社会讲究门阀,用当时的话来说,叫做"论骨品",类似于魏晋时代的"上品无寒门,下品无势族"(《晋书·刘毅传》)。所以有些出身寒微但却怀有才华的人,就向往"西游中华国,奋不世之略,建非常之功"(《三国史记·薛罽传》)。而中国的唐代也是非常开放的时代,从公元9世纪初就设置"宾贡",吸引外国子弟来大唐参加科举考试。"宾贡"属进士科,也一样要试诗赋。"宾贡"一直实行到后唐末年,即公元936年,一百多年间共取了90位宾贡进士,除了渤海国十多人,其余都是新罗的。取得进士回国者,大多受到重用,这很像民国初

崔致远所著的《桂苑笔耕集》(日本早稻田大学图书馆所藏朝鲜版)

期，只要得到洋博士回国，立刻就可以升上教授。正是在这样的氛围培育之下，新罗末期出现了朝鲜半岛汉文学之祖崔致远(857—?)。他不仅在中国考取进士，也在大唐担任过地方官，著有《桂苑笔耕集》二十卷，又有《中山覆篑集》五卷。他的弟子在高丽初期多为达官，高丽显宗还追赠崔致远为内史令，从祀文庙，又追封为文昌侯。其作品对高丽诗人颇有影响，如《春晓偶书》中"含情朝雨细复细，弄艳好花开未开"一联，徐居正(1420—1488)《东人诗话》就举出了高丽诗人四联仿效之作。他的一些诗句还流播中国，为人传诵，如"画角声中朝暮浪，青山影里古今人""昆仑东走五山碧，星宿北流一水黄"等。

到了高丽时代，就开始自己实行科举制度。在科举考试中有三科十一门，其中最受人重视的为"制述业"，相当于唐代的进士科，"以诗、赋、颂及时务策取进士"。所以，诗赋写得是否出色，直接关系到能否顺利登第。即使及第当官之后，对于官吏的考核，也十分重视其文才如何。徐居正《东人诗话》中就说："高丽光、显以后，文士辈出，辞赋四六骈纤，非后人所及。"崔滋(1188—1260)在《补闲集序》中历数光宗朝贤俊"济济比肩"、"星月交辉"，以为"汉文唐诗，于斯为盛"。他还引用其前辈俞升旦(1168—1232)的话说，凡属制作公文，引用典故，文章中可用"六经三史"，诗歌中可用《文选》、李、杜、韩、柳的文集，其他一概不能使用。从中也可以看到这些作品是被当时人视为典范的。13世纪诸儒所制的《翰林别曲》，提到的文学作品也是"韩柳文集、李杜集、《兰台集》、白乐天集"，与俞氏之语也可以相互印证。不过，从高丽朝中叶开始，世风转移，文学的典范也转变为苏东坡。高丽中叶以后，科举考试每三年取三十三名进士，所以每次放榜，人们就相互传诵说："三十三东坡出矣！"苏轼的诗文集于高宗时在全州刊行,李奎报(1169—1241)《全州牧新雕东坡文跋尾》说:"夫文集之行乎世,亦各有一时所尚而已。然今古以来,未若东坡之盛行,尤为人所嗜者也。"在他的描述中,"自士大夫至于新进后学,未尝斯须离其手",这大概不算是夸张吧。而他人评论李奎报的作品风格说:"其豪迈之气,富赡之体,直与东坡吻合。"(崔滋《补闲集》卷中)朝鲜半岛文学史上有四大汉诗人,除新罗朝的崔致远和李氏朝鲜的申纬(1769—1845)外,高丽朝占有其二,即李奎报和李齐贤(1288—1367)。李齐贤的《眉州》诗序说:"吾大人三昆季,俱以文笔显于东方。虽不敢自比于苏家父子,亦可以名动一时。"说"不敢",实际上就是在作比方。所以诗中先渲染眉山苏氏父子的辉煌:"联翩共入金门下,四海不敢言文章。迩来悠悠二百载,名与日月争辉光。"接着就自我表彰:"君不见鸡林三李亦人杰,翰墨坛中皆受钺。"李齐贤在中国生活二十多年,与元代赵孟頫、虞集等人多有交往,其文学才能得到多方面的滋养和发扬,所以朝鲜末期金泽荣(1850—1927)评价他"为朝鲜三千年之第一大家"(《韶濩堂文集》卷八《杂言》)。

有不少轶事记载了高丽人对苏轼的着迷与崇拜。高丽神宗四年(1201),高丽文士金觐(生卒年不详)和朴寅亮(?—1096)出使南宋。当时南宋文坛上,苏洵、苏轼、苏辙父子三人的诗文特别流行,金觐受到感染,特别崇敬三苏,特别是苏轼。回国后,他按照苏轼和苏辙的名字将两个儿子的名字也改为富轼(1075—1151)和富辙(1079—1136)。后来,金富轼、金富辙二人在高丽文化史上也做出很多贡献。北宋新旧党争时,苏东坡作为"元祐党人",文集遭到禁毁。此事也慢慢传到高丽,高宗、元宗之际,南宋使臣到高丽,要求高丽文人出示诗作,权适便赠诗一首曰:"苏子文章海外闻,宋朝天子火其文。文章可使为灰烬,千古芳名不可焚。"宋朝使臣大为叹服。

朝鲜王朝(1392—1910)历时约五百多年,其间文学风气的演变,大致可以分作三期:第一期自中宗朝至宣祖朝,以学习宋诗为主。这是当时批评家的共识,如许筠《鹤山樵谈》说:"本朝诗学,以苏、黄为主。盛唐之音,泯泯无闻。"李晬光《芝峰类说》也指出:"我东诗人多尚苏、黄,二百年间皆袭一套。"所以在成宗朝刊印大批文学书籍时,除了杜诗以外,基本上都是宋人的文集,如欧阳修、苏轼、王安石、陈与义的文集等。宣祖以后到肃宗朝是第二期,风气转为学唐。有一部教授童蒙学习的文学手册《百联抄》,所选的基本上都是唐人诗句,宋代诗人仅有苏轼等三人。这个时候的作品,如果被评为"格堕宋"或"格堕江西",那就是一种否定的态度。第三期始于英祖、正祖朝,大约相当于中国的乾隆时期。对于唐音宋调,立论渐趋平和。特别是朱子学在朝鲜时代被奉为圭臬,其文学思想对于朝鲜中后期文坛的影响也日益扩大,正祖一方面编辑了朱子诗文集《雅诵》八卷,一方面亲自主持了杜甫和陆游诗的编选工作,编成《杜律分韵》八卷、《陆律分韵》三十九卷和《杜陆千选》八卷。这一时期最重要的诗人是申纬。他曾经从学于翁方纲,并且与翁氏弟子吴嵩梁相友。从诗学渊源上看,翁氏近于宋诗,而吴氏近于唐诗,所以申纬能够博采众长,被评为"吾韩五百年之第一大家"。

  中国文学影响之于朝鲜半岛的汉文学,以书而论,《文选》可数第一。徐居正奉朝鲜国王之命编纂的《东文选》133卷(成书于成宗九年[1478]),仿照《文选》体例来编排,录辞赋3卷、诗歌19卷、文108卷。此书采录了从新罗到朝鲜初期的作品,大多数是高丽朝的创作,开篇即为李仁老的《和归去来辞》。陶渊明的《归去来辞》就收在《文选》,是一篇脍炙人口的名作。在朝鲜半岛的辞赋史上,这是受到唱和与摹仿最多的一篇作品,甚至女性也有效仿之作,如朝鲜徐氏的《次归去来辞》。

高丽文士的诗文创作受到《文选》的影响也是显而易见,如郑梦周《思美人辞》云:"思美人兮如玉,隔沧海兮共明月。顾茫茫兮九州,豺狼当道兮龙野战。"前两句出谢庄《月赋》:"美人迈兮音尘阙,隔千里兮共明月。"末句用曹植《赠白马王彪》:"豺狼当路衢。"此两篇作品皆见于《文选》。又如洪侃的《次韵和金钝村四时欧公韵》,几乎就是张衡《归田赋》中一段文字的改写。不仅如此,《文选》对当时的文人心态、审美追求、人生趣味也产生了影响,很多高丽文人在斋名、亭名、集名上皆取材《文选》,如李承休(1224—1300)命名自家斋名为"容安堂",取自《归去来辞》"审容膝之易安";李石亭为友人名斋"怡颜",也取自《归去来辞》中的"眄庭柯以怡颜"。

到了朝鲜时代,《文选》依旧受到重视。朝鲜初期的太宗(1369—1422)曾令将收藏于地方"史库"的《文选》,移送于首都的春秋馆藏之。朝鲜时代刊印《文选》有五六次之多,最重要的朝鲜版《文选》是奎章阁所藏的宋元祐年间秀州州学《六家注文选》六十卷的翻刻本。该本刊于世宗十年(1428),用铸造于世宗二年的活字"庚子字"印行,现藏于奎章阁。此六

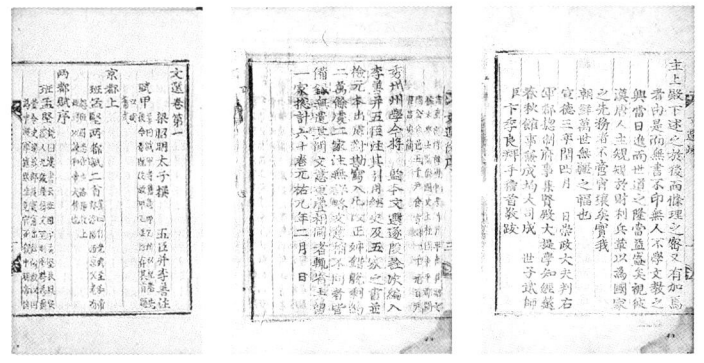

朝鲜时代所刊宋秀州州学本《六家注文选》,现藏于奎章阁,末有朝鲜学者卞季良(1369—1430)的铸字跋。

家注本以五臣注为主,列五臣注于前,李善注附后。奎章阁本收录的五臣注和李善注比现在流传于中国的任何版本都要早。

《文选》对朝鲜时代的汉文学创作依旧有很大的典范意义,从朝鲜文人的文集中可以看出,他们摹拟了很多《文选》中的作品,如沈义(1475—?)有《拟月赋》、《百一诗拟应休琏》、《续何敬祖游仙诗》;韩忠(1486—1521)有《拟雪赋》;罗世缵(1498—1551)有《次张平子归田赋》;金隆(1525—1594)有《恨赋》;柳梦寅有《拟古诗十九首》;李时发(1569—1626)有《立秋日咏怀效选诗体》;李安讷(1571—1637)有《次归去来辞韵》、《雪赋》、《拟长门赋》、《次王粲登楼韵》等。以此可以清楚地看到,《文选》的作用仍然是不可轻忽的。因此,我们完全可以说,在韩国汉文学发展史上,就选本对创作示范、批评准的以及文人趣味的影响而言,没有第二部书可以和《文选》相媲美。

就某个文学家的影响而言,对朝鲜半岛文学影响最为深远的是杜甫。申纬(1769—1845)曾说:"天下几人学杜甫,家家尸祝最东方。"(《东人论诗绝句》之三十四)。这里的"东方"即指朝鲜半岛。杜诗享有的独尊的典范地位,在朝鲜半岛文学史上历时最久、影响最广、印记最深。杜诗传入朝鲜半岛的时间最晚可以确定在 11 世纪 80 年代。据《增补文献备考·艺文考》记载,高丽宣宗二年(1085),宋哲宗即位,向高丽赐《文苑英华》一书,而《文苑英华》收录杜诗两百余首,可视为杜诗传入朝鲜半岛的确证。不过高丽文人更多是喜欢苏东坡,即便爱杜诗的人,重视其忧国爱民、一饭不忘君的思想,也受到了东坡很大的影响。在诗歌艺术上,顶多只是部分学习杜甫。

朝鲜王朝建立之后,一改高丽朝之以佛教佑国,而用儒家思想作为立国之根本大道,杜诗理所当然地受到高度重视,从而成为崇高无比的文坛典范。这表现为,首先是杜甫集的大量刊刻。既有覆刻的中国本,如蔡梦弼《杜工部草堂诗笺》、黄鹤《集千家注杜工部诗史补遗》、《杜诗范德机批选》、《虞注杜律》、《赵注杜律》、《读杜诗愚得》、《须溪先生批点杜工部七言律诗》等;也有由朝鲜人新撰注、译、选本,如《纂注分类杜诗》、《分类杜工部诗谚解》、《纂注杜诗泽风堂批解》、《杜陆分韵》、《二家全律》、《杜陆千选》等。杜诗的大量印行,必然带来空前的普及,这些都推动了杜诗在朝鲜文坛的传播。其次,杜诗诸本的翻刻及新撰,往往是在王室的主导下完成的,反映了统治者的思想,体现了官方的意志。如世宗二十五年(1443),"命购杜诗诸家注于中外,时令集贤殿参校杜诗诸家注释,会粹为一,故求购之"(《世宗实录》卷一一五)。次年即编成《纂注分类杜诗》,并在此后九次重印。该书是朝鲜人所撰第一部杜诗注本,影响巨大。又如成宗十二年(1481)组织人员把杜甫诗全部翻译成谚文(朝鲜文),并以谚文注释。第三是朝鲜文人读杜、拟杜、集杜风气特别盛行,如成侃"读杜诗千遍","卢苏斋(守慎)读《论语》、杜诗二千回……李东岳(安讷)读杜诗数千周"。

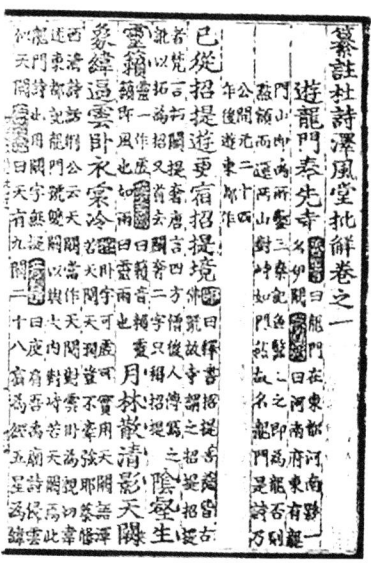

朝鲜学者李植(1584—1647)所著《纂注杜诗泽风堂批解》

风月同天

在中国,对所谓"李(白)杜(甫)优劣"论一直有不同的看法,即便是"诗圣"的概念,既不是杜甫专有的称号,也不是不可取代的称号,甚至到了晚明还有人加以质疑:"太白诗仙,少陵诗圣,定评乎?"但在朝鲜15世纪的时候,杜甫已经被明确认定为"诗圣",而且是惟一的"诗圣",如徐居正在其《东人诗话》中,两处讲到"少陵诗圣也"、"老杜诗圣也",金夏九说:"古今所推诗圣,惟少陵一人。"早于中国约两百年。总而言之,杜诗为朝鲜文学史上之最高典范,其地位之显赫,在东亚文学世界中堪称标冠。

说到朝鲜时代的文学交流,还有一部书也值得一提,那就是金时习(1435—1493)的《金鳌新话》。《金鳌新话》是朝鲜第一部传奇小说集,现存一卷(甲卷)五篇,分别是《万福寺樗蒲记》、《李生窥墙传》、《醉游浮碧亭记》、《南炎浮洲志》、《龙宫赴宴录》。《金鳌新话》是朝鲜最早的汉文小说,在朝鲜小说史上占有重要的地位,有的学者甚至将此书看成"朝鲜小说创作的起源"①。不过,很多学者都已经指出,这部小说集明显受到明人瞿佑(1347—

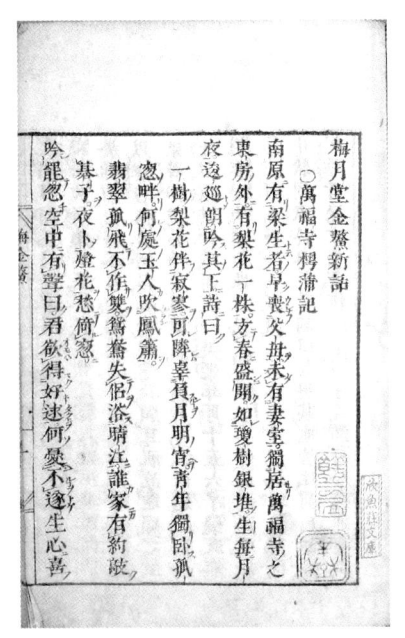

《金鳌新话》在朝鲜已经失传,目前可见最早的本子是日本承应二年(1653)的翻刻本。图为日本早稻田大学图书馆所藏承应本。

---

① [韩]金东旭:《中国故事与小说对朝鲜小说的影响》,[法]克劳婷·苏尔梦编著:《文学的移居:中国传统小说在亚洲》,颜保等译,国际文化出版公司,1989年。

1433)《剪灯新话》的影响,每篇小说都可以在《剪灯新话》中找到出处。《剪灯新话》在中国不是一部非常重要的小说集,但是放在东亚文学世界中来看,其意义非凡。此书出版后不到百年就传入朝鲜,并激发了金时习的模仿。之后,又出现了朝鲜人所做的注释本《剪灯新话句解》,并且在十六年间刻印了三版。壬辰(1592)倭乱的时候,《剪灯新话》和《金鳌新话》都传入了日本,在日本又出现新的仿作——17世纪的《伽婢子》和18世纪的《风月物语》,19世纪英国作家小泉八云(Lafecdio Hearn)将《风月物语》中的一篇改写成英文小说《和解》(Reconciliation),广受欧美人士的喜爱。明代严从简《殊域周咨录》中提到安南流行的中国典籍,就有《剪灯新话》,越南阮屿的小说《传奇漫录》也受到《剪灯新话》的影响。①

另外,还值得注意的是朝鲜女诗人许兰雪轩(1563—1589)的诗集也曾传到中国,并产生反响。许楚姬,号兰雪轩,别号景樊。许氏有绝世的才华,但不幸27岁早逝。其弟许筠将其作品整理为《兰雪轩集》,并于1608年在朝鲜刊刻,是朝鲜最早刊刻的女性文集。集前有明朝使臣朱之蕃所作的《小引》,梁有年的《题辞》。朱、梁两位皆对许兰雪轩赞誉有加,并将其集带回中国,在中国也产生了较大的反响。明人吴明济《朝鲜诗选》所选朝鲜诗人作品349首,许兰雪轩一人就有58首。蓝威芳的《朝鲜诗选全集》、汪世锺《朝鲜诗》皆选其诗,钱谦益所编的《列朝诗集》、朱彝尊所编的《明诗综》亦皆收录其诗。许兰雪轩的诗被介绍到中国,并得到了中国士大夫的高度赞美,这也是朝鲜汉文学对中国古代文学

---

① 参见[韩]丁奎福:《〈剪灯新话〉的激荡》;陈益源:《越南汉文小说〈传奇漫录〉的渊源与影响》,均载台湾中国古典文学会主编:《域外汉文小说论究》,学生书局,1989年。

的回馈,是东亚汉文学互动的生动范例。

我们再看日本。

先从日本固有的文学样式"和歌"说起。和歌都是用假名写成,一般篇幅都较短。现存最早用假名写成的和歌集是纪贯之等编的《古今和歌集》,成书于平安时代初期(10世纪初)。《古今和歌集》之前有一篇纪淑望用汉文写的序,这篇序中说:"夫和歌者,托其根于心也……动天地,感鬼神,化人伦,和夫妇,莫宜于和歌。和歌有六义,一曰风,二曰赋,三曰比,四曰兴,五曰雅,六曰颂。"熟悉中国文学理论的读者读到这段话一定会觉得眼熟,因为它完全袭用了中国的《诗大序》。尽管日本和歌与中国诗歌在体性上并不相同,但这种几乎一字不易的挪用,无疑说明了日本歌人对中国传统"诗言志"诗学理论的认同,当然,对于表达在文学中的"志"的内容,日本人的理解与中国人不尽相同。

和朝鲜半岛类似,《文选》这部中国文学史上最著名的总集同样在日本也有巨大的影响。《文选》至少在日本奈良时代(710—794)就东传到了日本。如今深藏于奈良东大寺正仓院的古文书中,还有天平十六年(唐玄宗天宝三年,744)抄写《文选》的记录;而另一份天平十七年(745)的写本则是抄写《文选》卷五十二的残卷。我们可以发现,这些抄卷所抄的都是唐

日本金泽文库所藏《文选集注》旧钞本

代刚刚开始流行的李善注六十卷本的《文选》,这距李善显庆三年(658)上《文选注》不到百年时间。日本岩手县奥州市水泽区9世纪所建筑的胆泽城遗址的"漆纸文书"(用来遮盖漆桶的废弃纸卷)中,也发现了书写《文选》的记录。20世纪70年代,在日本海沿岸秋田城遗址,也发现了书写有《文选》文本的木简(木简的纪年最晚为天平胜宝五年[753]),据专家研究,书写的是《文选》中的曹植《洛神赋》。① 除此之外,日本目前还保存了不少《文选》的古钞本,这都显示了《文选》在日本的流行。最重要的是,日本还保存了一部《文选》重要的注本——《文选集注》。这部集注除收录了唐代的李善注、五臣注以外,还有已经失传的陆善经注和公孙罗的《文选钞》等古注。② 我们现在看到的《文选集注》是日本平安及镰仓时代的钞本,它的发现,不但为我们揭示了中国早期《文选》学的样貌,也从侧面展示了《文选》在日本的流行。

平安时代文学史上的一件大事就是白居易文集的传入。白居易(772—846)在会昌五年(845)所写的《白氏长庆集后序》中,已经提到日本、新罗诸国传写的白集本子。而据日本《文德天皇实录》记载,承和五年(838)"因检校大唐人货物,适得元白诗笔",这是见于正史的白集传到日本的最早记录。但是,根据《江谈抄》的说法,嵯峨帝时已有"白氏文集一本渡来,在御所尤被秘藏"。所以,白诗传入日本的时间以弘仁六年(815)前后的可能性最大。公元844年,也即白居易离世前二年,四度留学唐朝的僧惠萼从大唐带回了67卷本的《白氏文集》。随着白居易文学的传播,《白氏文集》渐渐取代《文

---

① 参见[日]静永健:《日本八至九世纪考古文献所见〈文选〉断简考》,《域外汉籍研究集刊》第九辑,中华书局,2013年。
② 周勋初先生已经将目前可见的《文选集注》残卷整合为一书《唐钞本〈文选集注〉汇存》(上海古籍出版社,2012年新版),可资利用。

选》,成为平安文人必读的经典。平安朝廷还开设了《白氏文集》讲座,由当时的大学者大江维时(888—963)为醍醐、村上天皇侍读。村上天皇时期还多次举办了御前诗会,围绕白诗取题唱和。①

《江谈抄》还记载了一则有趣的故事。嵯峨天皇非常喜欢《白氏文集》,据说他得到《白氏文集》时曾秘藏偷读。后来甚至用《白氏文集》来考验臣子有没有学问,如故意把白居易的诗念错,看看臣子对白居易的诗句熟悉与否。有一次嵯峨天皇在召见著名汉诗人小野篁(802—852)时,赋诗云:"闭阁惟闻朝暮鼓,登楼遥望往来船。"小野篁上奏说:"圣上之作甚好,但如果把'遥'改为'空'则更妙了。"天皇感慨道:"这其实是白乐天的诗句,'遥'本作'空'。我就是想试试你的,看来你的诗思已经与白乐天相同了。"可见,有"日本白乐天"之誉的小野篁对白诗早已是烂熟于胸。

平安朝廷对白居易的追捧还可以从当时人编的一些诗集中看出来。大江维时所编的《千载佳句》是日本历史上著名的佳句集,共收中日 149 位诗人 1110 联汉诗,所选汉诗均以上下两句同时摘出的形式收录,

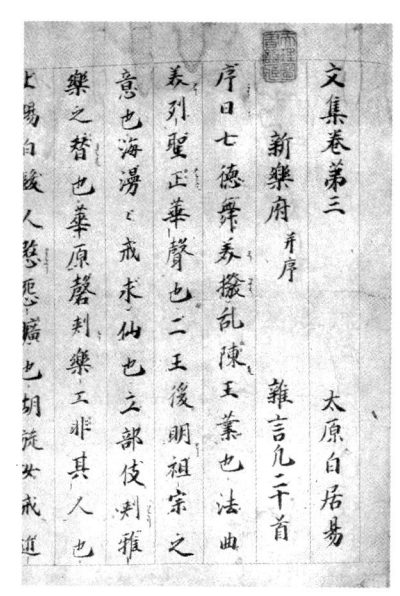

日本天理图书馆藏日本永仁元年(1293)钞本《白氏文集》

---

① 参见隽雪艳:《文化的重写:日本古典中的白居易形象》,清华大学出版社,2010年。

其中白居易一人的作品就有535联,占入选诗歌的48%。藤原公任(966—1041)编纂的日本最早的双语诗集《和汉朗咏集》共收录588首诗,白居易的诗就达139首,元稹以下二十六家总共才60首,足见时人对白氏的倾倒。《源氏物语》被称为世界上第一部长篇小说,其作者紫式部(约978—1016)作为后宫女官不但给一条彰子皇后讲授《白氏文集》,而且在其作品中还引用到白诗106首。菅原道真(845—903)在日本被称为"学问之神",他的文集《菅家文草》中引用、化用《白氏文集》有80多次,自称"得白氏之体"。据说,后醍醐天皇收到菅原道真的诗集后,作诗云:"更有菅家胜白样"("白样"即指白居易),并在诗后自注:"平生所爱《白氏文集》七十卷是也。"

不过,我们发现,平安文人喜欢的白居易和中国人理解的白居易有所不同。中国人视域中的白居易更多是写"文章合为时而著,歌诗合为事而作"的讽谕诗或《新乐府》的诗人。平安文人心目中的白居易更多的是一位闲适文人,他流连于诗酒之间,徜徉于佛禅之域,而且深得进退之间的"中隐"之道,这种形象极好地呈现于都良香(834—879)的《白乐天赞》中:

> 有人于是,情窦虚深。拖紫垂白,右书左琴。
> 仰饮茶茗,傍依林竹。人间酒癖,天下诗淫。
> 龟儿养子,鹤老知音。治安禅病,发菩提心。
> 为白为黑,非古非今。集七十卷,尽是黄金。

从"尽是黄金"一语可见平安文人对《白氏文集》的珍视。赞中的白居易读书抚琴,茗茶饮酒,吟诗参禅,悠闲而安详,完全是平安文人心理的投射。白居易在日本平安时代有超高的人气,可能与平安文人的审美心态有很大的关系。平安时代的文人都有一种丰富细腻的心理,季节或风景的变化,都会引起他们心灵与感觉上的触动。日本文艺史上重要的观念"物哀"(もののあわれ,或译为"感物动情")即定型于此时。白诗中对世事无常的感叹,如"天上欢华春有限,世间漂泊海无边"(《寄李相公崔侍郎钱舍人》),与日本人的"物哀"观念很是接近,特别能扣动平安贵族文人的心弦。同时《白氏文集》中大量的闲适诗也与平安文人的生活样态相似,如"游山弄水携诗卷,看月寻花把酒杯"(《忆晦叔》)。这样的诗句,平安文人读来特别心有戚戚焉。

　　随着武家势力的崛起,带有女性阴柔气质的平安文化慢慢退出了历史舞台,白居易也渐渐淡出了日本文坛。日本进入中世的镰仓与室町时代,政权控制在幕府将军手中,掌握这时文化的不再是宫廷,而是镰仓与京都"五山"寺院中的禅僧。所谓"五山",是日本中世时期模仿中国佛教的"五山"制度在镰仓与京都建立的五座寺庙。镰仓五山即建长寺、圆觉寺、寿福寺、净智寺、净妙寺,京都五山为天龙寺、相国寺、建仁寺、东福寺、万寿寺,而京都的南禅寺位于五山之上。镰仓与京都的这11座寺庙基本是日本中世时期学问与文学的中心,而所谓"五山文学"的核心就是汉文学。日本中世时期,唐代

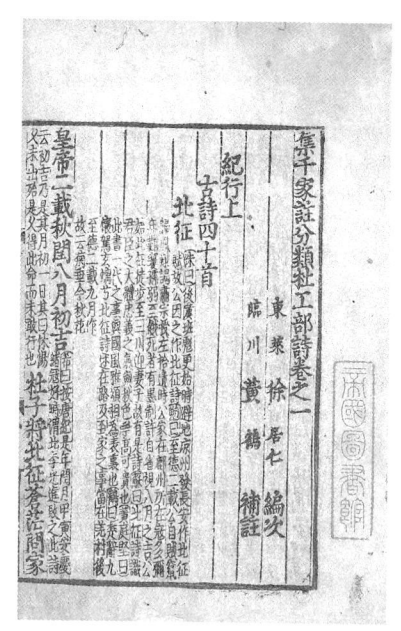

日本国立国会图书馆所藏永和二年(1376)刊本《集千家注分类杜工部诗》(五山版)

的杜甫、韩愈,宋代的苏轼、黄庭坚,是五山禅僧主要学习与效仿的对象。

其实,与《白氏文集》传到日本几乎同时,杜甫的诗集也传到了日本,只是当时的文学风气导致人们并不特别在意杜甫。五山禅僧虎关师炼(1278—1346)被称为五山文学的始祖,他所作的《济北诗话》是日本第一部诗话著作。在这部诗话中,他就认为"李杜者上才",而平安时代被奉为圭臬的白居易只是"下才"。稍晚于虎关师炼的中岩圆月(1300—1375)更是说"乐天元九诗,甘蔗味何滋。烂嚼唯残滓,方知李杜奇",认为白居易、元稹的诗俗而无味,李杜才是新时代的经典。

杜诗到了日本中世时代,已然成为禅林中广受欢迎的读物之一。杜甫的诗集也在这时得到翻刻,日本现存还有永和二年(1376)翻刻的宋人徐居仁编、黄鹤补注的《集千家注分类杜工部诗》。当时禅林中还出现了很多杜诗的注本,如心华元棣(1339—?)的《心华臆断》、江西龙派(1375—1446)的《杜诗续翠抄》、雪岭永瑾(1447—1537)的《杜诗抄》以及仁甫圣寿的《续臆断》,其中《杜诗续翠抄》和《杜诗抄》还一直流传至今。

心华元棣所以注杜诗,与受到他的老师义堂周信(1325—1388)的影响有很大的关系。义堂周信与绝海中津(1336—1405)被称为日本五山文学的"双璧",而义堂周信的诗受到杜甫很大的影响。在义堂周信的日记《空华日用工夫略集》中,经常可以看到他读杜解杜之记载。不过,这些僧人毕竟都是有着佛教信仰,杜诗和苏轼诗、黄庭坚诗一样,可以作为求道的工具,但难以成为他们心目中真正的经典。义堂周信就说:"今时僧诗皆作俗样也,学高僧诗最好。"高僧诗之"高",其实不止在诗,更在于道。

到了江户时代，杜诗的影响力进一步扩大，众多中国的杜诗注本在日本被陆续翻刻，如《翰林考正杜律五言赵注句解》《杜工部七言律诗分类集注》《刻杜少陵先生诗分类集注》《杜律五言集解大全》《杜律集解》《刻杜少陵先生诗集注绝句》。而且江户学者自己也撰作了很多杜诗的注解，如宇都宫遯庵的《杜律五言集解》与《杜律七言集解》、佚名的《杜律要约》、大典显常的《杜律发挥》以及津坂东阳的《杜律详解》。这些都显示了杜诗在江户时代的流行。江户中期的汉诗人与思想家伊藤东涯（1670—1736）为翻刻的清代陈廷敬《杜律诗话》作序说："今也承平百年，文运丕阐，杜诗始盛于世矣。"意思是说，德川幕府建立之后，社会承平，文化发展，杜诗又开始兴盛起来。

杜甫的影响超越了中世的寺院，当时的汉诗人都或多或少地受到其影响，有两个事例可见其影响之一斑。江户时代著名的诗僧大典显常（1719—1801）在每年的四月十九日"浣花邀头辰"都要祭杜赋诗。这种习俗从中国宋代就可能有了，陆游《老学庵笔记》曾有记载，没想到几百年后又在异域日本重新上演。大典禅师《四月十九日浣花邀头辰也顷余讲杜诗适当斯日社中诸子具厨膳见馈因赋》一诗中说："空使形容忧国尽，至今词赋感人长。"杜诗的魅力早已穿越了时空，成为名副其实的东亚经典。江户后期的汉诗人大窪诗佛（1767—1837）与市河宽斋（1749—1820）、柏木如亭（1763—1819）、菊池五山（1769—1849）并称为"江户四诗家"，他在文化三年（1806），于神田建"诗圣堂"，供杜甫像以祀之，并名其诗集为《诗圣堂诗集》。其对杜甫之崇敬，于斯可见。很多江户诗人作诗也模仿杜诗，如江户后期汉诗人森春涛（1819—1889）有《八月十四日大风用老杜茅屋为秋风所破歌韵》一诗：

东妇狂走西儿号,仰面屋上无完茅。谁也把人置荒郊！雨挟飞箭鸣林梢,巨木僵在堂之坳。大风之来虽尔拒无力,宜如塞户防外贼。邻人缚白系之栋,屋遂不坏谋亦得,屋坏屋完两叹息,田无立禾惨暮色,相见冻馁面黧黑。造化铸人牢如铁,一饭不供肠亦裂。譬之孤城受敌围,外援不来粮道绝。不因赈恤无以存,此心富儿看不彻。陋矣寒村荒落间,残尊有酒聊且开吾颜,此骨久分埋青山！呜呼！浣花居士当日既无屋,幕天一醉得似刘伶足！

　　这首诗是对杜甫《茅屋为秋风所破歌》的模仿,与杜诗相同的是,诗中也描绘了大风破屋之后穷人的惨状。不过,到结尾处就可以看出两者的不同。杜甫以其仁爱之心,希望"大庇天下寒士俱欢颜";而森春涛则似戏谑说,屋破之后,聊饮残尊中的酒,以天为幕,仰天一睡,也似竹林七贤中嗜酒的刘伶一醉忘忧。诗语虽出于玩笑之间,但其中的无奈与苦涩,也穿透纸面。

　　正如日本文人对白居易的接受与中国文人不同一样,日本文士眼中的杜甫亦有与中国文士不同的一面。中国文人心目中的杜甫形象反映在宋代以降的众多"骑驴图"中,基本上都是蹇驴破帽的落寞之态。在中国文学史上,诗人"骑驴"乃一文化意象,在与骑马相对立的架构中,代表了在朝与在野、出与处、仕与隐相对立的不同的精神追求。然而在日本五山僧人的笔下,杜甫骑驴最本质的特征是"风流",其外在表现是"醉归",如东沼周曮《杜甫浣花醉归图》云:"风生驴耳面如霞,水村竹西日欲斜。蜀客清标近谁似？放翁醉后跨桃花。"这可能与日本文艺的超政治性有关。

日本中世禅林中，影响最大的诗人其实是宋代的苏东坡（1037—1101）和黄山谷（1045—1105）。当时禅林中就流传着"东坡山谷，味噌酱油"这样的说法，也就是说苏东坡和黄山谷的诗就像味噌酱油一样，是禅林必不可少的日常食品。13世纪时，苏轼的作品已传到日本，日本东福寺大道以一所编的《普门经论章疏语录儒书目录》（1353年编成）里，就著录《注东坡词》二册。苏诗也成为禅林中流

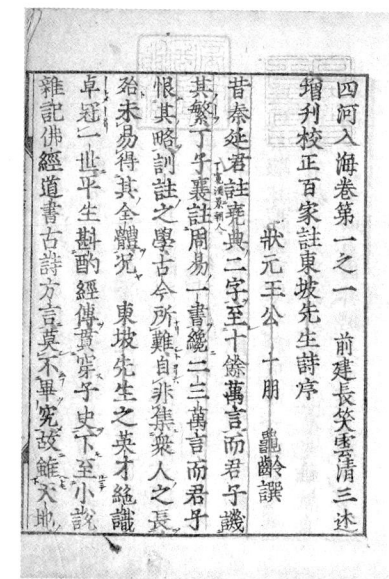

日本国立国会图书馆藏江户初期古活字本《四河入海》

行的读物，禅师们经常聚在一起会读东坡的诗，今天我们还可以在五山禅僧瑞溪周凤（1392—1473）的日记《卧云日件录拔尤》中读到当时禅师们一起品读苏诗的记录。他们以旧题宋代王十朋所作的《增刊校正王状元集注东坡先生诗》为底本，对苏诗或注文从自己的角度再加以阐发，从而形成了很多新的注本，如太岳周崇（1345—1423）的《翰苑遗芳》、瑞溪周凤的《坡诗胜说》、一韩智翊的《蕉雨余滴》、江西龙派（1375—1446）的《天马玉津沫》、万里集九（1428—?）的《天下白》等等，而笑云清三则将上述诸书加以汇编，附以己见，形成一部规模庞大的日本苏诗集注本《四河入海》。这部书是日本中世禅林会读苏诗的珍贵记录，也是研究苏诗的集大成之作，具有很高的学术价值。

日本的中世相当于中国的宋元明之时，遣唐使制度早已

不再实行，但仍有大量的日本僧人冒鲸波之险，远渡重洋到中国来参访巡礼拜师，这就是所谓的"入宋僧"、"入元僧"与"入明僧"，他们从中国返还之时，也带回了大陆最新的文学样式。五山禅僧绝海中津曾在明代初年到中国拜师求法，他在杭州拜明初佛教领袖季潭宗泐（1318—1391）为师；而宗泐为元代高僧笑隐大䜣（1284—1344）之弟子，大䜣擅长于禅林中疏文写作，其实就是一种四六文。这种写作四六文的方法经宗泐传给了绝海中津，又由他带回日本，在五山禅林中非常流行，被称为"蒲室疏法"，一直影响到江户时代。

江户时代中期，日本思想界出现了一个很大的变化，就是以荻生徂徕（1666—1728）为代表的古文辞学派（或称"蘐园学派"）的兴起，这一学派是以反朱子学为特征的。古文辞学派认为学习孔子的"先王之道"应该直接钻研六经，而不是去读宋儒的注释。荻生徂徕主张复古，他受到主张"文必秦汉，诗必盛唐"的明人李攀龙和王世贞的古文辞学影响，故在诗学上，古文辞学派主张学习明诗。所以在江户中期，出版了很多明人编著的明诗选集和注本，如李贽编的《皇明诗选》、《续皇明诗选》，陈继儒句解、李士安补注的《明七子诗集注解》，李雯、陈子龙、宋征舆同编的《明诗选》，汪万顷辑注的《新镌出像皇明千家诗》，穆光胤删订、陈素蕴校刊的《明诗正声》，陈荚、李昂枝评选的《明九大家诗选》等等。同时，相传由李攀龙所编的《唐诗选》流行一时。这些明诗选集的出版并没有推动江户诗坛的进步，反而使当时的诗人陷入模拟剽窃古人的恶习中。所以到了江户中后期之后，一些汉诗人六如上人（1734—1801）、村濑栲亭（1744—1818）、菅茶山（1748—1827）、山本北山（1752—1812）开始反对古文辞，提倡清新自然的宋诗，于是宋诗开始在江户诗坛上流行起来，友野霞舟（1791—1849）《锦天山房诗话》就说："宽政以降，世崇宋朝,诗风一变。赤羽余焰,几乎灭熄。"在这股风潮下,江户诗坛又再次大量刊刻宋代诗人的文集,如柏木昶(1763—1819)编的《宋诗清绝》、《续宋诗清绝》,大窪诗佛、山本谨(1771—1855)编的《宋三大家绝句》,大窪诗佛、菊池五山编的《广三大家绝句》,卷菱湖(1777—1843)编的《宋百家绝句》,菅原琴、梁川卯编的《宋三大家律诗》陆续刊行,陆游的《名公妙选陆放翁诗集》、《放翁先生诗钞》、《增续陆放翁诗选》,范成大的《范石湖诗钞》、《石湖诗》(《田园杂兴》)、《范石湖四时田园杂兴诗钞》、《石湖居士蜀中诗》被翻刻刊印,这都极大地促进了江户汉诗朝新的方向发展,也使江户汉诗更加成熟。

在学习宋诗的风潮中,苏轼仍然是江户文人的最爱,他的文集、诗集也多次被刊刻。江户文人,以及明治、大正时期的文人,甚至多次举办所谓的"赤壁会"与"寿苏会"来纪念这位伟大的中国诗人。赤壁会是以"每岁十月既望,置酒会客,以拟赤壁游"(角田简《续近世丛语》)之名发起的

江户诗人、画家,赤壁会参与者谷文晁所画的《前赤壁图》。

文人雅集。著名汉诗人、"宽政三博士"之一的柴野栗山(1736—1807)先后在宽政十二年(1800)、享和二年(1802)、享和三年(1803)发起了三次赤壁会。比如第一次赤壁会,由柴野栗山召集,会上展示了一位客人的赤壁赋图,众人分韵作诗并题于图上。第二次赤壁会又正值壬戌年(苏轼《赤壁赋》首句就是"壬戌之秋,七月既望"),甚是轰动,甚至引起了江户幕府重臣松平定信等人的关注,定信最后还馈以鲈鱼。与会的诗人,还以此"月白风清"为韵,分韵赋诗。享和二年,还有汉诗人龟田鹏斋(1752—1826)与菅原洞斋(1772—1822)的拟赤壁之游,文久二年壬戌(1862)七月既望,又有池内陶所(1814—1863)、阪上大业(1810—1867)、要澈云师、薮长水、泽春耕在大阪淀川兴赤壁之游。这些赤壁会除了模拟东坡赤壁之游外,主要活动就是文人雅集,分韵作诗。

寿苏会,顾名思义就是在每年腊月十九日苏轼生日时,举办纪念活动。中国的寿苏活动始于清代的宋荦,比较著名的是毕沅的寿苏活动。每逢腊月十九日,毕沅就把陈老莲所绘的东坡像悬于堂上,并亲自撰写迎神曲和送神曲,然后率领幕僚、门人朝着东坡像罗拜。礼仪结束后,举行宴会,毕沅率先挥毫作诗以追怀东坡,众宾纷纷唱和。日本的寿苏会也基本类似,日本著名的寿苏会是长尾雨山(1864—1942)从大正五年(1916)始举办的五次寿苏活动。第一次寿苏会不但有日本诗人与学者,如内藤湖南等人参与,来自

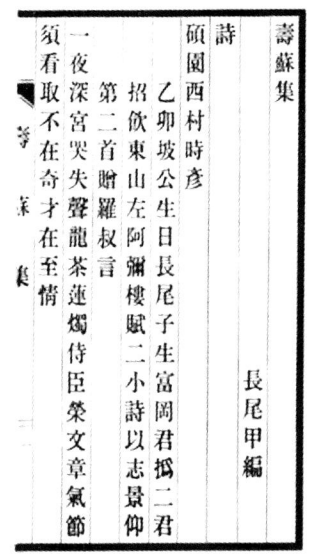

1937年出版的《寿苏集》,长尾雨山编。

中国的学者罗振玉、王国维等也应邀参加。这次寿苏会上展出了罗振玉收藏的《苏文忠公行书真迹诗卷》、北宋拓《醉翁亭记》楷书、宋刻明拓坡仙帖、查初白补注苏诗手稿、景宋绍熙本《坡门酬唱》二十三卷等珍贵文献。同时,大家照例赋诗吟咏,纪念一时盛事,这些汉诗后来被结集为《乙卯寿苏录》一书。①

中日古代文学交流史上,还有一事值得一提,那就是日本填词的起始。唐大历九年(774),张志和在湖州刺史颜真卿处,写了《渔歌子》词5首,尤以第一首"西塞山前白鹭飞,桃花流水鳜鱼肥。青箬笠,绿蓑衣,斜风细雨不须归"最为著名。不过49年,这组词就东传到日本。日本弘仁十四年(823),在一次贺茂神社的花宴上,嵯峨天皇就模仿张志和的《渔歌子》,也写了《渔歌子》五首:

  江水渡头柳乱丝,渔翁上船烟景迟。乘春兴,无厌时,求鱼不得带风吹。

  渔人不记岁月流,淹泊沿洄老棹舟。心自效,常狎鸥,桃花春水带浪游。

  青春林下度江桥,湖水翩翩入云霄。烟波客,钓舟遥,往来无定带落潮。

  溪边垂钓奈乐何,世上无家水宿多。闲钓醉,独棹歌,洪荡飘飘带沧波。

  寒江春晓片云晴,两岸花飞夜更明。鲈鱼脍,莼菜羹,餐罢酣歌带月行。

---

① 日本学者池泽滋子已经将日本所存的赤壁会与寿苏会资料结集为《日本的赤壁会与寿苏会》(上海人民出版社,2006年)一书,可以参看。

这组词是日本人最早填的词,但已经显示出成熟的技巧。词中不但熟练地运用了大量中国典籍中的典故,而且其表现出的渔人放浪山水之间,心若不系之舟的神态也入木三分。若非有良好的中国古典文学修养,很难写出这么传神的词。

朝鲜半岛和日本之外,东亚文明世界中的越南和琉球两国也有着悠久的汉文学传统,中国文学对两国的汉文学也产生了巨大的影响。

越南的汉文学曾经是中国古代文学的一部分,也是在中国古代文学的滋养下产生的。今天我们能见到的最早的一首唐代安南士人作的诗,是廖有方的《题旅櫬》:

> 嗟君没世委空囊,几度劳心翰墨场。
> 半面为君申一恸,不知何处是家乡!

此诗载于《全唐诗》,题作《葬宝鸡逆旅士人铭诗》。《全唐诗》作者小传说,廖有方,交州人,元和十一年(816)进士,做诗曾受到柳宗元的指导。2006年,西安碑林博物馆征集到了廖有方的墓志,又使这位唐代的交州文人进入人们的视野。墓志上说他"文笔闻交趾",可见当时的安南文人已经有了较高的汉文化修养。同是安南人的姜公辅所作的《白云照春海赋》、《对直言极谏策》也被收入《全唐文》中。

汉文化与汉文学在越南的传播与科举制度不无关系。在唐朝时,安南地区的士子与中原士人一起参加唐朝科举考试,并受到优待。李朝仁宗泰宁四年(1075),越南开三庠科试;广祐二年(1086),开科试,选有文学者入翰林院。越南的科举考试一直延续到1919年,而中国在1905年就废除了科举。越南历史上产生了近3000名进士。据学者统计,越南现存4229种汉文典籍,其中集部的最多,达1684种。越南学者吴时任(1746—1803)曾自豪地说:"我越以文献立国,诗胎于李,盛于陈,大发扬于皇黎洪德间,一部全越诗,古体不让汉、晋,今体不让唐、宋、元、明。戛玉敲金,真可称诗国。"虽然无不夸张,但从自称"诗国",也可见越南的汉诗文创作在一定程度上还是很兴盛的。越南自主后最早的一首汉诗是杜法顺(915—990)法师所作的五绝《国祚》:"国祚如藤络,南天理太平。无为居殿阁,处处息刀兵。"这是杜法顺为前黎皇帝黎大行咨询国政而作的。李朝太祖李公蕴(974—1028)于公元1010年登位,将国都由华闾(今宁平)迁往大罗城(改名升龙,1831年改名河内),用汉文所作的《迁都诏》被认为是越南第一篇具有文学价值的作品。

中国古代文学在越南的传播,与当时政府推行教化是同步的。早在公元前,《诗经》就远传交趾。《大越史记全书》记载,赵佗"以《诗》、《书》而化训国俗,以仁义而固结人心"。三国时期,士燮治理交州,亦是"化国俗以《诗》、《书》,淑人心以礼乐"。《诗经》传递的儒家诗学观对越南古代的汉诗学产生了直接的影响。潘孚先(1370—1462)所编的《越音诗集》是越南历史上第一部诗歌总集,从潘氏自序可以看出,其诗学观受到《诗经》的影响:

> 心有所之,必形于言,故诗以言志也。唐虞君臣唱和,列国民俗歌谣,其治乱之迹不同,而感发于心则一。

从诗歌的生成与本体论上来看,此序明显受到《诗大序》"诗言志"说的影响。而后黎朝的冯克宽(1528—1613)《言志诗集序》对所言之"志"理解更为细致:"故志在德则发浑厚之言,志在事业则显豪雄之气,志在山野则喜寥寂之诗,志在风云雪月则好清高之诗,志在抑郁则作忧思之诗,志在感伤则作哀怨之诗。"很多越南诗人的诗作还化用《诗经》的句子,如尹恩甫《奉使留别亲弟》中"塞远云深鸿雁断,原头风急鹡鸰寒"一句就化用了《诗经·小雅·常棣》中的"鹡鸰在原,兄弟急难"。《诗经》在越南的影响,还可以从越南人对《诗经》的演音、演义本之多上看出来。所谓"演音",即用越南本土文字喃字对汉语加以翻译;"演义"则相当于译述和疏解。最早演音《诗经》的是在西山朝(1786—1802),当时崇政书院院长罗山夫子阮帖曾刻印《诗经解音》。此后,又出现了多部类似著作,如《诗经演音》、《诗经演义》、《诗经解音》、《诗经国语歌》、《诗经正文传注》、《葩诗国语歌》、《毛诗吟咏实录》等,使用的诗体则是越南特有的六八体。

到了唐代,除了安南士人创作的唐诗之外,还有一些因为贬谪、任职到安南的唐代诗人写了不少关于安南的诗,如杜审言有《旅寓安南》,沈佺期有《初达驩州》、《驩州南亭夜望》、《九真山净居寺谒无碍上人》、《度安海入龙编》、《赦到不得归题江上石》。曾任安南静海军节度使的高骈作有《赴安南却寄台词》、《安南送曹别敕归朝》等诗篇。沈佺期的《题椰子树》云:"日南椰子树,香里出风尘……玉房九霄露,碧叶四时春……"这可谓中国古代文学中比较早的南国书写,充满了南方亚热带地区的风情。

唐代文学对越南汉文学也产生了很大的影响,如西山朝段阮俊的《谅山恶行》中的"嘘吁嗟,谅山之恶,恶于坠深渊。珥河北渡百余里,去路渐穷稀人烟……"明显是在模仿李白的《蜀道难》。还有是对唐诗句法的模仿,如陈仁宗(1258—1308)的《春日谒昭陵》"仗术千门肃,衣冠七品通。白头军士在,往往说元丰"完全是元稹《行宫》"寥落古行宫,宫花寂寞红。白头宫女在,闲坐说玄宗"翻版,两诗在句法与用韵上完全相同。还有是用唐诗的语汇,如阮飞卿(1355—1428)《客舍》第一句"浅把鹅儿独自酌"就化用了杜甫《舟前小鹅儿》的前两句"鹅儿黄似酒,对酒爱新鹅"。《山村感兴》"梦中往事攘蕉鹿,世上浮云任狗衣"化用的是杜甫《可叹》"天上浮云如白衣,斯须改变如苍狗"。

这种模仿一方面可以看出唐诗的巨大影响,另一方面也显出早期越南汉文学的不成熟。李陈朝时期,越南诗歌结合本土语言喃字,又吸纳了唐诗写作规范,产生了一种新的诗歌体裁——六八体诗。这种诗体的句式是六八相间,一句六个字,一句八个字,在押韵上要求"平平仄仄平平,平平仄仄平平仄平"相对。后来又此基础上出现双七六八体诗,是将汉文七言诗和六八体诗再组合形成的一种诗体,即四句一组,每句字数为七、七、六、八,是六八体诗的一种变体。六八体本来是用喃字创作的,后来也影响到汉诗的创作,而且一般都是来写作长篇叙事诗。阮辉莹(1713—1789)《奉使燕京总歌》是用汉文写成的著名的六八体诗,此诗开头云:"景兴二十七年,岁逢丙戌日缠陬訾,马维骐辔如丝,周道逶迤我出我车,骊驹声闹行歌。"

越南独立后,中越两国建立了朝贡关系。据统计,宋代时,越南朝贡在50次以上;元代时,有47次;明代时,则达79次。这些使臣不但从中国带回了先进的社会制度文化,而且也带回了中国的文学。《殊域周咨录·安南》记载了传入越南的经史子集各类书籍,不少与文学有关,如《韩柳集》、《诗书(学)大成》、《文选》、《文萃(粹)》,这些典籍的传入自然促进了越南汉文学的进步。

由于中越之间有九百多年的朝贡关系,越南每一个王朝都有进贡方物、请求册封的活动,派出的使者都是文学修养非常高的学者。他们在出使中国的过程中,往往创作了大量的诗文,一般被称为北使诗文。早在 1314 年,陈朝名士阮忠彦出使元朝,后将所赋之诗辑为《北行杂录》、《界轩诗稿》。这种风气一直延续到清朝,2010 年复旦大学出版社出版的《越南汉文燕行文献集成》(越南所藏编)就收录了几十种北使诗文集。这些诗文集或记载了使途中的中国风光,或留下了与中国士人交流互动的记录,是中越古代文学交流的一种新形式,如景行三十三年(1772)出使中国的武辉珽、景兴三十五年(1774)北使的黎光院均是一时才士,武辉珽《华程诗集》收录其出使中国时所作的 140 余首诗,有歌咏伏波祠、桂林八景、赤壁、黄鹤楼等名胜古迹的诗,亦有与中国友人及朝鲜使臣的赠答诗。黎光院《华程偶笔录》中各类诗作多达 515 首,又有词 4 首。

同样,越南的汉文小说也是在中国明清小说沾溉下发展起来的。16 世纪越南南北朝时阮屿所撰的《传奇漫录》是越南第一部用汉文写的传奇文学,也是仿照《剪灯新话》写成的,全书分成二十篇,每五篇为一卷,合为四卷。同样,《传奇漫录》比起《剪灯新话》亦有后出转精之处。又如越南历史小说《皇黎一统志》(又称《安南一统志》)完全是中国历史小说《三国演义》的翻版,不但全书采用了《三国

越南诗人裴辉璧(1744—1818)所编的越南诗歌总集《皇越诗选》,收入了越南李朝到黎朝 193 位诗人的 526 首汉诗。

演义》式的章回小说体,而且两书在结构上也非常相似,都写了几个国家间的皇权斗争。另外,被越南学者称为"越南中代文学中唯一难得的性文学"的《花园奇遇集》,据学者研究也完全"山寨"自中国的明代小说集《国色天香》中的五篇故事(《刘生觅莲记》、《寻芳雅集》、《花神三妙传》、《龙会兰池录》、《钟情丽集》)。①

阮攸(1765—1802)用喃字创作的长篇叙事诗《金云翘传》,被誉为越南古典文学史上最优秀的作品。清嘉庆十七年(1813),阮攸被派往中国朝贡,接触到当时在中国广为流传的青心才人《金云翘传》原本。阮攸以金重与王翠云、王翠翘的悲欢离合故事为大纲,创作了这首喃字长篇叙事诗,全诗共3254行,计12卷。此诗描绘了一个处处是"钻营事业,人肉市场",充斥着"个个似牛头马面"社会的黑暗。后来这部喃字诗歌又被翻译为汉文。而邓陈琨(1710—1745)所作的汉文诗《征妇吟曲》,全诗长达477句,主要描写一个征夫妻子的哀怨,反对连年混战,被称为"越南第一流奇书",此诗也明显受到中国乐府杂言诗的影响。

琉球在1879年被日本吞并之前,一直是一个独立的国家。公元12世纪,琉球群岛出现了北山、中山和南山三个独立王国。自明朝初年,琉球三国开始接受中国的册封。1429年,中山国王尚巴志统一琉球群岛,建立了琉球王国,也称中山国,依旧作为藩属向中国朝贡。明清时代500余年中,中国政府先后25次遣使前往册封琉球新任国王,而琉球遣使来中国朝贡更多达470次。今天留存下来的各种《使琉球录》就是当时中国册封使出使琉球时留下的宝贵记录,其中

---

① 参见陈益源:《越南汉文小说〈花园奇遇集〉与明代中篇传奇小说》,《越南汉籍文献述论》,中华书局,2011年。

也记载了中琉两国士人之间的文学交流。

明代时的琉球汉诗目前一首都没有流传下来。琉球最早也是最有名的汉文,是1458年铸成的被称为"万国之津梁钟"的铭文,道出了琉球国民对于国家的自豪:"琉球国者,南海胜地,而钟三韩之秀,以大明为辅车,以日域为唇齿,在此二中间涌出之蓬莱岛也。以舟楫为万国之津梁,异产至宝,充满十方刹,地灵人物,远扇和夏之仁风。"琉球国有优越的地理位置,处于中日韩三国之间,可谓"万国之津梁",亦有丰厚的物产,同时还能汲取融汇不同国家的先进文化,即所谓"远扇和夏之仁风"。

目前流传下来的琉球汉诗都作于清代,作者基本上都有出使清朝或在中国留学的经历,中琉之间的文学交流主体也是这些琉球使臣。如蔡铎(1644—1724),字声之,曾作为贡使来华,向清廷进献琉球地图《中山世谱》,著有《观光堂游草》。

最著名的琉球诗人是程顺则(1663—1734),字宠文,号念庵行一,常自署"念庵"或"雪堂",为明初闽人"三十六姓"后裔。他一生5次来华,4度进京,著有《雪堂燕游草》、《雪堂杂俎》、

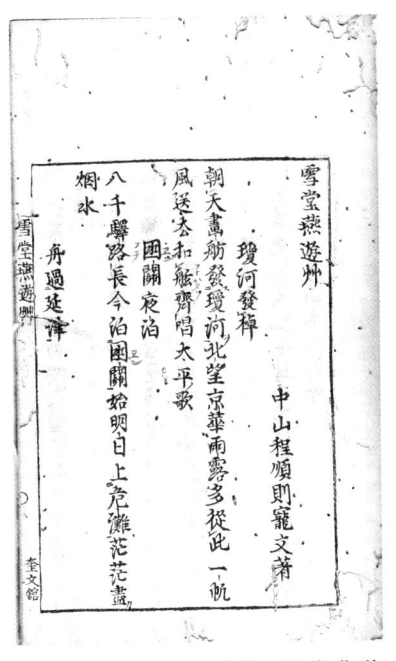

琉球诗人程顺则所著的《雪堂燕游草》,记载他出使北京时所记的80余首汉诗。此本为日本正德四年(1714)京都濑尾源兵卫刊本。

《雪堂纪荣诗》《中山官制考》《指南广义》等。1696年,程顺则以进贡北京大通事的身份,随耳目官毛天相、正议大夫郑弘良前往清朝朝贡。离京后,滞留在福州一直到1698年。程顺则将自己在这期间所写的80余首汉诗编成了《雪堂燕游草》并出版刊行。该诗集后来传入日本萨摩藩,僧人画家木村探元将每首诗都配上一幅画,称《雪堂燕游草图》,从而产生了国际影响。目前传下来的《雪堂燕游草》版本就是日本京都奎文馆濑尾源兵卫于日本正德年间所刊。程顺则以诗的形式记载了他入京朝贡时的所见所闻,如《午门颁币》:

> 鸿胪高唱午门开,币帛鲜新簇帝台。
> 花织一枝梭几转,丝牵五色络千回。
> 黄金榜映云霞璨,赤羽旌飘锦绣堆。
> 东海君臣何以报,承恩竞捧出蓬莱。

此诗写的是他作为琉球王国使者进京朝拜,接受清廷赏赐之事。诗歌写得很有现场感,风格雍荣典雅,极有台阁气势。他最有名的诗,可能是《姑苏省墓》二首,不仅收入他的诗集《雪堂燕游草》中,而且《皇清诗选》和《中山诗文集》中也收录了。康熙年间刊行的《皇清诗选》也收录了朝鲜、越南、琉球等藩属国的诗人诗作,其中收有琉球25位诗人70首汉诗,程顺则就有21首之多;程氏自己所编的《中山诗文集》所选程氏诗作亦达全书的三分之一。可见他在琉球诗坛上的隆高地位。

其他的琉球诗人皆有类似于程顺则的经历,所写的汉诗也多与中国见闻有关。如蔡大鼎(1823—?),字汝霖,亦是闽人"三十六姓"移民后裔。1860年,蔡任进贡存留通事来华,在福建滞留了3年多,赋诗结集为《闽山游草》;1867年,蔡随谢恩使团入京再次驻闽,又写下了《续闽山游草》。正续集中共辑诗338首。进贡入京之行,所作之诗辑为《北燕游草》。《闽山游草》多写闽中山水风光,以及与福建文士交流唱和之事。

文献流传下来的琉球汉诗创作仅有两百多年历史,但取得了令人瞩目的成就,并且得到了中国士人的承认。这从以下典籍所收的琉球汉诗可以看出来,如康熙四年(1705),由孙银辑评、黄朱莆编校的大型总集《皇清诗选》30卷,4卷选录25位琉球诗人的70首汉诗,其中程顺则21首,蔡铎10首,周新命9首,曾益6首,王明佐、梁成揖、阮维新各1首;民国十八年(1929),徐世昌所编的清诗总集《晚晴簃诗汇》收录琉球诗人9人11首诗。

正是在琉球汉诗创作兴盛的基础上,琉球也出现了一部本国人所编的汉诗总集,即清雍正三年(1725),程顺则所编的《中山诗文集》。此书共收琉球王室、百官及文人汉诗凡39人256首,其中还包括程顺则、蔡铎、周新命、曾益、程传万等5位诗人的诗集。此书是琉球第一部,也是影响最大的一部汉诗总集,是琉球100多年来汉诗的总结与集中展示,书中所收汉诗很多与中国有关,受到中国文学的影响也斑斑可见。

程顺则所编的琉球汉诗总集《中山诗文集》,共收入琉球39位诗人256首诗。

1879年,琉球被日本吞

并后，很多琉球诗人以诗歌抒发亡国之悲，至今读来令人辛酸苦楚。灿烂200多年的琉球诗坛突然黯淡下去，这也是东亚汉文化史上的伤心事，但琉球汉文学的出色成就永远彪炳于史册。

  东亚汉文化圈的文学交流，当然不仅限于上面的粗略描述，也不限于中国文学对日本、韩国、越南、琉球汉文学的影响，这些国家都保存着海量的汉文学文献等待进一步研究，而且这些国家的汉文学也曾经流传到中国，呈现出一种互动的态势。东亚汉文化圈内的文学交流，并不是中国与其他诸国之间单向的交流，而是多向交叉的关系。朝鲜与日本、朝鲜与越南、朝鲜与琉球之间亦存在着文学交流，而且无一例外交流的媒介都是汉字和汉诗。从留下来的他们之间的诗歌酬唱，可以看出他们对中华文化的认同。

原典选读

洪奭周《校印桂苑笔耕集序》

记有之曰:"酒醴之美,而玄酒明水之尚,贵五味之本也。黼黻文绣之美,而疏布之尚,反女功之始也。"①古之君子,必重其本始如此。吾东方之有文章,而能著书传后者,自孤云崔公始;吾东方之士北学于中国,而以文声天下者,亦自崔公②始。崔公之书传于后者,唯《桂苑笔耕》与《中山覆篑》集二部。是二书者,亦吾东方文章之本始也。吾东方以文为尚,至我朝益焕以融,家燕许而户曹刘③;以诗若文成集者,无虑充栋宇矣。而顾鲜有知崔公之书者。余尝见近代人所撰东国书目,有载《中山覆篑集》者,遍求之终不可得。唯《桂苑笔耕》二十卷,为吾家先世旧藏。自童幼时,知珍而玩之,然间以语人,虽博雅能文而好古者,亦皆言未曾见。然则是书也,几乎绝矣!使是书不行于东方,是玄酒不设于太室,而疏布不幂于牺罇也,岂所以教民不忘本哉?世或谓公文皆骈俪

---

① 见《礼记·郊特牲》。

② 崔公:即崔致远(857—?)。崔致远于咸通十年(868)到唐朝国子监学习,年仅12岁,临行前,父亲对他说:"如果十年考不上进士,就不要说是我的儿子,我也不说你是我的儿子。去吧,刻苦点,不要懒惰。"崔致远不负父亲所望,874年宾贡及第。876年冬任宣州溧水县尉。881年任淮南节度使(驻扬州)的从事。28岁时返回新罗,历任侍读兼翰林学士、守兵部侍郎、知瑞书监等职。据说晚年隐居在伽耶山的海印寺附近。《中山覆篑集》是他在溧水诗作的结集,《桂苑笔耕集》是崔致远唯一流传后世的著作,收录了他为高骈代拟的各种表状书启及自作诗。

③ 燕许:即唐代诗人张说、苏颋,张说曾封燕国公,苏颋袭封许国公。《新唐书·苏颋传》载:"自(唐中宗)景龙后,(颋)与张说以文章显,称望略等,故时号'燕许大手笔'。"曹刘:指三国时诗人曹植、刘祯。刘勰《文心雕龙·比兴》:"至于扬班之伦,曹刘以下,图状山川,影写云物。"

四六,殊不类古作者。公之入中国,在唐懿僖之际,中国之文,方专事骈俪。风会所趋,固有不得而免者。然观公所为辞,往往多华而不浮。如檄黄巢一篇,气劲意直,绝不以雕镂为工①。至其诗平易近雅,尤非晚唐人所可及。是盖以明水疏布之质,而兼有乎酒醴黼黻之美者,岂不弥可珍哉。公在中国,取科第入军府,亦既已声施当时矣。而一朝去之如脱屣,及归东方,跻翰苑,贰兵部,以至阿飡。阿飡者,新罗太官,其显用方未已也。而顾又自放于山林寂寞之滨,以终老其身而不悔,盖度其时之皆不可有为也。士君子立身蹈道,莫有大乎出处之际;出处而不失其时,非贤者不能也。贤者之作,固不可使其无传,况其文杰然如彼,而又为东国文章之本始者哉。……

徐居正《东人诗话》卷下

高丽光、显以后,文士辈出,词赋四六,穠纤富丽,非后人所及。但文辞议论,多有可议者。当是时,程、朱辑注②不行于东方,其论性命义理之奥,纰缪牴牾,无足怪者。盖性理之学盛于宋,自宋而上,思、孟而下③,作者非一,唯李翱、韩愈为近正,况东方乎?忠烈以后辑注始行④,学者骎骎入性理之域,益斋而下,稼亭、牧隐、圃隐、三峰、阳村诸先生⑤,相继而

---

① 崔致远所撰的《檄黄巢书》文词犀利,天下传诵,据说黄巢听到檄文中"不惟天下之人皆思显戮,抑亦地中之鬼已议阴诛"两句时,竟然吓得从床上摔了下来。

② 程、朱辑注:即两程(程颐、程颢)、朱熹所作的儒家经典新注释,如程颐的《周易程氏传》,朱熹的《四书集注》。

③ 思、孟:指子思、孟子。

④ 忠烈王十五年(1289),安珦(1243—1306)将朱子学传入朝鲜。

⑤ 益斋:即李齐贤(1287—1367)。稼亭:即李谷(1298—1351)。牧隐:即李穑(1328—1396)。圃隐:即郑梦周(1337—1392)。三峰:即郑道传(?—1398)。阳村:即权近(1352—1409)。

作,倡明道学,文章气习,庶几近古,而诗赋四六,亦自有优劣矣。

高丽光宗始设科用词赋,睿宗喜文雅,日会文士唱和①。继而仁、明亦尚儒雅,忠烈与词臣唱酬,有《龙楼集》。由是俗尚词赋,务为抽对……高丽中叶以后,事两宋、辽金、蒙古强国,屡以文词见称,得纾国患,夫岂词赋而少之哉?厥后作者,各自成家,不可枚数矣。

金万重《西浦漫笔》

本朝诗体不啻四五变:国初承胜国之绪,纯学东坡,以迄于宣靖,惟容斋②称大成焉。中间参以豫章,则翠轩③之才,实三百年一人。又变而专攻黄、陈,则湖、苏、芝④鼎足雄峙。又变而反正于唐,则崔、白、李⑤其粹然者也。

申纬《东人论诗绝句》三十五首

其 一

放眼威仪睹汉官,功高初祖始开山。顾云一部方舆志,

---

① 958年,高丽光宗(950—975年在位)模仿唐朝制度,实行科举制度,设制述、明经二科。高丽睿宗时(1106—1122年在位),高丽又重振官学,复兴国子监,国子监立"养贤库"以养士,同时在国子监设文武七斋,选名儒为学官博士,讲论经史。
② 容斋:即李荇(1478—1534)。
③ 翠轩:即朴訚(1479—1504),号挹翠轩。朴訚和李荇因学习北宋诗人黄庭坚和陈师道的诗歌,故有"海东江西派"之称。
④ 湖:即湖阴郑士龙(1491—1570)。苏:即苏斋卢守慎(1515—1590)。芝:即芝川黄廷彧(1532—1607)。
⑤ 崔:即孤舟崔庆昌(1539—1584)。白:即玉峰白光勋(1537—1582)。李:即苏谷李达(1539—1610)。号称朝鲜三大宗唐诗人。

争及僧棋白日闲。(李奎报《白云小说》①:崔致远入唐登第,有破荒之功,故东方学者皆以为宗。其诗有"昆仑东走五山碧,星宿北流一水黄"之句,同年顾云曰:"此句即一舆地志。"学士朴仁范、参政朴寅亮亦以诗鸣海内。东方文献之通中国,自三子始焉。朴参政诗曰:"门前客棹洪波急,竹下僧棊白日闲。"颇佳。)

其 二

虞赵②诸公共渐摩,蜀吴万里壮经过③。文章尔雅陶镕化,功到于今尽觉多。(李益斋为忠宣王器重,从王居上国最久,故得与元四学士游处。视易听新,摩厉变化,固已极其正大高明之学。而又奉使川蜀,从王吴会,往返万余里,闳博绝特之观,包括无余。疏荡其奇气,敛而东归,问学之士,仰之如泰山。去其靡陋,稍返尔雅,皆先生之化也。)

其 三

长啸牧翁倚风磴,绿波添泪郑知常④。雄豪艳逸难相下,

---

① 李奎报(1168—1241),原名仁底,字春卿,号白云居士、止轩,骊州人,谥号文顺。1190年礼部试及第,历任门下侍郎平章事等职。有《东国李相国集》。《白云小说》乃后人编纂,非其自撰,也有他人言论夹杂其中。

② 虞赵:指元代诗人虞集、赵孟頫。元延祐中,高丽忠宣王留元,构万卷堂,姚燧、阎复、虞集、元明善、赵孟頫等诸学士皆从其游,李齐贤周旋其间,学益进,诸公对其称赏不已。

③ 1313年,高丽第26代国王忠宣王让位于太子忠肃王,自己则留居元朝首都大都(今北京),又召李齐贤来中国以为侍从。1317年,李齐贤以成均馆祭酒身份奉使峨嵋山;1319年,随忠宣王到江南降香游历;忠宣王流放吐蕃,他曾去朵思麻探望慰问。李齐贤先后到过甘肃、陕西、山西、河南、河北、湖南、湖北、四川、西藏、江浙等地。

④ 郑知常(?—1135),本名郑之元,号南湖,高丽西京(今朝鲜平壤)人,高丽王朝中期著名诗人。著有《郑司谏集》。郑知常长于诗文,《高丽史》称其"为诗得晚唐体,尤工绝句。词语清华,韵格豪逸,自成一家法"。

伟丈夫前窈窕娘。(余尝谓西京古今题咏只有二绝唱,牧隐"长啸倚风磴,山青江自流",郑知常"大同江水何时尽,别泪年年添绿波"此二诗而已,我朝遂无继响者。)

其 四

真传理学冠东邦,节义堂堂百世降。不谓词章兼卓荦,雨声板屋早梅窗。(郑圃隐先生非徒理学节义冠绝一世,文章亦豪放奇隽。"梅窗春色早,板屋雨声多",即先生一脔也。)

其 五

桃花关外望天涯,大别山青春日斜。下笔烟云金惕若,能教牧老叹才华。(许筠《惺叟诗话》:金惕若九容①诗甚清赡,牧老素称下笔如云烟者是已。尝奉使入京,其咨文"马五十匹",误填以"五千",高皇帝命流大理。公诗曰:"死生由命奈何天,东望扶桑路渺然。良马五千何日到,桃花关外草芊芊。"过武昌,又有"大别山青日已斜"之句。)

其 六

执手贤王子亟称,逃荆泰伯让宁能。天家富贵禅家语,萝月孤庵塔一层。(让宁大君初立为世子,永乐五年朝京师,文皇帝执手慰谕之,称曰"贤王子",亲制七言诗以赐。世宗生有圣

---

① 金九容(1338—1384),字敬之,号惕若斋,高丽末期的学者。主张"斥佛崇儒",1367年重新开办成均馆之时,同郑梦周、李崇仁、朴尚衷等人开创了朝鲜半岛的"程朱学"。著有《惕若斋集》。

德,百姓归心焉。让宁心知之,佯狂逃去以让之,一时拟之泰伯、虞仲①。自少能文章,阳若不知书者,虽太宗亦不知。题僧卷有曰:"山霞朝作饭,萝月夜为灯。独有孤庵下,惟存塔一层。"虽自命风骚者,未必过之。)

其 七

红杏花残雨一犁,苍茫独立咏新诗。归来又得佳公子,卧看秋窗虫吐丝。(朱溪君深源②,燕山时为任士洪构诬,与二子并见害。中庙时特赠一品旌闾,公子非但解理学,亦能缀诗。《雨后晚望》曰:"一犁春雨杏花残,处处人耕白水间。独立苍茫江海上,不胜惆怅望三山。"鸣阳正贤孙,以礼律身,而潇洒出尘,其《秋日》诗曰:"白露园林净,高风草木衰。覆杯疏竹叶,汲井煮桑枝。落日雁塞塞,秋窗虫吐丝。谁怜贫病客,长咏楚人词。")

其 八

晦斋不屑学操觚③,长对青山一句无。好向先生观所养,一身还有一唐虞。(晦斋有"长对青山不赋诗"之句,又曰"待得神清真气养,一身还是一唐虞",非操觚家可及。)

---

① 泰伯、虞仲是周部落首领古公亶父(即周太王)长子和次子。太王欲传位第三子季历及其子昌(即周文王),太伯乃与仲雍(即虞仲)让位三弟季历而出逃至荆蛮,断发文身,号勾吴,成为吴国第一代和第二代君主。泰伯成为让贤的象征。

② 朱溪君,名深源,字伯渊,别号醒狂,恭定王第二王子。《东儒师友录》卷五载:"宗室朱溪君深源,资性严明,学问精深,且有鉴识。……至燕山乱政,士洪诬构深源并其二子而杀之。用事十年,鱼肉士类,国祚几倾,人皆服其先见,恭僖大王特赠爵一品,仍旌其门。"

③ 晦斋,即高丽儒学家安珦(1243—1306)。他是第一个将朱子学引入高丽的学者。他因为敬仰朱熹(号晦庵),自号晦轩。觚,古代书写用的木简。操觚,原指执简写字,后来指写文章。

其 九

梦牵白鹤青松栖,诗好丹山碧水题。摹写江光横匹练,空中明月近堪梯。(退溪先生求青松不谐,得除丹山郡,有诗曰:"青松白鹤元无分,碧水丹山尽有缘。"《练光亭》诗有"空中明月近堪梯"。)

其 十

四佳①繁富孰窥藩,闲鸭游蜂写景浑。一种清华廊庙气②,白云如海满前村。(《惺叟诗话》:英庙人才辈出,一时文章巨公甚多,惟徐四佳诗雍容富丽。如"游蜂飞不定,闲鸭睡相依",大有佳处。金春泽③《北轩杂志》:古语云"诗能穷人",然宰相口气与寒士绝异。郑林塘④身作太平宰相,时国家于北路战亡处赐祭,林塘诗曰:"圣朝枯骨亦沾恩,香火年年降塞门。祭罢上坛雷雨定,白云如海满前村。"题甚凄楚而语却富丽。)

其 十 一

新诗嚼徵复含商,宫女琵琶殿角凉。何物书生孙舜孝⑤,

---

① 徐居正(1420—1488),字刚中,号四佳亭、亭亭亭。19岁中进士、生员两试,25岁中文科第三人,被选入集贤殿任职并兼知制教,后又陆续中文科重试、拔英试、登俊试,官至赞成事,封达城君。徐居正历事六朝,侍经筵四十五年,主文衡二十六年,掌选二十三榜,为朝鲜时代一代儒宗。

② 廊,指殿堂四周的游廊;庙,指太庙。廊庙,是古代帝王和大臣用以论议政事的地方,后来以此来代指朝廷。"廊庙气"指文章雍容华贵,有朝臣风范。张戒《岁寒堂诗话》:"退之文章侍从,故其诗文有廊庙气。"

③ 金春泽(1670—1717),字伯雨,号北轩,光山人,谥忠文,有《北轩集》。

④ 郑惟吉(1515—1588),字吉元,号林塘,朝鲜王朝宣祖(1567—1608)时期的文臣。中宗三十三年(1538),别试文科状元。他擅长诗文和书法,尤擅松雪体。著有《林塘遗稿》。

⑤ 孙舜孝(1427—1497),字静甫,号勿斋,曾以庆尚监司、右赞司,著有《勿斋集》。

一身浑卧御袍香。(车天辂①《五山说林》：孙勿斋舜孝有才学，成庙甚重之。尝引接赐酒，醉甚，上问曰："卿能作诗乎。"对曰："惟命。"上以"张良"命题呼韵，舜孝应口对曰："奇谋不遂浪沙中，杖剑归来相沛公。借箸已能成汉业，分茅却自让齐封。平生智略传黄石，末路心期付赤松。堪恨韩彭竟菹醢，功成勇退是英雄。"上大说，命一宫人弹琵琶而歌之。舜孝醉倒不能起，上解监锦帖里覆之。君臣眷遇之隆，旷绝千古。)

其 十 二

第五桥头杨柳斜，瑶琴②一曲玉人家。缃帘棐几和风③日，青琐④词臣落墨华。(鱼叔权《稗官杂记》：乐籍上林春以琴擅一时，申三魁赠以诗曰："第五桥头杨柳斜，晚来风日转清和。缃帘十二人如玉，青琐词臣信马过。"春既老，倩画师李上佐写此诗为图，遍乞缙绅题咏，郑林塘、金慕斋皆有此诗。)

其 十 三

万窍风生铁凤翔，孤撑宇宙格沈苍。佛天花雨罗时盖，又见骎骎入盛唐。(《惺叟诗话》：佔毕斋⑤《神勒寺》诗"上方锺动骊龙舞，万窍风生铁凤翔"之句，沉郁严重，此真撑宇宙句。

---

① 车天辂(1556—1615)，字复元，号五山、橘园，延安人，徐敬德门人，1577年文科及第。历任通津县监、奉常寺正等职，有《五山集》正、续集。
② 瑶琴：用玉装饰的琴。宋何薳《春渚纪闻·古琴品说》："秦汉之间所制琴品，多饰以犀玉金彩，故有瑶琴、绿绮之号。"
③ 缃帘：浅黄色的帘幕。棐几：棐木做的几桌。和风：温和的风。
④ 青琐：借指宫廷。
⑤ 佔毕斋：即金宗直(1431—1492)，字季温、孝盥，号佔毕斋，朝鲜时代著名的朱子学家、诗人，也是朝鲜所谓士林派的代表人物。他著有《佔毕斋集》，编有《青丘风雅》、《东文粹》。

《五山说林》:佔侔诗称冠冕,实非夸诩。每诵其"风飘罗代盖,雨蹴佛天花",则未尝不服其放远。)

其 十 四

虚白讷斋角奇健,骆峰清鬯杭芝川。中宣后进开天是,徐四佳如四杰前。(我朝诗至中庙朝大成,又至宣庙朝大备。李容斋倡始,而朴讷斋、申骆峰、郑湖阴、朴挹翠并生一时,足称千古。卢苏斋、黄芝川迭相代兴,崔、白法唐,而李荪谷阐其流。崔简易险劲矫健,自辟门户。权石洲晚出,而可与容斋肩随。至如初叶大家,当推徐四佳为第一。而金佔毕、成虚白次之。比之于唐,则四佳诸公,其初唐之四杰。而中宣诸名家,其犹盛唐开天诸家。)①

其 十 五

肤浅为诗东俗陋,苏斋简易寡同侪。现成脚迹徒遵奉,不复深从里许求。(卢苏斋在宣庙初最为杰然,其沈郁老健,莽宕悲壮,深得老杜格力,人莫能及。崔简易风格之雄豪,质致之深厚,亚于苏斋,而镂画矫健或过之,其警绝处声响栗然,如出金石,非后人所及也。)

其 十 六

学副真才一代论,容斋正觉入禅门。海东亦有江西派,

---

① 李容斋,即李荇(1478—1534);朴讷斋,即朴祥(1474—1530);申骆峰,即申光汉(1484—1555);郑湖阴,即郑士龙(1491—1570);朴挹翠,即朴誾(1479—1504);卢苏斋,即卢守慎(1515—1590);黄芝川,即黄廷彧(1532—1607);李荪谷,即李达(1539—1612);崔简易,即崔岦(1539—1612);权石洲,即权韠(1569—1612);成虚白,即成俔(1439—1504)。

老树春阴挹翠轩。(《惺叟诗话》:我朝诗当以李容斋为第一,沉厚和平,淡雅纯熟。五言古诗入杜出陈,高古简重。南龙翼《壶谷诗话》:国初以来文体专尚东坡,而翠轩忽学山谷,侪流皆屈服。余见翠轩诗"春阴欲雨乌相语,老树无情风自哀",最是警策,而兼学黄、陈也。)

其 十 七

才擅三唐崔白李,溯源风调始冲庵。后来深院孤舟句,突过杏花微雨帘。(崔孤舟、白玉峰、李荪谷,世所称"三唐"者。唐调倡自金冲庵①诗:"江南残梦昼恹恹,愁逐年芳日日添。莺燕不来春又暮,落花微雨下重帘。"最得意。三唐中,荪谷跨崔越白,其诗有"病客孤舟明月在,老僧深院落花多"之句。)

其 十 八

江声忽厉月孤悬,早许湖阴压卷篇。实践真知金柏谷②,黄江一夜不成眠。(金得臣《终南丛志》:郑湖阴有"江声忽厉月孤悬"之句,或以"月孤悬"与"江声厉"不相属疑之,许筠独曰:"此老此诗,当为压卷。"以筠藻鉴,岂无所深解?余尝宿黄江,夜闻滩声,开户视之,落月孤悬,因知湖阴老子写景炼句之逼真也。)

---

① 金冲庵,即金净(1486—1521)。据许筠《荪谷集序》云,李胄(?—1504)在明弘治年间(1488—1505)最早开始学唐诗,金净继之。后朴淳(1523—1589)在隆庆(1567—1572)、万历(1573—1620)间又倡而尊唐。

② 金得臣(1604—1684),字子公,号柏谷、龟石山人,安东人,与朴长远等人交游。1662年文科及第,历任司宪府掌令、掌乐院正等职。有《柏谷集》。

其 十 九

诗到鹅溪①软媚求,江村门掩豆花秋。死杨妃卧海棠下,胜似说玄宗白头②。(《壶谷诗话》:李鹅溪诗过于软媚,或以"死杨妃卧花下"为讥,如"白雨满船归棹急,数村门掩豆花秋"之句,真是画中有诗矣。)

其 二 十

石径筇音宿鸟知,白云平壑月沉时。清修苦节无人及,想见诗中绝俗姿。(权应仁《松溪漫录》:朴思庵③《宿白云洞曹氏草堂》诗曰:"醉睡仙家觉后疑,白云平壑月沉时。翛然独出修林外,石径筇音宿鸟知。"人谓"宿鸟知先生"。《五山说林》:朴思庵清修苦节,人莫能及。)

其二十一

白衣妙选称从事,何异将身到凤池④。乐府至今传绝唱,松江歌曲石洲⑤诗。(天使来时,石洲被选为白衣从事,宣庙征稿以入。简易赠诗曰:"闻说至尊征稿入,全胜身到凤凰池。"郑

---

① 鹅溪:即李山海(1539—1609),字汝受,号鹅溪、终南睡翁、竹皮翁。1561年文科及第,历任大提学、领议政等职,有《鹅溪遗稿》六卷。
② 元稹《行宫》:"白发宫女在,闲话说玄宗。"
③ 朴淳(1523—1589),字和叔,号思庵、青霞子,忠州人,谥号文忠。1553年文科及第,历任大提学、领议政等职,是为朝鲜时代三大宗唐诗人之一,提倡"诗学盛唐"。有《思庵集》七卷。
④ 凤池:即凤凰池。魏晋南北朝时设中书省于禁苑,掌管机要,接近皇帝,故称中书省为"凤凰池"。
⑤ 权韠(1569—1612),字汝章,号石洲,安东人,与李廷龟、李安讷等人交游。著有《石洲集》。

松江歌曲有《将进酒》,调甚悲惋,石洲过公墓有诗曰:"空山落木雨萧萧,相国风流此寂寥。惆怅一杯难更进,昔年歌曲即今朝。"至今乐府并歌之,千古绝唱也。)

其二十二

齐名陈李有谁知,片羽零金恰小诗。密叶翳花云漏日,一江春雨碧丝丝。(陈翰林澕与李文顺①齐名,陈诗曰:"小梅零落柳傲垂,闲踏晴岚步步迟。渔店闭门人语少,一江春雨碧丝丝。"清警可咏。李诗曰:"轻衫小簟卧风棂,梦觉啼莺三两声。密叶翳花春后在,薄云漏日雨中明。"读之爽然。语见《惺叟诗话》中也。)

其二十三

论定波纹与绣针,争如自负比高岑。雍门赤壁琴箫响,难道沧洲不赏音。(壶谷言李月沙诗如水纹平铺,申象村诗如组绣五彩。柏谷问郑东溟曰:"子诗于古可方何人?"东溟笑曰:"李杜则不敢当,至于高岑辈,或可比肩。"车沧洲言权石洲之"空山落木雨萧萧",李东岳之"江头谁唱美人词",俱是绝响。权之首句如雍门琴声,忽然入耳,使人无不涕零。李之末句如赤壁箫音,不绝如缕,犹含无限意思也。)②

---

① 陈澕,号梅湖,高丽神宗时期著名的诗人,著有《梅湖集》。李文顺,即李奎报(1168—1241)。文顺,为李奎报谥号。李奎报是高丽时期著名诗人,著有《东国李相国集》53卷,被称为海东谪仙。

② 壶谷,即南龙翼(1628—1692)。李月沙,即李廷龟(1564—1635)。他与申钦、张维、李植并称为朝鲜中期四大作家。申象村,即申钦(1566—1628)。柏谷,即金得臣(1604—1684)。郑东溟,即郑斗卿(1597—1673)。车沧洲,即车云辂(1559—?)。李东岳,即李安讷(1571—1637),他提出"基韩范杜"的说法。李杜,指李白、杜甫。高岑,指高适、岑参。

其二十四

万里长城马绝尘,挥毫余气尚轮囷。名心拟死真堪笑,自有文星上应人。(车五山①自言贴纸于万里长城,使我走马挥笔,城有时尽而吾诗不穷矣。《终南丛志》:许筠奉使入京,有一星官言,青邱分野,奎星晦彩,文人当死。筠欲自死以当之,及渡鸭江,闻五山死,愕然自失。)

其二十五

圣主怜才眷逐臣,文章遭遇际昌辰。富赡敏捷诗千首,只好凭凌并世人。(车天辂以四馆宫为举人代述事觉,杖流北边。及北兵使辞陛,宣庙教曰:"车天辂虽为罪谪,予爱其才,可善视之。"兵使待之极款。天辂怪其厚而问之,兵使具以实告,天辂感泣。圣主爱惜人才,吁!亦至矣。)

其二十六

郑礥月色荷香句②,何似南楼故国锺。具眼倭中有人否,绛云无恙碧纱笼③。(郑礥《芙蓉堂》诗曰:"荷香月色可清宵,更有何人倚玉箫。十二曲栏无梦寐,碧城秋思夜迢迢。"倭寇至碧城,尽烧诗板,独留此诗。权草栖《松京诗》曰:"雪月前朝色,寒

---

① 车天辂(1556—1615),字复元,号五山、兰嵎、橘室、清妙居士。朝鲜王朝宣祖、光海君时期的文学家,著有《五山集》。李晬光《芝峰类说》卷十四说:"车五山文章,雄健奇壮,不事精炼,如长江巨海愈泻而愈不穷。"

② 郑礥(1526—?),曾为利川府使,著有《万竹轩遗稿》。

③ 五代王定保《唐摭言》卷七:"王播少孤贫,尝客扬州惠昭寺木兰院,随僧斋飡。诸僧厌怠,播至,已饭矣。后二纪,播自重位出镇是邦,因访旧游,向之题已皆碧纱幕其上。播继以二绝句曰:……上堂已了各西东,惭愧阇黎饭后钟。三十年来尘扑面,如今始得碧纱笼。"

锺故国声。南楼愁独立,残郭暮烟生。"可与"荷花月色"句并名。)

其二十七

奚论骨力韵优优,城枕寒江地易秋。真见人家有跨灶,诗人双绝李东洲①。(论诗者谓李芝峰法唐,闲淡温雅,而所乏者气力。如"窗间小雨天难晓,城枕寒江地易秋"之句,人未易道。余见东国文章,诗文俱备者李东洲。)

其二十八

天心错莫临江水,庙算凄凉对夕晖。休说江郎才欲尽②,五峰③劂墨一时稀。(《壶谷诗话》:李五峰天才鸣世,晚年有才尽之叹。如"天心错莫临江水,庙算凄凉对夕晖"等语,一时侪友辈莫敢望云耳。)

其二十九

白首苦吟成进士,微官不及右文时。直将郊岛争寒瘦④,

---

① 李敏求(1589—1670),字子时,号东州、观海,全州人,李晬光(芝峰)之子,1612年文科及第,历任吏曹参判、成均馆大司成等职,有《东州集》。
② 江郎,即南朝诗人江淹;才尽,意谓才华衰退。据《南史·江淹传》载:"尝宿守冶亭,梦一丈夫,自称郭璞,谓淹曰:'吾有笔在卿处多年。可以见还。'淹乃探怀中,得玉色彩笔以授之;尔后为诗,绝无美句,时人谓之才尽。"
③ 李好闵(1553—1634),字孝彦,号五峰、南郭、睡窝。朝鲜中期著名诗人,著有《五峰集》。其《龙湾行在·闻下三道兵进攻汉城》被誉为"千古绝唱"。
④ 郊,指唐代诗人孟郊;岛,指唐代诗人贾岛。他们以苦吟著称,其诗风清峭寒瘦。苏轼《祭柳子玉文》云:"元轻白俗,郊寒岛瘦。"

一段秋光欲染诗。(宣庙朝,进士成汝学①号双泉,自少攻诗,年老不得一命,人皆惜之。其警句曰:"雨意偏侵梦,秋光欲染诗。"极佳也。)

其三十

闺媛亦忌盛名中,兰雪②人间议异同。红堕芙蓉三九朵,归程笑指广寒宫。(兰雪轩许氏,为闺媛中第一,中朝人争购其集。洪庆臣、许禬皆言,兰雪诗二三篇外,皆他人作。《白玉楼上梁文》亦筠所撰云,可笑。《鹤山樵谈》:姊氏平日有梦中诗曰:"碧海侵瑶海,青鸾倚彩鸾。芙蓉三九朵,红堕月霜寒。"及上升,享年二十七,恰符三九之数。修短之前,岂可逭乎。)

其三十一

王李③颓波日渐东,当时摹拟变成风。性情流出于何见,只好千家轨辙同。(宣庙朝以后,王、李摹拟之学盛行,人人蹈袭,家家效颦,无复各成一家之言。自此诗道衰矣。)

其三十二

暮云残雪是何山,驴背诗人兀睡寒。叹息当时壶谷老,

---

① 成汝学(1557—?),字学颜,号双泉、鹤泉,与李晬光等交游,历任造纸署别坐等职,著有《鹤泉集》二卷。

② 许楚姬(1563—1589),字景樊,号兰雪轩,阳川人。许晔之女,许筬之妹,许筠之姊,朝鲜时代最著名的女诗人,有《兰雪轩集》。

③ 王,指王世贞;李,指李攀龙,他们是明代所谓"后七子"的代表人物。他们继续明代"前七子"李东阳、何景明等人的文学复古主张,在文学创作上,主张"文必秦汉,诗必盛唐",认为今人作文只要模拟古人就可以了,因而造成蹈袭之风,后遭到性灵派、竟陵派的反对。

竟遗明月滮珠澜。(《壶谷诗话》:金柏谷《湖行绝句》有"驴背睡余开眼见,暮云残雪是何山"之句,语韵极佳,而不入于余所撰《箕雅》中。此所谓倒海滮珠,竟遗明月,岂不嗟惜也。)

其三十三

书屋自名亿万斋,前于栢谷有乖厓。空疏自命诗人者,容易那能到得佳。(《终南丛志》:古文章家靡不以勤而致之,世传金乖厓①闭门读书,下堂见落叶,始知为秋。余所鲁钝,所读倍人,最喜《伯夷传》,读至一亿一万三千算,遂名小斋曰"亿万斋"。去庚戌,八路大歉,翌年大疫,都下积尸如山。人有戏余者曰:"今年死者与君读书之数,较此孰多?")

其三十四

天下几人学杜甫,家家尸祝②最东方。时从批解窥班得,先数功臣李泽堂③。(东人之学杜者不但不得其髓,并与皮貌而得之者鲜矣。泽堂《杜诗批解》,或时有揸挂,然有裨于初学则多矣,余亦少日尝问津于是书耳。)

其三十五

淡云微雨小姑祠,菊秀兰衰八月时。心折渔洋谈艺日,

---

① 金守温(1409—1481),字文良,号乖厓。1440年登第,1466年魁拔英、登俊两试。成宗朝,参佐理功臣,封永山府院君。《国朝名臣言行录》前集卷五谓:"金守温诗豪健,深得骨髓。然性不拘检,押韵不整,故皆谓诗不如文,其实两赡也。"著有《拭疣集》。
② 尸祝:崇拜之意。
③ 李植(1584—1647),字汝固,号泽堂,朝鲜仁祖朝著名文人,著有《纂注杜诗泽风堂批解》。

而今华国属之谁。(王渔洋《论诗绝句》：淡云微雨小姑祠，菊秀兰衰八月时。记得朝鲜使臣语，果然东国解声诗。即清阴①诗也。)

《本朝一人一首》附录

《文选》行于本朝久矣。嵯峨帝②御宇，《白氏文集》全部始传来，本朝诗人无不效《文选》、白氏者。然桓武朝，僧空海熟览《王昌龄集》，且其所著《秘府论》③，粗引六朝之诗及钱起、崔曙等唐诗为例。嵯峨隐君子读《元稹集》，菅丞相④曰：温庭筠诗优美也。公任、基俊⑤所采用宋之问、王维、李颀、卢纶、李端、李嘉祐、刘禹锡、贾岛、章孝标、许浑、鲍溶、方干、杜荀鹤、杨巨源、公乘亿、谢观、皇甫冉、皇甫曾等诸家犹多，加之李峤、萧颖士、张文成等作，久闻于本朝。然则当时文人，

---

① 金尚宪(1570—1652)，字叔度，号清阴、石室山人、西涧老人，朝鲜中期诗人。属于西人党，有"朝鲜文天祥"之誉。王士禛所引之诗，乃其《登州次吴秀才韵》。朴趾源《热河日记》卷四《避暑录》载："与俞(黄圃)笔语之际，为写柳惠风送其叔父弹素诗：'佳菊衰兰映使车，澹云微雨九秋余。欲将片语传中土，池北何人更著书。'黄圃问：'池北何人是谁？'余曰：'此用阮亭著《池北偶谈》载敝邦金清阴事也。'黄圃曰：'《感旧集》中有讳尚宪字叔度。'余曰：'是也。"澹云轻雨小姑祠，佳菊衰兰八月时。"是清阴作。阮亭《论诗绝句》："澹云轻雨小姑祠，菊秀兰衰八月时。记得朝鲜使臣语，果然东国解声诗。"惠风此作，仿阮亭也。'"

② 嵯峨天皇(786—842)，日本第52代天皇(809—823在位)，桓武天皇次子。嵯峨天皇长于汉诗，他又模仿张志和的《渔歌子》写作了五首词，所以他也是日本最早填词的人。

③ 空海(774—835)，灌顶名号遍照金刚，谥号弘法大师，日本真言宗创始人。804—806年，他曾在唐朝学习密宗。他留唐时广泛收集流行于唐朝的诗学文献，回国后将其编成《文镜秘府论》一书。

④ 菅丞相，即菅原道真(845—903)。他长于汉诗，被日本人尊为学问之神。

⑤ 公任，即藤原公任(966—1041)，日本平安时代中期的公卿、歌人。关白太政大臣藤原赖忠的长子，官至正二位权大纳言。编有《和汉朗咏集》等。基俊，即藤原基俊(1060—1142)，平安后期歌人及歌学者。编有《新撰朗咏集》等。

涉汉魏六朝唐诸家必矣。藤实赖见《卢照邻集》,江匡房①求王勃、杜少陵集,且谈及李谪仙事,则何必白香山而已哉?(《词华集·日本汉诗》第一卷)

那波道圆《白氏文集后序》

诗文之称于后世,不知其数千万家也。至称于当时,则几希矣,况称于外国乎?……夫自宝之如此,人奉之如此,宜哉称于后世、称于外国也矣!在鸡林,则宰相以百金换一篇,所谓传于日本新罗诸国。于戏!菅右相者,国朝诗文之冠冕也。渤海客睹其诗,谓似乐天,自书为荣。岂复右相之独然而已矣哉?昔者国纲之盛也,文章亦盛也,故世不乏人,学非不粹,大凡秉笔之士,皆以此为口实,至若倭歌、俗谣、小史、杂记,暨妇人小子之书,无往而不沾溉斯集中之残膏剩馥,专其美于国朝,何其盛哉!

江村北海《日本诗史》卷四(《词华集·日本汉诗》第二卷)

我邦与汉土相距万里,划以大海。是以气运每衰于彼而后盛于此者,亦势所不免。其后于彼,大抵二百年。胡知其然?《怀风》、《凌云》二集,所收五言四韵,世以为律诗,非也。其诗对偶虽备,声律未谐,是古诗渐变为近体,齐、梁、陈、隋渐多其作,我邦承其气运者,稽其年代,文武天皇大宝元年,

---

① 藤原实赖(900—970),日本平安时代公卿。官至从一位摄政关白太政大臣。大江匡房(1041—1111),早有神童之誉,11岁通诗赋,18岁时试第上榜。曾任东宫学士、藏人、中务大辅、右少弁、美作守、左大弁、勘解由使长官、式部大辅等职位。54岁当上权中纳言,57岁当上大宰权师,71岁上任大藏卿,任期中逝世。

为唐中宗嗣圣十四①年。上距梁武帝天监元年，凡二百年。弘仁、天长，仿佛初唐。天历、应和，崇尚元、白，并黾勉乎百年之后。

广濑建《论诗赠小关长卿中岛子玉》

昔当室町氏②，礼乐属禅缁。江都③开昭运，数公建堂基。气初除蔬笋，舌渐涤侏僵④。犹是螺蛤⑤味，难比宗庙牺。正、享⑥多大家，森森列鼓旗。优游两汉域，出入三唐篱。格调务摹仿，性灵却蔽亏。里瞫自谓美，本非倾国姿。天明⑦又一变，赵宋奉为师。风尘拂陈语，花草抽新思。虽裁敖辟志，转习淫哇辞。楚齐交失矣，谁识乌雄雌。

---

① "十四"当作"十八"，大宝元年为唐嗣圣十八年（701），距梁天监元年（502）正为二百年。

② 室町氏：即建立室町幕府的足利氏。室町时代，贵族文化衰落，汉文化主要由京都五山僧人把持。他们不但写作汉诗汉文，而且对明的外交文书基本也由他们来写作，此外还充当室町幕府的遣明使。

③ 江都：即江户。1603年，德川家康在江户建立了江户幕府，排佛崇儒。藤原惺窝、林罗山等儒学家受到重用。

④ 蔬笋气：一般用来形容僧诗意境狭窄，只写寺院生活，毫无自得之气。苏轼最早提出"蔬鲜气"的概念，其《赠诗僧道通》云："雄豪而妙苦而腴，只有琴聪与蜜殊。语带烟霞从古少，气含蔬笋到公无。"侏僵：形容语言文字怪异，难以理解。

⑤ 螺蛤：指螺丝、蛤蜊之类的软体动物，这里形容江户初年的汉诗诗风仍不太典雅纯正。

⑥ 正、享：指江户时代正德（1711—1716）、享保（1716—1736）年间。

⑦ 天明：日本光格天皇年号，即1781年至1788年。